全 世 界 无 产 者， 联 合 起 来！

列　宁

进一步，退两步

中共中央 马克思 恩格斯 列宁 斯大林 著作编译局编译

人民出版社

编辑说明

马克思、恩格斯和列宁的著作是马克思主义的理论原典，是学习、研究、宣传和普及马克思主义的基础文献。为了适应马克思主义中国化、时代化、大众化不断推进的形势，满足广大读者多层次的需求，我们总结了迄今为止的编译经验，考察了国内外出版的有关读物，吸收了理论界提出的宝贵建议，精选马克思、恩格斯和列宁的重要著述，编成《马列主义经典作家文库》。

文库辑录的文献分为三个系列：一是著作单行本，收录经典作家撰写的独立成书的重要著作；二是专题选编本，收录经典作家集中论述有关问题的短篇著作和论著节选；三是要论摘编本，辑录经典作家对有关专题的论述，按逻辑结构进行编排。

文库编辑工作遵循面向实践、贴近群众的原则，力求在时代特色、学术质量、编排设计方面体现新的水准。

本系列是《马列主义经典作家文库》的著作单行本，主要收录马克思、恩格斯和列宁的基本著作以及在各个历史时期的代表性著作，同时收入马克思、恩格斯和列宁在不同时期为这些著作撰写的序言、导言或跋。有些重点著作还增设附录，收入对理解和研究经典著作正文有重要参考价值的文献和史料。列入著作单行本系列的文献一般都是全文刊行，只有马克思恩格斯的《德意志意识形态》、马克思的经济学手稿以及列宁的《哲学笔记》等篇幅较大的著作采用节选形式。

著作单行本系列所收的文献均采用马克思、恩格斯和列宁著作最新版本的译文，以确保经典著作译文的统一性和准确性。自1995年起，由我局编译的《马克思恩格斯全集》第二版陆续问世，迄今已出版24卷；从2004年起，我们又先后编译并出版了《马克思恩格斯文集》和《马克思恩格斯选集》第三版。著作单行本系列收录的马克思恩格斯著作采用了上述最新版本的译文，对未收入上述版本的马克思恩格斯著作的译文，我们按照最新版本的编译标准进行了审核和修订；列宁著作则采用由我局编译的《列宁全集》第二版、第二版增订版和《列宁选集》第三版修订版译文。

著作单行本系列采用统一的编辑体例。每本书正文前面均刊有《编者引言》，简要地综述相关著作的时代背景、理论观点和历史地位，帮助读者理解原著、把握要义；同时概括地介绍相关著作写作和流传情况以及中文译本的编译出版情况，供读者参考。正文后面均附有注释和人名索引，以便于读者查考和检索。

著作单行本系列的技术规格沿用《马克思恩格斯全集》第二版和《列宁全集》第二版的相关规定。在马克思、恩格斯、列宁著作的目录和正文中，凡标有星花*的标题都是编者加的；引文中的尖括号〈 〉内的文字和标点符号是马克思、恩格斯、列宁加的；未注明“编者注”的脚注，是马克思、恩格斯、列宁的原注；人名索引的条目按汉语拼音字母顺序排列。在马克思恩格斯著作中，引文里加圈点处是马克思、恩格斯加着重号的地方，目录和正文中方括号［ ］内的文字是编者加的。在列宁著作中，凡注明“俄文版编者注”的脚注都是指《列宁全集》俄文第五版编者加的注，人名索引中的条头括号内用黑体字排印的是相关人物的真实姓名，未加黑体的则是笔名、别名、曾用名或绰号。此外，列宁著作标题下括号内的日期是编者加的；编者加的日期，公历和俄历并用时，俄历在前，公历在后。

中共中央马克思 恩格斯 列 宁 斯大林著作编译局

2014年6月

目　　录

编者引言 …………………………………………………… *1*

进一步，退两步（我们党内的危机）（1904年2—5月）

序言 …………………………………………………… 3

（一）代表大会的准备 ……………………………… 7

（二）代表大会上的派别划分的意义 ……………… 10

（三）代表大会的开始。——组织委员会事件 …… 15

（四）"南方工人"社的解散 ………………………… 25

（五）语言平等事件 ………………………………… 29

（六）土地纲领 ……………………………………… 37

（七）党章。马尔托夫同志的草案 ………………… 46

（八）火星派内部分裂**以前**关于集中制问题的讨论 …… 55

（九）党章第1条 …………………………………… 59

（十）无辜被加上莫须有的机会主义罪名的人 …… 83

（十一）继续讨论党章。总委员会的组成 …………………… 95
（十二）党章讨论的结束。中央机关成员的增补。《工人事业》杂志代表的退出 ………………………………… 102
（十三）选举。代表大会的结束 ………………………………… 117
（十四）代表大会上斗争的一般情况。党内的革命派和机会主义派 ……………………………………………… 147
（十五）代表大会以后。两种斗争方法 ……………………… 161
（十六）勿因小别扭而妨碍大快事 ………………………… 182
（十七）新《火星报》。组织问题上的机会主义 ……………… 194
（十八）稍微谈谈辩证法。两个变革 ……………………… 226
附录　古谢夫同志和捷依奇同志的冲突事件 ……………… 232

注释 …………………………………………………………… 243
人名索引 ……………………………………………………… 254

插　　图

1904 年列宁《进一步，退两步》一书封面 ………………………… 8—9
1904 年列宁《进一步，退两步》手稿第 71 页 ………………… 60—61

编 者 引 言

《进一步,退两步(我们党内的危机)》是列宁批判孟什维克在党的组织问题上的机会主义、阐发无产阶级政党的组织原则和马克思主义的无产阶级政党学说的重要著作。

20世纪初,俄国处在第一次资产阶级民主革命的前夜。正像列宁所说,当时俄国“处处都感到大风暴即将到来。一切阶级都动了起来,准备应变。”(见《列宁全集》第2版增订版第39卷第6—7页)无产阶级为了在革命中发挥领导作用,迫切需要建立一个集中统一的革命政党。

1903年7—8月召开的俄国社会民主工党第二次代表大会通过了统一的纲领和章程,建立了中央机关,解决了建立一个集中统一的革命政党的任务。大会在讨论党章特别是党章第一条即党员的入党条件时,以列宁及其拥护者为一方和以马尔托夫及其追随者为另一方发生了激烈争论。大会基本上通过了列宁草拟的党章,列宁的建党思想取得了胜利。在选举党的领导机关时列宁及其拥护者占据多数，被称为布尔什维克（俄语“多数派”一词的音译）；马尔托夫及其追随者成为少数派，被称为孟什维克（俄语“少数派”一词的音译）。代表大会之后，布尔什维克根据大会通过的各项决议积极开展工作，团结各级党组织做好迎接即将来临的革命风暴的准备。而孟什维克不甘心在代表大会上的失败，仍然坚持机会主义立场，继续进行分裂活动。1903 年 9 月，孟什维克召开派别会议，建立秘密的反党中心——少数派常务局，制定派别活动的纲领和控制党中央的措施。10 月，在普列汉诺夫支持下，孟什维克控制了中央机关报《火星报》编辑部，并在党总委员会中窃居了多数席位。1904 年夏又控制了中央委员会。孟什维克利用被他们控制的《火星报》大肆攻击列宁和布尔什维克，变本加厉地宣扬组织问题上的机会主义观点。俄国社会民主工党第二次代表大会为建立集中统一的无产阶级政党向前迈进了一大步，而孟什维克的分裂和破坏活动则是严重倒退，列宁形象地称之为“进一步，退两步”，并以此为题写了《进一步，退两步（我们党内的危机）》这部著作。

列宁为了维护党的第二次代表大会的成果，揭露孟什维克的机会主义面目，在书中以俄国社会民主工党第二次代表大会的记录和党的其他文件为根据，详细分析了代表大会上全部分歧的演变过程、派别形成的原因和会后斗争的发展情况，阐明多数派（布尔什维克）和少数派（孟什维克）的划分是欧洲社会民主党内历来存在的革命派和机会主义派的划分的必然继续；指出少数派是由“我们党内最有机会主义倾向的党员”、“在理论上最不坚定、在原则上最不彻底的分子”（见本书第 155 页）组成的，两派的意见分歧主要表现在组织问题上。

列宁详细分析了第二次代表大会上关于党章特别是党章第1条条文的争论。这个问题上的意见分歧反映了两种对立的建党思想。列宁提出的党章草案第1条的条文是:“凡承认党纲、在物质上支持党并亲自参加党的一个组织的人,可以作为党员。”马尔托夫提出的条文是:“凡承认党纲、并在党的机关监督和领导下为实现党的任务而积极工作的人,可以作为俄国社会民主工党党员。”(见本书第49页)列宁的条文强调党员必须亲自参加党的一个组织。马尔托夫的条文却认为党员不必参加党的一个组织,只要经常协助党就够了,实际上是主张让每个同情党的知识分子和每个罢工者或游行示威者都有自行宣布为党员的权利。列宁批驳了这种抹杀工人阶级的先锋队同它所领导的群众之间的界限、迁就落后阶层的尾巴主义观点,指出马尔托夫条文的“害处就是会产生一种把党和阶级混淆起来的瓦解组织的思想”(见本书第71页)。列宁认为:“党应当是组织的总和(并且不是什么简单的算术式的总和,而是一个整体)”(见本书第61—62页);党应当是有组织的,它只能吸收至少能接受最低限度组织性的分子;无限扩大党的界限不能加强、只会削弱党对群众的影响。列宁强调指出:“我们容纳真正的社会民主党人的党组织愈坚强,党内的动摇性和不坚定性愈少,党对于在它周围的、受它领导的工人群众的影响就会愈加广泛、全面、巨大和有效。把作为工人阶级先进部队的党同整个阶级混淆起来,显然是绝对不行的。”(见本书第64页)马尔托夫要建立的是组织涣散、没有定型、成分复杂的政党,实际上是为机会主义分子、小资产阶级分子敞开大门。而列宁主张建立一个集中的、组织严密的、纪律严格的政党。列宁阐明了争论的实质:“归结起来说,问题正在于是彻底实行组织原则,还是崇尚涣散状态和无政府状态”(见本书第63页)。

集中制是列宁的建党理论的核心思想,是贯穿在整个党章中的唯一的原则性思想。所谓集中制,就是要有统一的党章,统一的领导机关,统一的纪律,实行少数服从多数,下级服从上级,部分服从整体。在代表大会上少数派攻击集中制,说什么集中制会导致下级组织的“消灭”,“完全是想使中央机关有无限权力来随意干预一切”(见本书第56页),等等。会后,孟什维克又变本加厉地攻击集中制,提出自治制来对抗集中制,宣称党是各个自治委员会的总和,党的各个部分不应该服从整体,部分对于整体应该有自治权。他们把少数服从多数说成是硬性压制党员的意志,把维护党的纪律说成是在党内实行“农奴制”。列宁对这些谬论作了详尽而有力的驳斥。他指出:“为了保证党内团结,为了保证党的工作集中化,还需要有组织上的统一,而这种统一在一个已经多少超出了家庭式小组范围的党里面,如果没有正式规定的党章,没有少数服从多数,没有部分服从整体,那是不可想象的。”(见本书第202页)“藐视纪律——自治制——无政府主义,这就是我们那个组织上的机会主义时而爬上时而爬下的梯子”(见本书第221页)。维护自治制、反对集中制“是组织问题上的机会主义所固有的根本特征”(见本书第212页)。他还指出:孟什维克在组织问题上的机会主义不是偶然现象,是西欧社会民主党内的机会主义的变种,西欧党内的“机会主义者都在竭力维护自治制,力图削弱党的纪律,力图把党的纪律化为乌有,他们的倾向到处都在导向瓦解组织,导向把‘民主原则’歪曲为无政府主义”(见本书第215页)。

列宁坚持的集中制原则实际上体现着民主和集中、自由和纪律的统一,它反对的是无政府主义的自治制。在当时的历史条件下，强调集中制既是在秘密状态下建党的需要，也是为了克服涣散状态和小组习气，制止孟什维克的分裂活动，保证党的战斗力。孟什维克把"上层"和"下层"、把领袖和普通党员对立起来，把自己置于全党之上，藐视党员群众的意志，任意破坏党章和党纪，破坏少数服从多数的民主原则，拒不服从党代表大会的决议。

列宁谴责孟什维克侈谈党内民主、实则践踏党内民主的老爷式无政府主义行为。他指出，集中制不仅是严格的纪律，而且是所有党员不管其职位高低都必须遵守的统一的纪律，觉悟的工人应当"不仅要求普通党员，而且要求'上层人物'履行党员的义务"（见本书第210页）。列宁还指出，党的联系不能用朋友关系或盲目的、没有根据的"信任"来维持，党的联系一定要以正式的、体现集中制原则的党章为基础，只有严格遵守这个章程，才能摆脱小组习气，摆脱小组的任意胡闹和无谓争吵。列宁主张任何一个党员或党组织有权充分表达自己的意见，有权批评中央的错误，中央机关应该认真研究这些意见，应该容许党内不同意见的争论，容许一定范围的思想斗争，但决不容许用违反党性的斗争手段来损害党的利益。列宁要求把争论的情况完全公开，主张不要隐瞒党的缺点和毛病，而要勇敢地开展自我批评并无情地揭露自己的缺点。列宁的这些论述提出了极其重要的党内生活准则。

列宁通过对孟什维克在组织问题上的机会主义观点的批判，阐明和发展了马克思主义的建党学说。他指出：马克思主义政党是由工人阶级中最优秀、最忠于革命事业的人组成的，它是工人阶级的先进的有觉悟的部队，不能把它同整个阶级混淆起来；党是工人阶级有组织的部队，党只有成为由统一意志、统一行动和统一纪律团结起来的部队时，才能起先进部队的作用；党必须根据集中制原则组织起来,少数服从多数,下级组织服从上级组织,全体党员必须同样遵守统一的纪律;党是工人阶级一切组织中的最高组织形式,它要领导工人阶级其他一切组织,必须与千百万劳动群众保持密切联系,得到他们的信任和支持。

组织对于无产阶级具有决定意义的思想像一根红线贯穿于全书。列宁强调指出:“无产阶级在争取政权的斗争中,除了组织,没有别的武器。”“它所以能够成为而且必然会成为不可战胜的力量,就是因为它根据马克思主义原则形成的思想一致是用组织的物质统一来巩固的,这个组织把千百万劳动者团结成一支工人阶级的大军。”(见本书第 231 页)

孟什维克的分裂破坏活动造成党内严重危机,但列宁对于战胜孟什维克机会主义、克服党内危机始终充满信心。他认为,旧的顽固的小组习气压倒了还很年轻的党性,机会主义派对革命派占了优势,这只是暂时的现象,“革命的社会民主党的原则,无产阶级的组织和党的纪律,必定获得完全的胜利”(见本书第 230—231 页)。

《进一步,退两步(我们党内的危机)》写于 1904 年 2—5 月,1904 年 5 月在日内瓦印成单行本出版。列宁把本书编入 1907 年(在扉页上印的是 1908 年)出版的《十二年来》文集第 1 卷,删去了其中关于组织问题斗争细节和中央机关人选问题斗争的部分(即第 10、11、12、13、15、16 节),对其他各节也作了压缩,同时增写了一些注释。在《列宁全集》俄文第四版第 7 卷和第五版第 8 卷中,这部著作是按 1904 年第一版刊印的,并按手稿作了校订,同时保留了作者在 1907 年版中所加的补充。

《进一步,退两步》的第一个中译本于 1941 年由莫斯科外国文书籍出版局出版。1941 年 6 月，延安解放社出版的《列宁选集》第 4 卷收入了王实味译、杨松校的《进一步，退两步》的第 1、2、14、17、18 节。1945 年 10 月，延安解放社出版了根据 1940 年苏联国家政治书籍出版局出版的《列宁文选》第 1 卷翻译的《进一步，退两步》，译者未署名。

中央编译局译校的《进一步，退两步》收入人民出版社出版的《列宁全集》中文第一版第 7 卷，1962 年由人民出版社出版单行本。后来，这部著作的译文经修订编入《列宁全集》中文第二版和第二版增订版第 8 卷。《列宁选集》第一、二、三版和第三版修订版第 1 卷以及《列宁专题文集》中的《论无产阶级政党》卷收入了《进一步，退两步》的第 9、17、18 节。

本书采用《列宁全集》中文第二版增订版的译文。

列　　宁

进一步，退两步

（我们党内的危机）

（1904 年 2—5 月）

序　　言

当持久的顽强的激烈的斗争进行的时候，通常经过一些时候就开始显出来一些中心的基本争论点，战斗的最终结局如何，就要看这些争论点是怎样解决的，而斗争中所有一切细微的枝节问题，同这些争论点比较起来，都会日益退居次要地位。

我们党内的斗争情况也是如此，这个斗争引起全体党员的深切注意已经半年了。正因为我现在向读者介绍全部斗争的概况时不得不涉及许多毫无意思的细节，许多实质上没有什么意思的无谓争吵，所以我想一开头就请读者注意两个真正中心的基本点，这两个基本点是很有意思的，是有明显的历史意义的，并且是我们党内当前最迫切的政治问题。

第一个问题是在党的第二次代表大会上我们党划分为“多数派”和“少数派”的政治意义问题，这两个派别的划分使俄国社会民主党人中以前的一切划分都退居次要地位了。

第二个问题是新《火星报》在组织问题上的立场的原则意义问题，因为这个立场真正带有原则性。

第一个问题是关于我们党内斗争的出发点，斗争的根源，斗争的原因，斗争的基本政治性质的问题。第二个问题是关于这个斗争的最终结果，斗争的结局，把一切属于原则方面的东西综合起来和把一切属于无谓争吵方面的东西剔除出去而作出的原则性总结的问题。解决第一个问题要靠分析党代表大会上发生的斗争情况,解决第二个问题要靠分析新《火星报》的新的原则内容。这两种分析占了我的小册子十分之九的篇幅,通过这些分析我们得出这样一个结论:“多数派”是我们党的革命派,而“少数派”是我们党的机会主义派;目前使我们分为两派的意见分歧主要不是在纲领问题上,也不是在策略问题上,而只是在组织问题上;新《火星报》愈是深刻地表述自己的立场,这个立场愈是摆脱由增补问题引起的无谓争吵,在新《火星报》上也就愈清楚地显露出一系列新的观点,这一系列观点就是组织问题上的机会主义。

现有的一些论述我们党内危机的出版物,其主要缺点就是在研究和阐明事实方面对党代表大会的记录几乎完全没有加以分析,而在阐明组织问题的基本原则方面,对马尔托夫和阿克雪里罗得两同志在提出党章第1条条文以及为这个条文辩护时所犯的根本性错误同《火星报》现在在组织问题上的原则性观点的整个“体系”(如果这里说得上体系的话)之间显然存在的联系,也没有加以分析。关于党章第1条条文争论的意义,尽管“多数派”的出版物已经多次指出,但是现在的《火星报》编辑部似乎根本看不见这种联系。其实,阿克雪里罗得和马尔托夫两同志现在只是在加深、发展和扩大他们最初在党章第1条条文问题上所犯的错误。其实,机会主义者在组织问题上的整个立场,还在讨论党章第1条条文时就表现出来了:当时他们主张建立界限模糊的、松散的党组织;他们反对自上而下地建党,即从党代表大会以及它所建立的机关出发来建党的思想(“官僚主义”思想);他们要求自下而上地建党,让任何一个大学教授、任何一个中学生和“每一个罢工者”都能自封为党员；他们反对要求每个党员参加党所承认的一个组织，认为这是“形式主义”；他们欣赏只愿意“抽象地承认组织关系”的资产阶级知识分子的心理；他们屈服于机会主义的深奥思想和无政府主义的空谈；他们欣赏自治制而反对集中制，总之，现在新《火星报》上极力鼓吹的一切，使人愈来愈明确地看出他们最初所犯的错误。

至于说到党代表大会的记录，人们所以对它采取那种实在不应该有的忽视态度，只能是因为我们的争论夹杂了一些无谓的争吵，也许还因为这些记录中有过多的过分辛辣的真情实话。党代表大会的记录使我们看到唯一非常确切、完备、全面、充分和正确地反映我们党内真情实况的情景，那些参加运动的人自己描绘的各种观点、情绪和计划的情景，我们党内存在的各种政治色彩及其对比力量、相互关系和相互斗争的情景。正是党代表大会的记录，也只有这些记录，向我们表明，究竟我们已经在多大程度上真正清除了旧的、纯粹小圈子式的联系的一切残余，而代之以统一的伟大的党的联系。每一个党员，只要他愿意自觉地参加自己党的事业，都应该仔细研究我们党的代表大会，——我是说要研究，因为只读一遍记录所包含的一大堆素材，还不能了解代表大会的情景。只有经过仔细和独立的研究，才能够（而且一定会）使简短的发言提纲、干巴巴的讨论摘要、小问题（似乎是小问题）上的小的摩擦构成一个完整的东西，使每一个突出的发言人都在党员面前以生动的姿态出现，使出席党代表大会的每一个代表集团的整个政治面貌都很分明。本书作者如果能够对大家广泛地独立地研究党代表大会的记录起点推动作用，这项工作就算没有白做。

还有一句话要奉告那些反对社会民主党的人。他们看见我们发生争论，就幸灾乐祸，洋洋得意；他们为了自己的目的，当然会竭力断章取义，抓住我这本谈论我们党内缺点和失误的小册子中的个别地方。可是，俄国社会民主党人已经久经战斗，决不会为这种刺激所惊扰，他们将不理会这些，而继续进行自我批评，无情地揭露自己的缺点，这些缺点是一定会、必然会随着工人运动的发展而被克服的。希望反对社会民主党的先生们也能把反映他们“党”内**真实**情况的图景拿出来给我们看看，哪怕只是稍微同我们第二次代表大会的记录所提供的相近也好！

尼·列宁

1904年5月

（一）代表大会的准备

常言说，每一个人都有权利在24小时之内咒骂自己的审判官。我们的党代表大会，也和任何一个政党的任何一次代表大会一样，成了某些觊觎领导地位而遭到失败的人的审判官。现在，这些“少数派”分子怀着十分动人的天真心情“咒骂自己的审判官”，并且千方百计地想破坏代表大会的威信，贬低它的意义和权威性。这种倾向在《火星报》第57号发表的一篇署名为实际工作者的文章中，可以说表现得最突出，这位作者对于代表大会“神圣不可侵犯”这种思想深表愤慨。这正是新《火星报》一个很有代表性的特征，我们决不能对此保持沉默。被代表大会**否决**的人员占多数的编辑部，一方面继续自称为“党的”编辑部，另一方面又竭力欢迎那些说什么代表大会不是神灵的人。这岂不是太妙了吗？是的，先生们，代表大会当然不是神灵，可是对于那些**在**代表大会上遭到失败**以后**“痛骂”起代表大会来的人，又该怎么想呢？

那么，就让我们回想一下代表大会准备过程中的一些主要事实吧。

《火星报》从一开始就在1900年的出版预告①中说过，在统一

① 见《列宁全集》第2版增订版第4卷第311—318页。——编者注

以前,我们必须划清界限。《火星报》曾经力求把 1902 年的代表会议[1]变成非正式的会议,而不是党的代表大会①。《火星报》在 1902 年夏秋期间设法恢复这次代表会议上选出的组织委员会时,行动是十分慎重的。最后,划清界限的工作结束了,——我们大家都认为是结束了。1902 年底,组织委员会正式宣告成立。《火星报》欢迎组织委员会的成立,并在第 32 号的**编辑部**文章中宣布,召开党代表大会已经是**迫切**需要,刻不容缓②。可见,完全没有理由责备我们在召开第二次代表大会问题上过于匆忙。我们正是按七次量,一次裁这个准则办事的。我们有充分的道义上的权利期待同志们在裁了以后就不要再怨天尤人,也不要再量来量去。

组织委员会制定了非常细致的第二次代表大会的章程(有些人也许会说这个章程是形式主义的和官僚主义的东西,他们现在用这些字眼来掩盖自己在政治上的毫无气节),并且交给所有的委员会讨论通过,最后正式批准,其中第 18 条是这样规定的:“代表大会的一切决定和它所进行的一切选举,都是党的决定,一切党组织都必须执行。这些决定任何人都不能以任何借口加以反对,只有下一届党代表大会才能取消或加以修改。”③其实,这几句话本身是无可指责的,所以当时就作为一种不言而喻的东西,默默地通过了,可是现在听起来真令人惊奇,好像是专门给“少数派”下的判决词!规定这一条文的目的是什么呢?难道只是为了走一下形式吗?当然不是,当时,这个决定看来是必要的,而且确实是必要的,因为党是由许多分散的独立的集团组成的,它们有可能不承

① 见第二次代表大会的记录第 20 页。

② 见《列宁全集》第 2 版增订版第 7 卷第 76—78 页。——编者注

③ 见第二次代表大会的记录第 22—23 页和第 380 页。

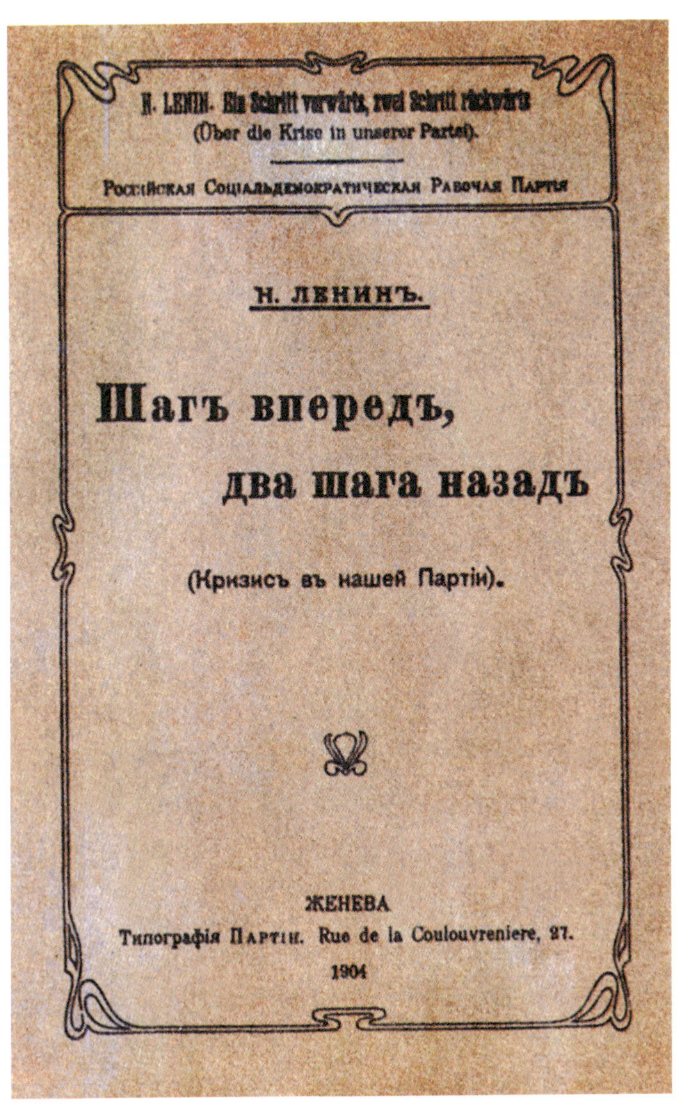

N. LENIN. Ein Schritt vorwärts, zwei Schritt rückwärts
(Über die Krise in unserer Partei).

Россійская Соціальдемократическая Рабочая Партія

Н. ЛЕНИНЪ.

Шагъ впередъ,
два шага назадъ

(Кризисъ въ нашей Партіи).

ЖЕНЕВА
Типографія Партіи. Rue de la Coulouvreniere, 27.
1904

1904 年列宁《进一步,退两步》一书封面

认代表大会。这个决定正是表达了所有革命者的**善良愿望**（现在有人对这种愿望未免讲得太多而且太不恰当，本来应当用“奇怪的”字眼表示的东西却娓娓动听地用“善良的”字眼来形容了）。这个决定等于全体俄国社会民主党人相互立下的**誓言**。这个决定是要保证一切为召开代表大会而承担的巨大的劳动、风险和开支都不至于白费，保证代表大会不至于变成一出滑稽剧。这个决定事先就规定任何不承认代表大会的决定和**选举**的行为都是**破坏信任**的行为。

新《火星报》说代表大会不是神灵，代表大会的决定也不是圣经，把这当做新发现的新《火星报》究竟是在嘲笑谁呢？它的发现究竟是包含了“新的组织观点”，还是只包含一些掩盖旧痕迹的新企图呢？

（二）代表大会上的派别划分的意义

总之，代表大会是经过极细致的准备并根据有最充分的代表性的原则召开的。大会主席在代表大会宣告组成以后所作的声明（记录第 54 页）中也谈到，大家一致承认代表大会的组成是正确的，认为必须**无条件地**执行代表大会的决定。

代表大会的主要任务究竟是什么呢？就是在《火星报》所提出和制定的原则基础和组织基础上建立**真正的**党。《火星报》三年来的活动以及大多数委员会对《火星报》的承认，决定了代表大会应当按照这个方针进行工作。《火星报》制定的纲领和方针应该成为党的纲领和方针，《火星报》制定的组织计划应该在党的组织章程中明文规定下来。但是，不言而喻，要达到这样的结果，不经过斗争是不行的，因为代表大会的充分代表性保证了那些坚决反对《火星报》的组织（崩得和《工人事业》杂志）以及那些口头上承认《火星报》是指导性的机关报，但是事实上却别有企图，并在原则方面表现得很不坚定的组织（“南方工人”社以及靠近该社的某些委员会的代表），都能出席代表大会。在这种情况下，代表大会不能不变成**为火星派方针的胜利而斗争的舞台**。代表大会也确实成了一场这样的斗争，每一个稍微细心阅读代表大会记录的人，马上就会看清这一点。现在我们的任务是要详细追溯一下在代表大会上讨论各种问题时暴露出来的最主要的派别划分，并根据记录的精确材料重新描述一下代表大会上每一个主要集团的政治面貌。代表大会上要在《火星报》指导下融合成为统一的政党的那些集团、派别和色彩的真实面貌究竟是怎样的呢？——这是我们要通过分析争论情况和表决情况来加以阐明的。阐明这个情况，无论对于研究我们社会民主党人的真正面貌，或者对于了解产生意见分歧的原因，都是极端重要的。正因为如此，我在同盟代表大会上的发言和在给新《火星报》编辑部的信件中，都着重于分析各种派别划分①。"少数派"中一些出面反对我的人（以马尔托夫为首）根本不了解问题的实质。他们在同盟代表大会上只限于提出一些局部的修正，对谴责他们转向机会主义的问题作一些"辩解"，而根本没有试图对代表大会上的派别划分作出和我所作的**哪怕是稍有不同的**描绘。现在，马尔托夫在《火星报》（第56号）上，企图把一切想确切划分代表大会上的各个政治集团的尝试称为不过是"小集团政客手腕"。马尔托夫同志，你说得真够厉害的！可是新《火星报》的厉害的话具有一种独特的属性：只要我们把分歧的全部演变过程（从代表大会开始）确切地重述一下，这些厉害的话就会**不折不扣地首先**反对现在的编辑部。请你们这帮提出小集团政客手腕问题的所谓党的编辑先生们看一看自己吧！

现在马尔托夫对我们在代表大会上的斗争的事实感到非常不愉快，以致竭力想根本抹杀这些事实。他说："火星派分子就是那些在党代表大会上以及在代表大会以前对《火星报》表示完全支持，拥护它的纲领和组织观点，赞成它的组织政策的人。在代表大

① 见《列宁全集》第2版增订版第8卷第38—48、91—98页。——编者注

会上,这样的火星派分子共有40多人,——当时赞成《火星报》的纲领并赞成承认《火星报》是党中央机关报的决议的就是这么多票。”只要翻开代表大会的记录就可以看出,除了阿基莫夫一人弃权以外,**全体**一致通过了纲领(第233页)。这样,马尔托夫同志是要我们相信,无论是崩得分子、布鲁凯尔以及马尔丁诺夫,都曾经**证明**他们“完全支持”《火星报》并且**拥护**《火星报》的组织观点!这是令人可笑的。这是把**一切**参加代表大会的人**在**代表大会**以后**成为权利平等的党员(而且还不是一切参加代表大会的人,因为崩得分子退出了)和**在**代表大会**上**引起斗争的派别划分混为一谈。结果不去研究代表大会以后的“多数派”和“少数派”究竟是**由哪些分子**组成的,反而用“承认了党纲”这么一句冠冕堂皇的话来打掩护!

试举承认《火星报》是中央机关报问题上的表决情况为例。你们可以看出,正是马尔丁诺夫,即现在被马尔托夫同志硬说是拥护过《火星报》的组织观点和组织政策的那个马尔丁诺夫,坚决要求把决议案分成两部分来表决:一部分是仅仅承认《火星报》为中央机关报,另一部分则是承认《火星报》的功绩。在表决决议案的前一部分时(承认《火星报》的功绩,对它表示**支持**)赞成的**只有35票**,反对的有2票(阿基莫夫和布鲁凯尔),弃权的有11票(马尔丁诺夫,5个崩得分子,以及编辑部的5票:我和马尔托夫各2票,普列汉诺夫1票)。由此可见,反火星派集团(5个崩得分子和3个工人事业派分子)在这里,在这个对马尔托夫现在的观点最有利的并且是他自己选定的例子上,也是暴露得极其明显的。再看决议案的后一部分的表决情况,即不用说明任何理由和不用表示是否支持而只承认《火星报》为中央机关报的表决情况(记录第

147 页)：**赞成的**有 44 票，现在的马尔托夫把这些票数都算做火星派分子投的。总共是 51 票，除了编辑们的 5 票弃权以外，还有 46 票；有 2 票(阿基莫夫和布鲁凯尔)表示**反对**；可见在其余的 44 票中是包括**所有 5 个崩得分子**在内的。总之，崩得分子在代表大会上是“表示了完全支持《火星报》”的，——请看，正式的《火星报》就是这样撰写正式的历史！我们现在预先向读者说明一下编造这个正式的实际情况的真正动机：**如果崩得分子和工人事业派分子没有退出代表大会**，那么现在的《火星报》编辑部就会成为而且真正会成为党的编辑部(而不是现在这样的冒牌的党的编辑部)；正因为如此，所以也就需要把现在的所谓党的编辑部的这些最忠实的卫士提升为“火星派分子”。不过这个问题要留待下文再详细说明。

其次，试问：如果代表大会是火星派分子和反火星派分子之间的斗争，那么是不是还有一些动摇于两者之间的中间的、不坚定的分子呢？任何一个稍微了解我们党以及任何代表大会的一般面貌的人，都会预先对这个问题作出肯定的回答。马尔托夫同志现在很不愿意提起这些不坚定的分子，于是就把“南方工人”社以及倾向于该社的代表描绘成道地的火星派分子，把我们和他们之间的意见分歧说成是微不足道和无关紧要的。幸亏现在我们面前有大会的全份记录，因此我们可以根据文件材料来解决这个问题——当然是事实问题。我们在上面说明了代表大会上的一般派别划分情况，当然没有奢望解决这个问题，而只是正确地提出这个问题。

如果不分析政治上的派别划分，如果不了解代表大会上某些色彩之间的斗争情景，那就丝毫不能了解我们的意见分歧。马尔托夫甚至把崩得分子算做火星派分子,以便抹杀各种色彩之间的区别,这不过是回避问题而已。根据俄国社会民主党代表大会以前的历史,就可以预先指出(以备以后检验和详细研究)存在三个主要集团:火星派,反火星派,以及不坚定的、犹豫的、动摇的分子。

（三）代表大会的开始。——组织委员会事件

分析代表大会上的争论情况和表决情况，最好按照代表大会开会的顺序来进行，以便循序渐进地指出那些愈来愈明显的政治色彩。只有在绝对必要时，我们才离开时间顺序而综合地考察有密切联系的问题或者同类的派别划分。为了公正起见，我们将力求指出**所有**最重要的表决，同时当然要撇开许多有关枝节问题的表决，这些表决占去了我们代表大会过多的时间（部分原因是我们没有经验，不善于使各专门委员会和全体会议分工讨论问题，还有一部分原因是受到一些近乎捣乱的阻挠）。

第一个引起争论从而开始暴露出各种色彩的差别的问题，就是要不要把“崩得在党内的地位”一项提到第一位（作为代表大会“议程”的第1项）来讨论（记录第29—33页）。从普列汉诺夫、马尔托夫、托洛茨基和我所拥护的《火星报》观点看来，这个问题是毫无疑问的。崩得退党一事显然证明了我们的看法是正确的：既然崩得不愿意同我们一起走，不愿意承认党内大多数人和《火星报》一致主张的组织原则，那么“装个样子”好像我们在一起走，那是没有好处而且是毫无意义的，只能阻碍代表大会的工作（正如崩得分子曾经阻碍过一样）。问题早已在出版物上谈得很清楚

了,每一个稍微细心思考的党员都知道,剩下的只是把问题公开地提出来,直截了当地老老实实地作一个选择:是自治(那么我们就一起走)还是联邦制(那么我们就分道扬镳)。

在自己的全部政策上一向支吾搪塞的崩得分子,在这里也想支吾搪塞,拖延问题。阿基莫夫同志表示赞同他们的意见,并且——大概是代表全体《工人事业》杂志的拥护者——马上提出他在组织问题上同《火星报》的分歧意见(记录第31页)。站在崩得和《工人事业》杂志方面的有马霍夫同志(他代表尼古拉耶夫委员会的两票,不久以前这个委员会还对《火星报》表示支持呢!)。马霍夫同志对问题完全没有弄清楚,并且认为"关于民主制的问题,或者反过来说〈请注意这几个字!〉关于集中制的问题"也是个"麻烦的问题",就像现在我们"党的"编辑部中的多数人完全一样,而他们在代表大会上还不曾觉察到这个"麻烦的问题"!

总之,反对火星派的有崩得、《工人事业》杂志和马霍夫同志,加在一起恰恰是当时反对我们的10票(第33页)。**赞成的有30票**,——正如我们下面所看到的,火星派方面的票数经常在30票左右。当时有11票弃权,——大概是不愿意站在互相斗争着的两"党"的任何一方。值得指出的是,当我们表决崩得的章程第2条时(由于这个第2条被否决,崩得退出了党),赞成的和弃权的也是10票(记录第289页),而弃权的正是三个工人事业派分子(布鲁凯尔、马尔丁诺夫和阿基莫夫)以及马霍夫同志。可见,表决崩得问题在议程上占什么**位置**的问题时形成的派别划分,并**不是偶然的**。可见,所有这些同志不仅在讨论次序这个技术问题上,并且在**实质上也**同《火星报》有意见分歧。《工人事业》杂志在实质上所持的分歧意见是每个人都清楚的,而马霍夫同志在关于崩得退党一事的发言中再好没有地说明了自己的态度（记录第289—290页）。这个发言是值得谈一下的。马霍夫同志说，在通过了否决联邦制的决议以后，“关于崩得在俄国社会民主工党内的地位问题，在他看来已经由一个原则问题变成对待历史上已经形成的民族组织的现实政策问题了”；这位发言人继续说：“这里我不能不考虑到我们的表决可能产生的一切后果，因此我想投票赞成整个第2条”。马霍夫同志出色地领会了“现实政策”的精神，他在原则上**已经**否决了联邦制，**因此**他在实践上就想**投票**赞成章程内主张这个联邦制的那一条！于是这位“讲求实际的”同志就用下面的话来说明自己的具有深刻原则性的立场：“但是〈有名的谢德林式的“但是”！〉[2]，由于代表大会的其余一切参加者几乎一致表决了，所以我是赞成还是反对就只有原则意义〈！！〉而不会有什么实际意义，于是我宁肯弃权，以便原则地〈上帝保佑我们别沾染上这种原则性吧！〉表明在这个问题上我的立场同投票拥护该条的崩得代表们的立场是不同的。相反，如果崩得的代表像他们自己预先主张的那样对这一条弃权，那么我就会投票赞成这一条了。”有谁能懂得这一点呢！一个有原则性的人因为大家都说“不”，就不肯大声说一个“是”字，因为这样说实际上没有用处。

在表决了崩得问题占什么位置的问题以后，接着在代表大会上又爆发了“斗争”社的问题，在这个问题上也产生了非常值得注意的派别划分，并且同代表大会上的最“麻烦的”问题，也就是同中央机关的人选问题有密切联系。负责决定代表大会人员组成的委员会，根据组织委员会**两次**决议（见记录第383页和第375页）以及**组织委员会代表在这个委员会中**的报告（第35页），反对邀请“斗争”社参加代表大会。

组委会委员叶戈罗夫同志说，"'斗争'社问题〈请注意：这里说的是"斗争"社，而不是该社的某一个成员〉对于我是一个新问题"，因而请求休会。组委会两次解决过的问题对于组委会委员怎么会成了一个新问题，——这实在是令人莫名其妙。在休会时，组委会把当时偶然列席代表大会的委员（有几个组委会委员是《火星报》组织中的老成员，没有列席代表大会）召集起来开会（记录第40页）。① 就"斗争"社问题展开了争论。工人事业派分子表示赞成（马尔丁诺夫、阿基莫夫和布鲁凯尔，第36—38页），火星派分子（巴甫洛维奇、索罗金、朗格、托洛茨基、马尔托夫等人）表示反对。代表大会又分裂成我们已经熟悉的那些派别。"斗争"社问题引起了激烈的斗争，马尔托夫同志作了一个特别详细的（第38页）和"富有战斗性的"发言，公正地指出国内组织和国外组织的"代表名额不均等"，认为给国外组织以"特权"未必有什么"好处"（真是金玉良言，现在从代表大会以后发生的一些事件看来，这话是特别有教益的！），认为不应当助长"党内组织上的混乱，即没有任何原则性的理由就发生分裂"（真是打中了……我们党代表大会的"少数派"的要害！）。一直到停止报名发言时，除了《工人事业》杂志的拥护者以外，**没有一个人**公开地有根有据地表示支持"斗争"社（第40页）。应该为阿基莫夫同志以及他的朋友们说一句公道话：他们至少没有闪烁其词，没有隐瞒观点，而是公开地提出了自己的路线，公开地说出了自己的意图。

在停止报名发言**以后**，就**问题实质**来发表意见已经是不容许

---

① 关于这次会议，请参看组委会委员、代表大会以前被**一致**选为编辑部代理人兼编辑部第7个成员的巴甫洛维奇所写的一封《信》（同盟记录第44页）。

的了，可是叶戈罗夫同志却“坚持要求听取组委会刚才通过的决议”。怪不得代表大会的参加者对这种手法表示愤慨，连大会主席普列汉诺夫同志也表示“莫名其妙，叶戈罗夫同志怎么能坚持自己的要求”。看来二者必居其一：或者是在代表大会全体代表面前就问题的实质公开而明确地发表自己的意见，或者是根本不发表意见。但是，既然已经同意停止报名发言，忽然又以作“结论”为借口向代表大会捧出组委会的**新**决议（正是对于已经讨论过的问题的决议），这简直是放冷箭！

下午继续开会，仍然感到莫名其妙的主席团决定放弃“形式手续”，而采用了在代表大会上只有在不得已的情况下才使用的最后措施，即进行了“同志式的解释”。组委会的代表波波夫宣读了组委会的决议，这个决议是除了巴甫洛维奇一人反对以外由组委会全体委员通过的（第 43 页），决议建议大会邀请梁赞诺夫出席代表大会。

巴甫洛维奇声明：他过去和现在都不承认组委会会议是合法的；组委会的新决议“**同组委会以前的决议相抵触**”。这个声明引起了一场风波。另一个组委会委员，“南方工人”社的成员叶戈罗夫同志回避切实地回答问题，而想把重心转移到纪律问题上去。他说巴甫洛维奇同志违背了党的纪律（！），因为组委会讨论过巴甫洛维奇的反对意见并决定“不把巴甫洛维奇的个别意见通知代表大会”。争论转到党的纪律问题上，普列汉诺夫在代表大会的热烈掌声下开导叶戈罗夫同志说：“**我们这里没有什么限权委托书**”（第 42 页，参看第 379 页所载代表大会章程第 7 条：“代表的职权不应当受限权委托书的限制。他们在执行自己的职权时是完全自由和独立自主的”）。“代表大会是党的最高权力机关”，因此违背党的纪律和代表大会的章程的正是以任何方式妨碍任何一个代表把**所有一切**党内生活问题**直接**提请代表大会解决的人。于是,争论问题就归结为二者必居其一:是小组习气呢,还是党性?是为了各种团体和小组臆造出的权利或章程而限制大会代表的权利呢,还是不仅口头上而且事实上在代表大会面前**完全**解散**所有一切**下级机关和旧时的小团体,直到建立真正的党的领导机关?读者由此可以看出,在目的是要把党切实恢复起来的代表大会上,一开始(第三次会议)就爆发的这次争论具有多么重大的原则意义。这次争论可以说是旧时的小组、团体(如"南方工人"社)和复兴的党之间发生冲突的集中表现。所以各反火星派集团立刻就暴露了自己的面目:无论是崩得分子阿布拉姆松,无论是马尔丁诺夫同志,即现在的《火星报》编辑部的热心的同盟者,或者是我们熟悉的马霍夫同志,都表示支持叶戈罗夫和"南方工人"社而反对巴甫洛维奇。马尔丁诺夫同志现在同马尔托夫和阿克雪里罗得抢着夸耀组织上的"民主制",甚至拿……军队作比喻,说军队中只有经过下级机关才可以向上级机关申诉!!这个"紧密的"反火星派的反对派的真正意思,是任何一个出席过代表大会或者仔细注意过代表大会以前我们党内历史的人,都完全清楚的。这个反对派的任务(也许不是该派所有一切分子都经常意识到的,有时是惰性使得他们这样做),就是维护各个小团体的独立性、独特性以及狭隘利益,以免被广大的、根据《火星报》的原则建立起来的党吞掉。

当时还没有来得及同马尔丁诺夫联合起来的马尔托夫同志,正是从这个角度看问题的。马尔托夫同志坚决而公正地反对那些"认为党的纪律无非是指革命家必须服从他所参加的那个**下级**团体"的人。"在统一的党内决不容许有任何**强制性的**(黑体是马尔托夫用的〉派别划分”，——马尔托夫当时向那些拥护小组习气的人这样解释，却没有料到他的这些话正是斥责了他自己在代表大会快结束时以及代表大会以后的政治行为……　强制性的派别划分对于组委会是不容许的，但是对于编辑部却完全可以容许了。当马尔托夫从中央机关的角度看问题时，他谴责强制性的派别划分，可是，当马尔托夫对中央机关的组成表示不满时，他却又坚持这种派别划分了……

值得指出的一个事实是，马尔托夫同志在他的发言中，除了指出叶戈罗夫同志的“重大错误”以外，还特别着重指出组委会所表现的政治上的不坚定性。马尔托夫公正地愤慨地说，“以组委会名义提出的建议同向代表资格审查委员会的报告〈我们要补充一句：根据组委会委员的报告所作的报告：第43页，柯尔佐夫的话〉以及**组委会先前的建议相抵触**”（黑体是我用的）。你们可以看出，马尔托夫**当时**，即在他没有“转变”以前，清楚地了解，用梁赞诺夫代替“斗争”社丝毫不能消除组委会行动上的极端矛盾性和极端动摇性（党员们从同盟代表大会记录第57页上可以看出，马尔托夫在转变以后又是怎样看问题的）。马尔托夫当时并没有局限于分析纪律问题；他还直接向组委会提问：“有什么新情况使这种**改变**成为必要的呢？”（黑体是我用的）的确，组委会提出自己的建议时，甚至没有足够的勇气像阿基莫夫等人那样公开维护自己的意见。马尔托夫现在否认这一点（同盟记录第56页），但是看了代表大会记录的读者却可以看出是马尔托夫错了。波波夫以组委会的名义提出建议时，对于建议的理由**一个字**都没有谈（党代表大会记录第41页）。叶戈罗夫把问题转移到纪律问题上去，而对问题的实质只是说：“组委会可能有一些新的理由〈但是究竟有没有,以及是些什么理由呢?——都不得而知〉,它可能忘记提出某人等等。〈这“等等”二字就是该发言人的唯一退路,因为组委会决不会**忘记**自己在代表大会以前讨论过两次、向代表资格审查委员会报告过一次的‘斗争’社问题。〉组委会所以通过这个决议,并不是因为它对‘斗争’社改变了自己的态度,而是因为它想消除将来党中央机关一开始活动时就会碰到的不必要的障碍。”这不是说明理由,而正是回避说明理由。任何一个有诚意的社会民主党人(我们连想也没有想到要怀疑任何一个参加代表大会的人的诚意)都想要消除**他认为**是暗礁的东西,想要用**他认为**适当的**方法**来消除这种暗礁。所谓说明理由,就是要解释并且确切说明自己对于事物的看法,而不是用一些老生常谈来搪塞。但是要说明理由,就**非得**“改变自己对‘斗争’社的态度”**不可**,因为组委会从前所通过的那些截然相反的决议也是想要消除暗礁的,但是那些决议所认定的“暗礁”恰巧是在相反的方面。所以马尔托夫同志非常尖锐非常有根据地攻击这种理由,说这是一种“**小气的**”理由,是想“**抵赖**”才提出来的理由,并且劝告组委会“**不要怕别人议论**”。马尔托夫同志的这些话非常形象地说明了在代表大会上起过巨大作用的那种政治色彩的实质和意义,因为这种色彩的特点正在于没有独立性,小里小气,没有自己的路线,怕别人议论,永远在两个营垒之间动摇不定,怕公开说出自己的信条等等,——总之,就是带有“泥潭性”①。

---

① 现在我们党内有些人,一听到这个词就大惊小怪,叫喊说这是非同志式的论战。由于爱打官腔……而且又打的不是地方,以致使感觉异常得令人惊奇!恐怕没有一个经历过内部斗争的政党不曾用过这个词,因为这个词一向是用来形容在斗争双方之间摇来摆去的不坚定分子的。连那些善于把党内斗争限制在严格的范围内的德国人也并不因为听见“泥潭”这个词而生气,既不大惊小怪,也不表现出令人好笑的假正经。

正因为这个不坚定的集团在政治上没有气节，结果除了崩得分子尤金以外（第53页），**谁都没有**向代表大会提出邀请“斗争”社的某一个成员出席代表大会的决议案。投票赞成尤金的决议案的有5票，——显然都是崩得分子：动摇分子又变节了！至于中间集团的大概票数究竟有多少，从表决柯尔佐夫和尤金两人关于这个问题各自提出的决议案的结果可以看出：拥护火星派分子的有32票（第47页）；拥护崩得分子的有16票，就是说，除了反火星派分子的8票以外，有马霍夫同志的2票（第46页），“南方工人”社分子的4票以及另外2票。下面我们就要说明这样的分配决不是偶然的，但是我们首先要简略地指出马尔托夫**现在**对这次组委会事件的意见。马尔托夫在同盟中硬说“巴甫洛维奇等人煽起了激烈情绪”。只要把大会记录拿来对照一下就可以看出，在反对“斗争”社和组委会时发言最详尽、最热烈和最尖锐的正是马尔托夫本人。他企图把“罪过”转嫁到巴甫洛维奇身上，只不过暴露了自己的不坚定性：在代表大会以前由他投票选举到编辑部的第7个委员正是巴甫洛维奇，在代表大会上他是完全站在巴甫洛维奇方面（第44页）来反对叶戈罗夫的，后来当他从巴甫洛维奇那里遭到失败以后，就开始责难巴甫洛维奇“煽起了激烈情绪”。这只能令人发笑。

马尔托夫在《火星报》（第56号）上讽刺人家把邀请某某人的问题看成有重要意义的问题。这个讽刺又反过来针对马尔托夫本人了，因为正是组委会事件成了邀请某某人参加中央委员会和中央机关报这样“重要”问题的争论的伏线。在衡量一个事物时，如果根据是涉及**自己的**“下级团体”（对党而言）还是涉及**他人的**“下级团体”而使用两个不同的尺度，——这是很糟糕的。这正是庸俗观念和小组习气,决不是党性的态度。只要把马尔托夫在同盟中的发言(第 57 页)和他在代表大会上的发言(第 44 页)对照一下,就可以充分证明这一点。马尔托夫在同盟中说:“我真不了解,为什么有人无论如何都要以火星派分子自命,同时却又以成为火星派分子为可耻。”不了解“自命”和“成为”之间的区别,不了解言和行之间的区别,——这才真令人奇怪呢。马尔托夫自己在代表大会上曾**自命为**反对强制性的派别划分的人,可是在代表大会以后他却又**成为**拥护强制性的派别划分的人了……

（四）“南方工人”社的解散

在组委会问题上形成的代表的划分也许有人认为是偶然的。但是这种看法是错误的。为了消除这种错误看法，我们暂且离开时间顺序，来分析一下在代表大会快结束时发生的同上述问题有密切联系的事件。这个事件就是“南方工人”社的解散。在这里与《火星报》制定的组织方针对立的，即与主张团结全党力量、消除那种分散力量的混乱状态的方针对立的，是一个集团的利益，这个集团在没有真正的政党时曾做过有益的事情，可是当工作已经按集中制原则进行时，它就成为多余的了。为了小组的利益，“南方工人”社同《火星报》旧编辑部一样有权利要求保存“继承性”，保存自己的不可侵犯性。为了党的利益，该社应当服从调动，把它的力量调到“相应的党组织”中去（第 313 页，代表大会的决议末尾）。从小组利益和“庸俗观念”来看，解散一个同《火星报》旧编辑部一样不愿意解散的有益的团体，不能不是一个“棘手的”问题（鲁索夫同志和捷依奇同志语）。从党的利益来看，解散这个团体，使它“融化”（古谢夫语）在党内，是必要的。“南方工人”社公开声明，它“不认为必须”自行宣告解散，并要求“代表大会果断地表示自己的意见”，“立刻表示是或者不是”。“南方工人”社直接引证了《火星报》旧编辑部……在解散以后所申述过的那种“继承性”！叶戈罗夫同志说:“虽然我们大家是以个人组成统一的党,但是党终究是由许多组织组成的,这些组织**作为历史实体**应当受到尊重……　如果这样的组织**对党没有什么害处,那就不必解散它**。”

这样就十分明确地提出了一个重要的**原则**问题,而所有的火星派分子,由于他们自己的小组习气还不显得突出,都坚决反对那些不坚定的分子(这时崩得分子以及两个工人事业派分子已经退出了代表大会;不然他们一定会竭力主张必须“尊重历史实体”的)。表决结果是**31 票赞成**,5 票反对,5 票弃权(其中 4 票是“南方工人”社分子,还有 1 票大概是别洛夫,这可以从他早先的声明中推测出来,第 308 页)。这个拥有 **10 票**、激烈地反对《火星报》的彻底的组织计划、维护小组习气而反对党性的集团,在这里已经表现得十分明确了。在讨论中,火星派分子正是从原则上提出了这个问题(请看朗格的发言,第 315 页),表示反对手工业方式和涣散状态,不考虑个别组织的“同情”,而直截了当地说,“如果‘南方工人’社的同志们早在一两年以前就持较有原则的观点,那么党的统一事业和我们在这里所批准的纲领原则的胜利早就达到了”。奥尔洛夫、古谢夫、利亚多夫、穆拉维约夫、鲁索夫、巴甫洛维奇、格列博夫和哥林等人,都本着这个精神发表了意见。“少数派”方面的火星派分子,不但没有表示反对这些在代表大会上多次提出的肯定指明“南方工人”社、马霍夫等人缺乏原则性政策和“路线”的意见,不但没有对这一点提出什么保留,反而通过捷依奇表示坚决赞同这些意见,斥责“混乱状态”,欢迎鲁索夫同志“直接提出问题”(第 315 页),但是这个鲁索夫同志**在同一次会议上**居然——真不得了！——敢于把旧编辑部问题也“直接提到”纯粹党的立场上来（第325页）。

解散“南方工人”社的问题引起了该社的无比愤怒，这个迹象在记录中也可以看得出来（不要忘记，记录只能约略地反映出讨论情况，因为记录没有记下发言的全文，而只是最简略的要点）。叶戈罗夫同志甚至一听见有人把《工人思想报》集团[3]的名字和“南方工人”社相提并论，就说这是“造谣”，——由此可以明显地看出代表大会上一般人对于彻底的经济主义所持的态度了。叶戈罗夫甚至在很晚的时候，即在第37次会议上，还十分愤慨地提起解散“南方工人”社的问题（第356页），并请求在记录上写明：在讨论“南方工人”社问题时，既没有向该社社员征求过关于出版经费的意见，也没有征求过关于中央机关报和中央委员会的监督的意见。波波夫同志在讨论“南方工人”社问题时暗示说，有一个紧密的多数派似乎已经预先决定了关于该社的问题。他说：“**现在，在鲁索夫同志和奥尔洛夫同志发言以后，一切都看得很清楚了**。”（第316页）这些话的意思无疑是说：现在，在火星派分子已经发了言，并且提出了决议案以后，一切都很清楚了，换句话说，“南方工人”社将被解散，而且是违反它本身的意愿，这一点是已经很清楚了。“南方工人”社的代表自己在这里就是把火星派分子（并且是像鲁索夫和奥尔洛夫这样的火星派分子）和自己的同道者作为不同的组织政策“路线”的代表分开的。所以现在的《火星报》把“南方工人”社（大概也把马霍夫？）说成“道地的火星派分子”，只是清楚地表明，新编辑部忘记了代表大会上的一些最大的（从这个团体的观点来看）事件，并想把那些说明所谓“少数派”究竟是由哪些分子组成的痕迹掩盖起来。

可惜，代表大会上没有提到关于出版通俗机关报的问题。所有的火星派分子,无论在代表大会以前还是在代表大会期间(在会外),都非常热烈地讨论了这个问题,一致认为在目前党内生活的情况下创办这样一个机关报或者把现有的某一个刊物改成这样的机关报,都是非常不合适的。反火星派分子在代表大会上发表了相反的意见,“南方工人”社也在自己的报告中发表过这样的意见,只是由于偶然的原因或者由于不愿意提出“没有希望的”问题,才没有把一个有10个人署名的相应的决议案提出来。

（五）语言平等事件

现在我们再按照代表大会开会的顺序来谈。

现在我们深信，还在代表大会没有转入讨论实质性问题以前，就不仅清楚地暴露了一个完全确定的反火星派集团（8 票），而且清楚地暴露了一个准备支持这 8 个人而给它凑到大约 16—18 票的不坚定的中间集团。

代表大会对于崩得在党内的地位问题进行了极其详细、过分详细的讨论后，只作出了一个带有原则性论点的决定，而实际的解决却一直拖延到讨论组织关系问题的时候。由于代表大会以前报刊已经用了相当多的篇幅解释过与此有关的问题，所以代表大会上的讨论所提供的新东西也就比较少了。不过要指出的一点就是，《工人事业》杂志的拥护者（马尔丁诺夫、阿基莫夫和布鲁凯尔）虽然同意马尔托夫提出的决议案，但是有保留，认为这个决议案不够充分，并且不同意从这个决议案得出的结论（第 69、73、83、86 页）。

崩得的地位问题讨论以后，代表大会接着就讨论纲领问题。这次讨论大部分是一些意义不大的局部修正。在原则上，反火星派的反对态度只表现为马尔丁诺夫同志激烈地反对关于自发性和自觉性问题的人人皆知的提法。崩得分子和工人事业派分子当然是完全拥护马尔丁诺夫的意见的。顺便说一下,马尔托夫和普列汉诺夫也曾经指出马尔丁诺夫的反对意见是毫无根据的。可笑的是,现在《火星报》编辑部(大概是经过一番考虑之后)已经转到马尔丁诺夫方面,说的话和它在代表大会上说过的完全相反![4]大概这是符合有名的"继承性"原则吧…… 我们只好静候编辑部把问题完全弄清楚时再向我们说明一下,究竟它是在什么程度上同意马尔丁诺夫的意见的,究竟是在哪一点以及从什么时候开始同意的。在等待这个答案时,我们只想问一下,什么地方看见过有这样的**党的**机关报,它的编辑部在代表大会以后说的话竟然同自己在代表大会上说过的正好相反呢?

现在我们不谈承认《火星报》为中央机关报问题的争论(前面我们已经提到过了),也不谈党章问题开初的辩论(关于这些辩论,最好以后在分析党章问题的全部讨论情况时再来谈),而谈一下在讨论纲领时暴露出来的那些原则性的色彩。我们首先指出一个非常有特色的细节,即关于比例代表制问题的讨论。"南方工人"社的叶戈罗夫同志主张把这一点写进纲领,于是波萨多夫斯基(少数派方面的火星派分子)公正地指出这里有"严重的意见分歧"。波萨多夫斯基同志说:"毫无疑问,我们在以下这个基本问题上有不同的意见:**是要使我们将来的政策服从某些基本民主原则而承认这些原则有绝对价值呢**,还是应当使所有的民主原则都完全服从我们党的利益?我是坚决拥护后一种意见的。"普列汉诺夫"完全同意"波萨多夫斯基的意见,并且用更肯定、更坚决的话反对那种认为"民主原则有绝对价值"的说法,反对"抽象地"看待这些原则。他说:"可以设想,有那么一天,我们社会民主党人会反对普选权。意大利各共和国中,资产阶级曾经剥夺过属于贵族阶层的人的政治权利。革命无产阶级可以限制上层阶级的政治权利，就像上层阶级曾经限制过无产阶级的政治权利一样。”对普列汉诺夫的发言有人鼓掌，也有人**嘘斥**，当普列汉诺夫对会场上的嘘声表示抗议——“你们不应当嘘斥”——同时请同志们不要受拘束时，叶戈罗夫同志马上站起来说：“既然这个发言有人鼓掌，那我一定要嘘斥。”叶戈罗夫同志和戈尔德布拉特同志（崩得代表）一同发言反对波萨多夫斯基和普列汉诺夫的看法。可惜辩论被中断了，辩论过程中产生的问题也就立即消失了。但是马尔托夫同志现在企图减弱甚至完全抹杀这个问题的意义却是徒劳的，他在同盟代表大会上说：“这些话〈指普列汉诺夫的话〉激怒了一部分代表，假使普列汉诺夫同志当时补充说，自然很难设想会出现这样一种不幸的局面，即无产阶级为了巩固自己的胜利而必须践踏像出版自由这样的政治权利，那么这种愤怒是不难避免的……（普列汉诺夫说：“谢谢”）”（同盟记录第58页） 这种解释同波萨多夫斯基同志**在代表大会上**的说法是**直接**矛盾的，他当时完全肯定地认为在“基本问题”上存在“严重的意见分歧”和不同的意见。关于这个基本问题，所有火星派分子都在代表大会上发言**反对**“右翼”反火星派分子（戈尔德布拉特）以及代表大会上的“中派”分子（叶戈罗夫）。这是事实，并且我们可以大胆地保证：假如“中派”（我想，这个字眼该比任何别的字眼都更少使“正式的”温情主义者感到难堪……），假如“中派”（以叶戈罗夫同志或马霍夫同志为代表）有机会“**不受拘束地**”就诸如此类问题发表意见，那么严重的意见分歧是会立刻暴露出来的。

这种意见分歧在“语言平等”问题上暴露得还要明显（记录第171页及以下各页）。关于这一项，表决情况比讨论更能说明问题,统计一下表决的次数,就可以看到一个不可思议的数目——**16次**!导火线是什么呢?导火线就是:在党纲中只要指明全体公民不分性别等等**以及舌头**一律平等就够了呢,还是必须指出"舌头自由"或"语言平等"?马尔托夫同志在同盟代表大会上相当正确地说明了这一事件的特点,他说:"关于党纲一项条文措辞的小小的争论,竟有了原则的意义,因为在代表大会上半数代表都决心推翻纲领委员会。"正是如此。① 引起冲突的导火线确实很小,但是冲突具有真正**原则的**性质,因而也具有非常激烈的形式,直到有人企图"**推翻**"纲领委员会,直到猜疑有人存心"**把代表大会引向歧途**"(叶戈罗夫就是这样猜疑过马尔托夫的!),直到彼此……破口大骂,反唇相讥(第178页)。甚至波波夫同志也"表示了遗憾,说为了一点小事竟造成**这样的气氛**"(黑体是我用的,第182页),一连三次(第16、17、18次)会议都充满了这种气氛。

所有这些话都非常明确、肯定地指出一件极重要的事实:充满"猜疑"和最激烈的斗争形式("推翻")的那种气氛(后来在同盟

---

① 马尔托夫补充说:"在这里,普列汉诺夫关于驴子的挖苦话给我们带来很大害处"(当谈到舌头自由时,仿佛有一个崩得分子列举各种机关而提到了种马场,当时普列汉诺夫就自言自语地说:"马是不讲话的,而驴子有时倒讲话")。我当然不认为这种挖苦话特别温和、特别谦让、特别慎重和特别灵活。但我终究觉得奇怪的是,马尔托夫虽然承认争论具有**原则的意义**,却完全不来分析这方面的原则性究竟表现在哪里以及暴露出怎样的色彩,而只限于指出挖苦话的"害处"。这才真是官僚主义的和形式主义的观点呢!尖刻的挖苦话确实"在代表大会上带来很大害处",其中不仅对崩得分子说了挖苦话,还对那些有时受到崩得分子支持甚至被他们从失败危险中救出来的人说了挖苦话。但是,既然已经承认这一事件有原则的意义,那就不能用指出某些挖苦话"不能容许"(同盟记录第58页)的说法来回避问题。

代表大会上有人指责火星派多数派造成了这种气氛！），其实**早在我们分裂为多数派和少数派以前**就形成了。我再说一遍，这是一件有重大意义的事实，这是一件基本事实，许多人往往由于不了解这件事实而产生一种极轻率的看法，认为在代表大会快结束时形成的多数派是人为的。从现在硬说代表大会的参加者中十分之九都是火星派分子的马尔托夫同志的观点看来，由于一点“小事”，由于“小小的”导火线就爆发具有“原则的性质”并且几乎弄到推翻代表大会纲领委员会地步的冲突，是绝对解释不通和绝对荒诞的。对“带来害处”的挖苦话仅仅表示埋怨和遗憾，以此来回避这件**事实**，是令人可笑的。冲突是不会由于任何尖刻的挖苦话就产生**原则的**意义的，只有代表大会上政治派别划分的性质才会产生这样的意义。不是什么尖刻话或挖苦话引起了冲突，——这些话只是**表明**代表大会上政治派别的划分本身存在着“矛盾”，存在着引起冲突的一切前提，存在着一碰到**甚至小小的**导火线就会以其固有的力量爆发出来的内在分歧。

相反，从我用来观察代表大会的观点（我认为我应该坚持把这种观点作为观察事件的某种政治见解，尽管有人觉得这种见解令人难堪）看来，由于“小小的”导火线而爆发十分剧烈的**原则**性的冲突，是完全可以理解和不可避免的。既然在我们的代表大会上，**时刻**都有火星派分子和反火星派分子的斗争，既然在他们之间有一些不坚定的分子，既然这些不坚定的分子和反火星派分子共占三分之一的票数（8票+10票=51票中的18票，这当然是根据我的粗略计算），那么，**火星派分子方面有一些人，哪怕是很小一部分人分离出去**，就有可能使反火星派的方针取得胜利，因而引起“疯狂的”斗争，这是完全可以理解而且十分自然的。这并不是由什么过分尖刻的话语或者攻击引起的，而是由政治的分化引起的。并不是什么尖刻话造成了政治冲突，而是代表大会上的派别划分本身存在的政治冲突造成了尖刻话和攻击，——这种截然相反的看法，也就是我们和马尔托夫在估计代表大会的政治意义及其结果方面的基本的原则性意见分歧。

在整个代表大会期间，使极少数火星派分子脱离大多数火星派分子的重大事件共有三次，即语言平等、党章第 1 条和选举问题，这三次事件都引起了激烈的斗争，这种斗争最终导致现在的党内严重的危机。为了从政治上了解这个危机和这次斗争，不应该只限于空谈什么有人讲过不能容许的挖苦话，而应该考察一下在代表大会上彼此发生冲突的各种色彩的政治派别划分。所以，"语言平等"事件对于说明分歧的原因是有双重作用的，因为马尔托夫当时还是（还是！）一个火星派分子，并且几乎比任何一个人都更起劲地攻击反火星派分子和"中派"。

战争是由马尔托夫同志和崩得首领李伯尔同志的争论开始的（第 171—172 页）。马尔托夫证明只要提出"公民平等"的要求就够了。"舌头自由"被否决了，但是接着提出了"语言平等"，而且有叶戈罗夫同志同李伯尔一起进行战斗。马尔托夫说这是**拜物教**，"因为发言人坚决主张民族平等，而把不平等现象转移到语言问题方面。其实，问题正应该从另一方面来考察：民族不平等现象是存在的，其表现之一就是属于某一民族的人失去了使用本族语言的权利"（第 172 页）。马尔托夫当时说得完全对。李伯尔和叶戈罗夫毫无理由地企图为他们自己的说法辩护，并且企图证明我们不愿意或者不善于实行民族平等原则，这的确是一种拜物教。确实，他们像"拜物教徒"一样只坚持词句而不坚持原则，他们做事不是怕犯什么原则错误，而是怕别人议论。正是这种动摇心理（如果“别人”因这一点而责备我们，那怎么办呢?）——在发生组织委员会事件时我们已经指出的心理，——我们的整个“中派”在这里表现得十分明显。另一个中派分子，即与“南方工人”社密切接近的矿区代表李沃夫“认为边疆地区提出的关于压制语言平等的问题是个很严重的问题。所以我们必须在党纲中规定关于语言的条文，消除别人可能猜疑社会民主党人搞俄罗斯化的任何推测”。这种对于问题的“严重性”的论证真是太妙了。问题所以很严重，是**因为**必须消除边疆地区的可能的猜疑！这个发言人根本没有谈什么涉及到问题本质的话，根本没有回答关于拜物教的指责，反而完全证实了这个指责，因为他完全没有自己的论据，只是借口边疆地区会怎么说这一点来敷衍搪塞。当时有人对他说：他们**可能**说的话都是**不对**的。而他并不去分析究竟说得对不对，却回答说：“**别人可能猜疑**。”

这样一种自以为说明了问题的严重性和重要性的提法，倒确实具有了原则的性质，不过这完全不是李伯尔们、叶戈罗夫们、李沃夫们想在这里找到的那种原则的性质。成为原则性问题的是：我们应该让各级党组织和党员运用党纲上规定的一般的基本原理，把这些原理运用于具体条件并在具体运用上加以发挥呢，还是仅仅因为害怕别人猜疑就应该用枝节的条文、局部的指示、重复的语句和烦琐的解释来充斥党纲的篇幅。成为原则性问题的是：社会民主党人怎么能把反对烦琐的解释的斗争看成（“猜疑为”）想缩小起码的民主权利和自由。我们究竟要到什么时候才会丢掉这种崇拜烦琐解释的拜物教心理呢？——这就是我们看到由于“语言”问题引起斗争时产生的想法。

由于进行过多次记名投票，所以在这个斗争中代表们的派别划分表现得特别明显。这样的表决一共有三次。始终竭力反对火星派核心的，有全部反火星派分子（8票）以及只有很小变动的整个中派（马霍夫、李沃夫、叶戈罗夫、波波夫、梅德维捷夫、伊万诺夫、察廖夫和别洛夫，——只有后面两个人起初表现动摇，时而弃权，时而投票赞成我们，直到第三次表决时才完全确定了自己的态度）。火星派方面有一部分人，主要是高加索人（3个人共有6票）脱离出去了，于是“拜物教派”终于占了优势。在进行第三次表决时，当两种不同倾向的人们都已经十分确切地表明自己的立场时，脱离火星派多数派而转到对方去的是拥有6票的3个高加索人，而脱离火星派少数派的是拥有2票的波萨多夫斯基和科斯季奇；在头两次表决中转到对方或弃权的，在火星派多数派方面有连斯基、斯捷潘诺夫和哥尔斯基，在火星派少数派方面则有捷依奇。**火星派方面有8票（从33票总数里）脱离出去，结果就使反火星派分子和不坚定分子的联盟占了优势**。这就是代表大会派别划分的**基本事实**，这一事实在表决党章第1条以及在进行选举时也都再次出现（不过当时脱离出去的是**另一些**火星派分子而已）。怪不得那些在选举时遭到失败的人现在竭力想抹杀他们失败的**政治原因**，竭力想抹杀各种色彩之间斗争的**出发点**，而这个斗争却在全党面前愈来愈清楚地暴露了和愈来愈无情地揭露了那些不坚定的、政治上没有气节的分子。语言平等事件所以特别明显地向我们说明了这个斗争，是因为当时连马尔托夫同志也还没有博得阿基莫夫和马霍夫两人的夸奖和赞许。

（六）土地纲领

反火星派和“中派”的不坚持原则，在讨论土地纲领时也表现得很明显，这些讨论占了代表大会不少时间（见记录第190—226页），并且提出了不少很有意义的问题。果然不出所料，马尔丁诺夫同志（在李伯尔和叶戈罗夫两位同志发表了小小的责难意见以后）对纲领发动了进攻。他提出一个旧论据，说我们是通过纠正“历史上的这种不公平现象”来间接地“尊崇历史上的另一些不公平现象”等等。站在他一边的还有叶戈罗夫同志，叶戈罗夫说自己甚至“不了解这个纲领有什么意义。提出这个纲领是为了我们自己，即把我们所提出的那些要求确定下来呢，还是我们想使它成为大家都能接受的东西”（!?!?）。李伯尔同志“也想提出叶戈罗夫同志所提的意见”。马霍夫同志本着他所固有的坚决精神发言说，“大多数〈?〉发言人都根本不了解提出来的这个纲领是个什么东西，其目的何在”。据他说，这个纲领“很难认为是社会民主党的土地纲领”；这个纲领……“有一种把纠正历史上的不公平现象当儿戏的味道”，有“一种蛊惑人心和冒险主义的色彩”。这种深奥思想的理论根据，就是庸俗马克思主义所惯用的夸张其词和简单化的手法，说火星派似乎“想把农民看做是成分一样的；既然农民早已〈?〉分化为几个阶级，所以提出单一的纲领，势必使整个纲领成为蛊惑人心的东西,一旦实行起来就会成为冒险行为”(第202页)。马霍夫同志在这里“说穿了”许多社会民主党人对我们的土地纲领持否定态度的真正原因,他们虽然决心“承认”《火星报》(正如马霍夫本人也承认它一样),但是根本没有考虑过它的方针、理论立场和策略立场。正因为他们在运用马克思主义观察现代俄国农民经济结构这样一种错综复杂的现象时把马克思主义庸俗化了,所以他们始终不了解这个纲领,而决不是因为在个别细节问题上有不同的意见。正是在这种庸俗的马克思主义观点上,反火星派首领(李伯尔和马尔丁诺夫)和“中派”首领(叶戈罗夫和马霍夫)很快就趋于一致了。叶戈罗夫同志也直爽地表现了“南方工人”社以及所有倾向于它的团体和小组的一个特点,即他们不了解农民运动的意义,不了解我们社会民主党人在第一批有名的农民起义时期表现的弱点不是过高估计了这个运动的意义,而是过低估计了这个运动的意义(而且没有力量来利用这个运动)。叶戈罗夫同志说:“我丝毫不像编辑部那样迷恋农民运动,在农民骚动以后有许多社会民主党人都迷恋过。”只是可惜叶戈罗夫同志没有积极向代表大会多少确切地指明**编辑部**的这种迷恋究竟表现在哪里,也没有积极具体地指明《火星报》所提供的文字材料。此外,他忘记了,我们的土地纲领的**一切**基本条文在《火星报》第3号①上,即在农民骚动**很久**以前就已经发挥过了的。谁如果不只是口头上“承认”《火星报》,那他就不妨稍微多注意一下《火星报》的理论原则和策略原则!

叶戈罗夫同志感叹地说:“不,我们在农民中间不会有多大作

① 见《列宁全集》第2版增订版第4卷第379—386页。——编者注

为!”随后他又说明这种感叹不是表示反对某种个别的“迷恋现象”,而是否定我们的整个立场:“这也就是说,我们的口号不能同冒险主义口号相竞争。”这真是把一切都归结为各政党口号“竞争”的非原则态度的最典型的说法！并且这还是在他自称已经对理论解释“表示满意”以后说出来的,在这种理论解释中指出:我们力求在鼓动工作中取得牢靠的成绩而不怕暂时的失利;要取得牢靠的成绩(不管那些“竞争者”……一时如何叫嚷),就必须使纲领有巩固的理论基础(第196页)。既然自称对这种解释已经“表示满意”,又立刻重复从旧经济主义那里继承下来的庸俗论点:认为“口号竞争”决定一切问题,不仅决定土地纲领问题,而且决定经济斗争和政治斗争的全部纲领和全部策略问题,这是多么混乱的观点。叶戈罗夫同志说:“你们不能强迫雇农同富农一道为已经有不小一部分落到这些富农手里的割地而斗争。”

又是那一套显然同我们的机会主义经济派有血统关系的简单化的论调,经济派硬说:不能“强迫”无产者去为现在有不小一部分已落到资产阶级手里而将来还会有更大一部分落到资产阶级手里的东西而斗争。又是那一套庸俗化的论调,忘记了在雇农和富农之间的一般资本主义关系方面俄国所具有的特点。现在,事实上受到割地重压的**也有**雇农,他们为摆脱盘剥制而斗争是根本不必“强迫”的。需要“强迫”的倒是某些知识分子——强迫他们更广泛地看到他们担负的任务,强迫他们在讨论具体问题时丢掉那一套死板公式,强迫他们考虑到使我们的目的复杂化和发生变化的历史情况。只有认为农民是傻子的这种偏见,即马尔托夫同志公正指出的(第202页),在马霍夫同志以及其他反对土地纲领的人们的发言中流露出来的偏见,可以解释为什么这些反对者忘记了我国雇农生活的现实条件。

我们的“中派”分子把问题简单化为只存在工人和资本家的对立,并且力图把自己的狭隘观点照例强加在农民身上。马霍夫同志说:“正因为我认为农民就其狭隘的阶级观点的限度来说是聪明的,所以我以为他们会拥护夺取土地和分割土地的小资产阶级理想。”这里显然是把两件事情混为一谈:一件事情是把农民的阶级观点估计为小资产者的阶级观点,另一件事情是**缩小了**这个观点,把**它**归结为“狭隘的限度”。叶戈罗夫们和马霍夫们的错误正在于作了这种归结(也如马尔丁诺夫们和阿基莫夫们的错误在于把无产者的观点归结为“狭隘的限度”一样)。其实,逻辑或历史都教导我们:正是因为小资产者的地位有两重性,所以小资产者的阶级观点可能比较狭隘,又比较进步。所以,我们决不能因为农民狭隘(“愚昧”)或者受“偏见”支配就灰心失望,恰恰相反,我们的任务是要始终不倦地开阔农民的眼界,促使他们用理智战胜偏见。

对于俄国土地问题的庸俗的“马克思主义”观点,在《火星报》旧编辑部的忠实捍卫者马霍夫同志那篇原则性发言的结束语中集中地表现出来了。怪不得这些话博得了掌声……虽然是讽刺的掌声。普列汉诺夫说,我们丝毫不怕土地平分运动,我们不会阻碍这个进步(资产阶级的进步)的运动,马霍夫同志听了以后愤慨地说:“我真不知道什么东西叫做不幸。但是,这个革命即使可以称为革命,也会是一个不革命的革命。正确些说,不是革命而是反动(笑声),类似骚动的革命…… 这样的革命将使我们倒退,并且要经过相当时间才可以使我们重新回到我们现在的状况。而我们现在却有比法国革命时期更多得多的东西(**讽刺的掌声**),我们有社会民主党(笑声)……” 是的,如果社会民主党是按照马霍夫的观点看问题，或者拥有受到马霍夫们支持的中央机关，那它确实只能受到嘲笑……

可见，就是在讨论土地纲领所引起的一些纯粹原则性的问题时，也立即反映出我们已经熟悉的派别划分。反火星派分子（8票）为了庸俗的马克思主义而出马上阵，“中派”首领，叶戈罗夫们和马霍夫们尾随在他们的后面，而且总是陷在那个狭隘的观点里出不来。所以很自然，在表决土地纲领的某些条文时，赞成的有30票和35票（第225页和第226页），就是说，恰巧和我们在争论崩得问题讨论的次序、组委会事件以及解散“南方工人”社问题时所看到的那个数目接近。每当问题稍微超出通常的框框，稍微要求把马克思的理论独立地运用于新的（对德国人说来是新的）特殊的社会经济关系时，真正胜任的火星派分子立刻就只占五分之三的票数，整个“中派”就立刻转到李伯尔们和马尔丁诺夫们方面去了。马尔托夫同志却拼命抹杀这一明显的事实，胆怯地回避那些显然暴露出各种色彩的表决情况！

从土地纲领问题的讨论中可以明显地看到火星派分子同在代表大会上足足占有五分之二的人进行斗争的情况。高加索的代表在这里采取了完全正确的立场，——这也许多半是因为他们熟悉当地无数农奴制残余的各种表现，所以才没有赞同马霍夫们觉得满意的那套抽象而幼稚的简单对立法。当时发言反对马尔丁诺夫和李伯尔、马霍夫和叶戈罗夫的，有普列汉诺夫、古谢夫（他证实说，“对我们的农村工作所持的这种悲观看法”……即叶戈罗夫同志的那种看法……他“常常在俄国工作的同志中间听到”），有科斯特罗夫、卡尔斯基，还有托洛茨基。托洛茨基正确地指出，土地纲领的批评者的“各种忠告”“是十分**庸俗的**”。不过我们在谈到研究代表大会上的政治派别划分问题时必须指出,他在这一段发言中(第208页)把朗格同志同叶戈罗夫和马霍夫两人相提并论却不一定正确。谁如果仔细地读一读记录就能够看出,朗格和哥林两人所站的立场跟叶戈罗夫和马霍夫两人的立场完全不同。朗格和哥林两人不喜欢关于割地一条的提法,他们却完全领会我们土地纲领的思想,他们不过企图**用另一种方式**体现这个思想,积极努力寻找在他们看来更为完善的提法,提出自己的决议草案来说服土地纲领的起草人,或是站在土地纲领起草人方面反对所有的非火星派分子。例如,只要把马霍夫关于否决全部土地纲领的提议(第212页,**9票**赞成,38票反对)以及关于否决这个纲领的个别条文(第216页及其他各页)的提议,拿来和朗格对割地条文**提出**独立的修订方案(第225页)的立场对比一下,就可以清楚地看出这两种立场是截然不同的①。

托洛茨基同志在往下谈论那些带有"庸俗气味"的理由时指出,"在即将来临的革命时期,我们应该同农民联系起来"……"在这个任务面前,马霍夫和叶戈罗夫的怀疑态度和政治'远见'比任何一种近视更加有害。"另一个火星派少数派分子科斯季奇同志,很准确地指出了马霍夫同志"不相信自己,不相信自己的原则稳定性",——这个估计真是打中了我们的"中派"的要害。科斯季奇同志继续说:"马霍夫同志的悲观态度是跟叶戈罗夫同志一致的,虽然他们各有不同的色彩。马霍夫同志忘记了,社会民主党人现时已在农民中间进行工作,已在可能范围内领导农民运动。而他们却用这种悲观态度来缩小我们工作的规模。"(第210页)

---

① 见哥林的发言,第213页。

在快要谈完代表大会讨论纲领问题的情形时，还应该指出关于支持反政府派问题的简短辩论。我们的纲领说得很清楚，社会民主党支持“任何**反对俄国现存社会政治制度的反政府**运动和革命运动”。看来，这个限定语已经十分明确地指出我们支持的**究竟是哪些**反政府派别。然而我们党内早已形成的各种不同色彩**在这里也**立即暴露出来了，本来很难设想在这样一个已经再三说明过的问题上还会发生“疑问和误解”！显然，并不是由于什么误解，而是由于有**各种不同的色彩**。马霍夫、李伯尔以及马尔丁诺夫立刻就惶恐不安了，结果又落到了“紧密的”少数派的地位，马尔托夫同志大概认为这也是由于有人搞阴谋、倾轧、耍权术和其他种种卑鄙手腕（见他在同盟代表大会上的发言），而那些不能理解形成“紧密的”少数派和多数派的政治原因的人才会求助于这些东西。

马霍夫又是从把马克思主义庸俗地简单化开始。他宣称：“我国唯一革命的阶级是无产阶级”，可是他从这个正确的论点马上得出一个不正确的结论：“其余的阶级都是微不足道的，都是无关紧要的（全场大笑）……　是的，它们是无关紧要的，都是为了自己的利益。我反对支持它们。”（第226页）马霍夫同志对自己立场作的这种绝妙的表述，使许多人（他的许多同道者）都感到难为情，但是李伯尔和马尔丁诺夫两个人和他的意见实质上是一致的，他们提议删掉“反政府派”字样，或者添上“民主的反政府派”加以限定。普列汉诺夫对马尔丁诺夫的这个修正作了公正的反驳。他说：“我们应当批判自由派，揭露他们的不彻底性。这是对的……　但是我们在揭露一切非社会民主主义运动的狭隘性和局限性时，必须向无产阶级说明，同专制制度比较起来，就连不保证普选制的宪法也是一种进步，所以无产阶级不应该宁要现存制度而不要这种宪法。”马尔丁诺夫、李伯尔和马霍夫三位同志不同意这个意见，仍然坚持自己的立场；阿克雪里罗得、斯塔罗韦尔、托洛茨基，还有普列汉诺夫的第二次发言都抨击了这种立场。马霍夫同志在这里又一次自己打了自己。起初他说，其余的阶级（除了无产阶级以外）都是“微不足道的”，他“反对支持它们”。后来他又大发慈悲地承认说，“资产阶级实质上虽然是反动的，但往往又是革命的，例如，在反对封建制度及其残余的时候”。接下去，他愈说愈糟了：“可是，有些集团始终〈？〉是反动的，——手工业者就是这样的。”请看，后来慷慨激昂地拥护旧编辑部的那些“中派”首领竟在原则方面发表了什么样的妙论！正是手工业者，甚至在行会制度十分盛行的西欧，也如同城市中其他小资产者一样，在专制制度崩溃时代起过特殊的革命作用。俄国社会民主党人不假思索地重复西欧同志在专制制度崩溃已有 100 年或 50 年之久的时代就现代手工业者所讲的那些话，是特别荒谬的。在俄国，硬说手工业者在政治问题上比资产阶级反动，只不过是背诵一些陈词滥调而已。

可惜，记录完全没有载明马尔丁诺夫、马霍夫和李伯尔对这个问题提出的已被否决的修正案所得到的票数。我们能指出的只是，反火星派分子的各个首领和“中派”的一个首领①在这里也结

---

① 该派即“中派”的另一个首领叶戈罗夫同志，在另一个地方讨论到阿克雪里罗得所提的关于社会革命党人的决议案时，发表了他对于支持反政府派问题的意见（第 359 页）。叶戈罗夫同志认为：既在纲领中要求**支持**任何反政府运动和革命运动，又要对社会革命党人以及自由派持**否定**态度，这是个“矛盾”。叶戈罗夫同志在这里虽然是用另一种形式，稍微从另一个角度观察问题的，但同样暴露出他也像马霍夫、李伯尔和马尔丁诺夫三位同志那样狭隘地理解马克思主义，对（他“所承认的”）《火星报》的立场采取了不坚定的、半敌视的态度。

成了我们已经熟悉的反火星派分子的派别。在总结对于**纲领**问题的**全部**讨论经过时，不能不作出这样的结论：没有**哪一次**比较热烈和引起普遍兴趣的辩论不暴露出马尔托夫同志和《火星报》新编辑部现在力图掩饰的那些色彩的区别。

（七）党章。马尔托夫同志的草案

代表大会在讨论了纲领问题以后，接着就讨论党章问题（我们把前面提到的中央机关报问题以及代表们所作的报告撇开不谈，可惜大多数代表的报告都作得不能令人满意）。不用说，党章问题对于我们大家都有重大的意义。要知道，《火星报》从创办时起就不仅作为机关报，而且作为**组织**细胞在进行活动。在《火星报》第4号的编辑部文章（《从何着手？》①）中提出了一个完备的组织计划②，并且**三年来**始终一贯地执行了这个计划。当党的第二次代表大会承认《火星报》为中央机关报时，在相应的决议所提的三条理由中（第147页）有两条谈的**正是《火星报》的这个组织计划和组织思想**：《火星报》在领导党的**实际**工作方面的作用和它在统一工作中的领导作用。所以很自然，如果一定的组织思想得

---

① 见《列宁全集》第2版增订版第5卷第1—10页。——编者注

② 波波夫同志在关于承认《火星报》为中央机关报的发言中还说过："我现在回想起《火星报》第3号或第4号上所发表的《从何着手？》一文。许多在俄国工作的同志都认为它是不策略的，另一些人觉得这个计划是个幻想，而大多数人〈？大概是波波夫同志周围的大多数人〉则说这不过是好大喜功而已。"（第140页）读者可以看出，这种把我的政治观点解释成好大喜功的说法，这种现在又被阿克雪里罗得和马尔托夫两同志煽起的说法，我早已听惯了。

不到全党承认，没有正式规定下来，《火星报》的工作和建党即**事实上**恢复党的全部工作，就**不能**算是完成了。而党的组织章程就是为了完成这个任务。

《火星报》力求奠定的作为建党基础的基本思想，实际上可以归结为以下两点。第一是集中制思想，它从原则上确定了解决所有局部的和细节性的组织问题的方法。第二是承认进行思想领导的机关报的特殊作用，它恰恰估计到了俄国社会民主主义工人运动在政治奴役的环境下、在把革命进攻的**最初的**根据地建立在国外这种条件下的暂时的和特殊的需要。第一个思想是唯一的原则性思想，应该贯穿在整个党章中；第二个思想是由活动地点和活动方式的暂时情况产生的局部性思想，即**表面上**离开集中制，而成立**两个中央机关——中央机关报和中央委员会**。《火星报》的这两个建党的基本思想，我在《火星报》（第4号）编辑部文章《从何着手？》以及《怎么办？》①中已经发挥过了，后来我在《给一位同志的信》②中用几乎是说明党章条文的形式又详细作了解释。其实，剩下的只是在措辞上加加工就可以把党章条文规定下来，因为，如果对《火星报》的承认不是一纸空文，不只是一句应酬话，那么党章正应当把这些思想体现出来。我在《给一位同志的信》再版的序言中已经指出：只要把党章和这本小册子对照一下，就可以看出这里和那里谈的组织思想是完全一致的。③

讲到《火星报》的组织思想在党章中如何措辞和表述的问题，我不得不提到马尔托夫同志所掀起的一次事件。马尔托夫在同盟

① 见《列宁全集》第2版增订版第6卷第1—183页。——编者注

② 同上，第7卷第1—18页。——编者注

③ 同上，第8卷第102页。——编者注

代表大会上说:“……你们实际考证一下就会知道,我在这一条(即第1条)条文上陷入机会主义立场在多大程度上是出乎列宁的意料之外。在代表大会召开以前一个半月至两个月,我曾经把我的草案给列宁看过,那里第1条叙述得同我在代表大会上提出的条文正好一样。当时列宁表示反对我的草案,认为写得太详细了,并且对我说,他只喜欢第1条的思想,即关于党员的定义,他说要把这个思想用另一种形式吸收到自己的党章中去,因为他觉得我的表述不妥当。可见,列宁早就了解我的条文,知道我对于这个问题的看法。因此你们可以看出我是光明正大地去参加代表大会的,没有隐瞒自己的观点。我曾经预先声明,我要反对相互增补,反对在中央委员会和中央机关报成员增补时采取一致同意的原则,等等。”

关于预先声明反对相互增补一事,我们在一定的地方就会知道事实真相究竟是怎样的。现在我们要谈一谈马尔托夫的党章中的这种“光明正大”。马尔托夫在同盟里靠记忆叙述有关他那个不妥当的草案的情节时(马尔托夫本人在代表大会上曾把这个草案当做不妥当的草案收回了,而在代表大会以后,又本着他所特有的一贯精神把它重新亮了出来),照例忘记了许多事情,因而又把问题弄模糊了。看来,已经有很多事实足以告诫大家不要引用私人谈话和凭本人记忆(人们总是不由自主地只记起对自己有利的东西!)来说明问题,但是马尔托夫同志因为没有别的材料,只好利用次品。现在甚至普列汉诺夫同志也学起他的样子来了——大概是近墨者黑吧。

马尔托夫草案第1条的“思想”是不可能使我“喜欢”的,因为他的草案中**根本没有**后来在代表大会上提出的**那种思想**。是他记错了。我侥幸在纸堆中找到了马尔托夫的草案，那里“**第 1 条叙述得同他在代表大会上提出的条文正好不一样**”！请看这是什么“光明正大”！

马尔托夫草案第 1 条条文是：“凡承认党纲、并在党的机关〈原文如此！〉监督和领导下为实现党的任务而积极工作的人，可以作为俄国社会民主工党党员。”

我的草案第 1 条条文是：“凡承认党纲、在物质上支持党并亲自参加党的一个组织的人，可以作为党员。”

马尔托夫在代表大会上提出并由代表大会通过的第 1 条条文是：“凡承认党纲、在物质上支持党并在党的一个组织领导下经常亲自协助党的人，可以作为俄国社会民主工党党员。”

两相对比可以明显地看出，马尔托夫的草案根本没有什么**思想**，而只是**泛泛空谈**。说党员应该在党的**机关**监督和领导下进行工作，这是不言而喻的，**只能是这样的**，只有爱说废话，爱在“章程”中堆砌大量空洞的词句和官僚主义的（就是说，对事业不需要，只有在装饰门面时才似乎需要的）公式的人，才会这样说。第 1 条的**思想**只有在这样提出问题时才会产生：**党的机关实际上**能不能对那些**不加入**任何一个**党组织**的党员进行领导。这种思想在马尔托夫同志的草案中连一点影子也没有。所以**我也就无法知道**马尔托夫同志“对于这个问题”的“看法”，因为马尔托夫同志的草案**对于这个问题根本没有提出什么看法**。可见，马尔托夫同志所作的实际考证是**一笔糊涂账**。

相反，对马尔托夫同志正应该说，他从我的草案中“知道我对于这个问题的看法”，并且无论在编辑委员会里（虽然我的草案在代表大会以前两三个星期就给大家看过了），无论在那些**仅仅**看过我的草案的代表面前,他都没有表示异议,没有反驳过我的这种看法。不但如此。甚至**在代表大会上**,当我提出自己的党章草案①并**在选举章程委员会以前**为这个草案辩护时,马尔托夫同志还直截了当地声明:“我赞同列宁同志的结论。**只是在两个问题上我和他有意见分歧**”(黑体是我用的)——即关于总委员会组成的方法和增补要一致同意的问题(第157页)。这里对党章第1条的**不同意见**还**只字未提**。

马尔托夫同志认为有必要在自己的论戒严状态的小册子里再一次地、特别详细地回顾自己的党章草案。他在这本小册子里说,他的党章草案——对于这个草案,除了某些次要的细节以外,他现在(1904年2月,——不知道过两三个月以后又会怎样)还是完全同意的——“充分表明了他对于过分集中制的否定态度”(第Ⅳ页)。这个草案之所以没有提交代表大会,据马尔托夫同志**现在**解释是因为:第一,“在《火星报》受到的锻炼启示了他对章程持藐视态度”(当马尔托夫同志喜欢这样做时,《火星报》这个词在他看

① 顺便说一下。记录委员会在第11号附录上刊载了“**由列宁提交代表大会的**”党章草案(第393页)。记录委员会在这里也搞错了一些事情。它把我交给全体代表(并且是在代表大会开会以前给很多代表)看的**初稿**(见本版全集第7卷第238—239页。——编者注)**和我后来提交代表大会的**草案混为一谈,并把**第一个草案**当做第二个草案**刊载出来了**。我当然丝毫不反对别人把我的草案,**哪怕是所有各个准备阶段的条文**一概公布出来,但是制造混乱毕竟是不应该的。而混乱终于造成了,因为波波夫和马尔托夫(第154页和第157页)批评我实际提交代表大会讨论的草案中的那些提法,原来是记录委员会刊载出来的**草案中所没有的**(参看第394页第7条和第11条)。如果对待问题比较仔细,那只要把我刚才指出的一些页码对照一下,就很容易发现这个错误了。

来就不是狭隘的小组习气，而是最坚定的方针了！可惜，三年来在《火星报》受到的锻炼，没有启示马尔托夫同志对那些不坚定的知识分子在为自己违背共同通过的党章的行为辩护时惯用的那种无政府主义词句持藐视态度）。第二，要知道，他马尔托夫同志是要避免"在《火星报》这样一个基本组织核心的策略中加进任何杂音"。说得多么头头是道啊！在关于党章第1条的机会主义条文或关于过分集中制这个**原则**问题上，马尔托夫同志竟这么害怕杂音（只有从最狭隘的小组观点来看才是可怕的杂音），甚至在编辑部这样一个核心面前都没有提出自己的不同意见！在关于中央机关人选的**实际**问题上，马尔托夫同志却背离《火星报》组织（这个真正的**基本组织核心**）大多数人的意见而去向崩得和工人事业派分子求救。马尔托夫同志暗中用小组习气替冒牌编辑部辩护，而责备最了解情况的人在估计问题时表现了"小组习气"，他的这些话里的"杂音"，马尔托夫同志却听不出。为了惩戒他，我们现在把他那个党章草案**全部**引证出来，并指出它究竟有什么样的**观点**和什么样的**过分地方**①：

"党章草案。（一）党员。（1）凡承认党纲、并在党的机关监督和领导下为实现党的任务而积极工作的人，可以作为俄国社会民主工党党员。（2）党员如果违反党的利益，由中央委员会作出决定开除其党籍。[说明开除理由的决定书，应保存在党的档案库里，并须根据要求，通知每个党委员会。对于中央委员会关于开除党籍的决定，在有两个或两个以上的委员会要求时，可以向代表大会提出申诉。]"我用方括号来表明马尔托夫草案中那些**显然**没有什么意思的议论，这些议论不仅没有什么"思想"，而且也没有什么肯定的条件或要求，——例如在"党章"中绝妙地指明决定书**究竟**要保存在**什么地方**，

① 我要指出，可惜我找不到马尔托夫草案的第一种稿本，这种稿本共有大约48条，其中包含了更加"过分的"毫无意义的形式主义。

或者说对于中央委员会关于开除党籍的决定（而不是它的一切决定和任何决定吗?）可以向代表大会提出申诉。这正是过分玩弄辞藻或十足的官僚主义的形式主义，即杜撰一些多余的、显然没有益处或文牍主义的条款。"（二）地方委员会。（3）党委员会是党在地方工作中的代表。"（真是既新颖又聪明!）"（4）[凡是召开第二次代表大会时存在并派有代表出席代表大会的委员会，都可以认为是党的委员会。]（5）除了第4条指出的委员会以外，新的党委员会应当由中央委员会指定[中央委员会或者承认现有的某地方组织为委员会，或者用改组该地方组织的办法组成地方委员会]。（6）委员会用增补的办法补充自己的名额。（7）中央委员会有权用不超过地方委员会名额总数三分之一数量的同志（它所了解的同志）补充地方委员会。"好一个典型的官样文章:为什么不超过三分之一呢? 有什么意思呢? 这种根本起不了限制作用的限制——因为**补充**是可以重复许多次的——究竟有什么意思呢? "（8）[如果地方委员会由于遭到迫害而瓦解或者被破坏，"（就是说不是全体被捕?）"中央委员会应当把它恢复起来。"]（已经不考虑第7条了吗? 马尔托夫同志是不是觉得第8条和规定平日工作而节日休息的俄罗斯公安法相似呢?）"（9）[党的例行代表大会可以委托中央委员会改组某个地方委员会，如果该地方委员会的活动被认为是违反党的利益的话。在这种情况下，该委员会就可认为已被解散，而该委员会所属地区的同志可以不受其管辖①。"]本条所规定的规则，同迄今俄罗斯法律中规定的所谓"禁止人人酗酒"的条文一样，是大有好处的。"（10）[党的地方委员会领导该地党的全部宣传、鼓动和组织工作，并尽力协助党中央委员会和中央机关报实现它们所担负的全党的任务。"]……哎哟天哪! 要这些话干什么呢? （11）["地方组织的内部规则，委员会和它所管辖的"（阿克雪里罗得同志，听见了吗，听见了吗?）"各集团之间的相互关系以及各该集团的权限范围和自治范围"（难道权限范围和自治范围不是一回事吗?）"由委员会自行规定并报告中央委员会和中央机关报编辑部。"]（这里有一个疏忽:没有说明这种报告应当保存在哪里。）"（12）[委员会所管辖的各集团和各个党员，都有权要求把他们对任何问题的意见和愿望报告给党中央委员会和中央机关报。]（13）党的地方委员会必须把自己收入的一部分按中央委员会规定的分配比例上交给中央委员会会计处。（三）

---

① 我们请阿克雪里罗得同志注意这个字眼。这还了得! 这就是甚至……甚至弄到更换编辑部成员的那种"雅各宾主义"的根源……

建立用其他语言（除了俄语以外）进行鼓动的组织。（14）［为了用某种非俄罗斯语言进行鼓动并把有关的工人组织起来，可以在特别需要把这种鼓动工作专门化并把这种组织划分出来的地方成立单独组织。］（15）至于是不是真有这种需要，这个问题由党中央委员会解决，如果发生争论，则提交党代表大会解决。”如果我们注意到这个章程后面的一些规定，可以看出这一条的第一部分是多余的，而关于发生争论情况的第二部分，简直是滑稽可笑的。“（16）［第14条所规定的地方组织在其特殊事务方面是自治的，但是它们在地方委员会监督下进行工作并受其管辖，这种监督的形式以及该委员会和该特殊组织之间的组织关系的准则，由地方委员会规定。”（谢天谢地！现在可以看出所有这一大堆话都是多余的空话。）“在党的一般事务方面，这种组织应当作为委员会组织的一个部分来进行工作。］——（17）［第14条所规定的地方组织，可以成立自治联盟，以便顺利地执行它的特殊任务。这种联盟可以有自己专门的机关报和领导机关，但这些机关都应当受党中央委员会的直接监督。这个联盟的章程由它自行规定，但是必须经过党中央委员会批准。］（18）［如果党的地方委员会根据地方条件多半是用当地语言进行鼓动工作时，也可以加入第17条所规定的自治联盟。**附注**：这种委员会虽然是自治联盟的一部分，但并不因此就不成其为党的委员会”。］（整个一条都是非常有益处和非常聪明的，附注更是有过之无不及。）“（19）［加入自治联盟的地方组织同该联盟中央机关之间的联系，应当受地方委员会的监督。］（20）［各自治联盟的中央机关报和领导机关对党中央委员会的关系，也和党的地方委员会对党中央委员会的关系一样。］（四）党中央委员会和中央机关报。（21）［党中央委员会和中央机关报——政治的和学术的机关报——是全党的代表。］（22）中央委员会负责对党的全部实际活动实行总的领导，关心正确使用和正确配备全党的一切力量，监督全党各部分的活动，把报刊发给各地方组织，建立党的技术机关，召开党代表大会。（23）党的机关报负责对党内生活进行思想领导，宣传党纲，通过学术的和政论的形式阐明社会民主党的世界观。（24）所有党的地方委员会和自治联盟都同党中央委员会和党机关报编辑部发生直接联系，并定期报告本地的运动和组织工作情况。（25）党的机关报的编辑部由党代表大会指定，一直工作到下一届代表大会时止。（26）［编辑部在其内部事务方面是独立自主的］，并且可以在两届代表大会期间补充和更换自己的成员，但每次都必须通知中央委员会。（27）所有由中央委员会发出的声明或者经过它批准的声明，都应当根据中央委员会的要求在党的机关报上刊载。(28)党中央委员会经党的机关报的编辑部同意后,可以成立专门从事某种文字工作的著作家小组。(29)中央委员会由党代表大会指定,一直工作到下一届代表大会时止。中央委员会可以用增补办法补充自己的名额(人数不限),但每次都必须通知党中央机关报编辑部。(五)国外的党组织。(30)国外的党组织主管党在国外俄国侨民中的宣传工作并把其中的社会主义分子组织起来。国外的党组织由它们选出的领导机关领导。(31)加入党的各自治联盟可以在国外设立自己的支部,以便协助执行联盟的专门任务。这些支部以自治团体的资格加入总的国外组织。(六)党代表大会。(32)党代表大会是党的最高权力机关。(33)[党代表大会制定党纲、党章以及全党活动的指导原则;监督各级党机关的工作并处理它们之间发生的冲突。](34)出席代表大会的代表由下列组织和机关选派:(a)党的各地方委员会;(b)所有加入党的各自治联盟的中央领导机关;(c)党中央委员会和党中央机关报编辑部;(d)国外的党组织。(35)代表委托书可以转托,但是每一个代表至多只能拥有三张有效委托书。两个代表可以拥有一张委托书。不准使用限权委托书。(36)中央委员会如果认为吸收某同志参加代表大会有益处时,可以邀请该同志参加代表大会并享有发言权。(37)在修改党纲或党章的问题上,须经占总票数三分之二的多数通过;其他问题则由简单多数决定。(38)代表大会只有在出席的代表能代表半数以上的现有的党委员会时,才可以认为有效。(39)代表大会应当尽可能每两年召开一次。[凡因某种不以中央委员会的意志为转移的障碍不能如期召开代表大会时,中央委员会可以自行决定延期举行。"]

读者如果能以超乎寻常的耐性读完这个所谓党章,大概就不会要求我们对以下几个结论再作专门的分析了。第一个结论:这个章程染上了难以医治的浮肿病。第二个结论:这个章程根本没有什么对过分集中制持否定态度的特别色彩的组织观点。第三个结论:马尔托夫同志把自己章程中的$^{38}/_{39}$以上的东西都瞒过世人的耳目(并且不让在代表大会上讨论)是做得很巧妙的。令人奇怪的只是,他居然把这种隐瞒行为称为光明正大。

（八）火星派内部分裂以前关于集中制问题的讨论

在谈党章第 1 条条文这个确实很有意义并且显然表明了各种色彩的观点的问题以前，我们还要稍微谈一下关于党章问题的简短的一般讨论，这次讨论占去了代表大会第 14 次会议的全部时间和第 15 次会议的部分时间。这次讨论是有一定意义的，因为它是在《火星报》组织因中央机关人选问题而完全分离**以前进行**的。相反，后来那些一般关于党章问题的讨论，特别是关于增补问题的讨论，都是我们已经**在**《火星报》组织内部发生分离**以后**进行的。自然，**在**尚未发生分离**以前**，我们还能比较公正地发表自己的看法，就是说，能比较不考虑我们大家所关心的中央委员会人选问题而发表自己的意见。前面我已经指出，马尔托夫同志当时**赞成**（第 157 页）我的组织观点，只不过在**细节**上有两点不同意见。相反，不论是反火星派或“中派”，都立刻对《火星报》的整个组织计划（也就是整个党章）中的两个**基本**思想发起了攻击，即反对集中制，也反对有“两个中央机关”。李伯尔同志把我的党章称为“有组织的不信任”，把有两个中央机关看做**分权制**（同波波夫和叶戈罗夫两位同志一样）。阿基莫夫同志主张扩大地方委员会的权限，尤其是要给以自行“改变自己成员的权利”。“必须给以更大的活动自由……地方委员会应当由在当地积极活动的工作人员选出，正如中央委员会是由在俄国所有积极活动的组织的代表选出一样。如果这也不许可的话，就要把中央委员会指派到地方委员会的委员名额限制一下……”（第158页） 可见，阿基莫夫同志在那里提出了反对“过分集中制”的理由，但是马尔托夫同志当时还没有因在中央机关人选问题上遭到失败而跟着阿基莫夫跑，所以他对这些权威性的指示还是充耳不闻的。甚至当阿基莫夫同志把马尔托夫同志**自己那个章程的“思想”**（第7条——限制中央委员会指派委员加入地方委员会的权利）讲给他听时，他还是置若罔闻！马尔托夫同志当时还不愿意唱出同我们意见不一致的“杂音”，所以他也就忍耐了同阿基莫夫同志以及同他本人意见不一致的杂音…… 当时发言攻击“可怕的集中制”的还只有那些觉得《火星报》主张的集中制对他们显然**不利**的人，即阿基莫夫、李伯尔和戈尔德布拉特，小心翼翼地（所以如此，是为了随时可以向后转）跟着他们**走**的有叶戈罗夫（见第156页和第276页）等等。当时党内绝大多数人都还看得很清楚，崩得、“南方工人”社等等正是根据狭隘的小组利益反对集中制的。顺便说一下，现在党内大多数人也看得很清楚，《火星报》旧编辑部正是根据小组利益反对集中制的……

例如拿戈尔德布拉特同志（第160—161页）的发言来说吧。他拼命攻击我所主张的“可怕的”集中制，说这种集中制是要导致下级组织的“消灭”，“完全是想使中央机关有无限权力来随意干预一切”，而各级组织“只有权驯顺地服从上级的命令”等等。“按照这个草案建立的中央机关将是孤独的，它周围不会有任何外层，只有无定型的散漫人群，它的一些唯命是听的代办员将在这个散漫人群中进行活动。”这同马尔托夫们和阿克雪里罗得们在代表大会上遭到失败以后用来款待我们的那套**虚伪空话**一模一样。人们曾讥笑崩得，因为它一方面反对**我们的**集中制，同时又使**自己那里**的中央机关拥有**更明确**规定的无限权力（例如，可以吸收和开除成员，甚至不许代表出席代表大会）。在人们了解了问题真相以后，也会嘲笑**少数派**的喊叫，因为他们一处在少数地位就大声疾呼地反对集中制和党章，而一拥有多数，就立刻又要按党章办事了。

在两个中央机关的问题上也明显地表现了派别划分：反对**所有**火星派的有李伯尔，有阿基莫夫（他首先唱出了现在阿克雪里罗得和马尔托夫爱唱的调子，说总委员会内中央机关报压倒了中央委员会），有波波夫，还有叶戈罗夫。根据**旧**《火星报》一向发挥的（而且是波波夫们和叶戈罗夫们的同志们**在口头上**赞成过的！） 那些组织思想，自然要产生两个中央机关的计划。**旧**《火星报》的政策，是同“南方工人”社主张创办一个平行的通俗机关报并把它变成事实上占主要地位的机关报的计划截然相反的。这就是当时所有反火星派和整个泥潭派主张一个中央机关，即**主张似乎更厉害的集中制**的那种初看起来很奇怪的矛盾现象的根源。当然也有（特别是泥潭派中间）一些代表，未必清楚地了解“南方工人”社的组织计划将会引起，并且由于客观进程一定会引起怎样的后果，但是他们那种优柔寡断和毫无自信的本性，把他们推到反火星派方面去了。

在火星派分子参加**这些**（在火星派尚未分裂以前）关于党章问题的争论的发言中，马尔托夫（“赞成”我的组织思想）和托洛茨基两位同志的发言特别出色。托洛茨基当时回答阿基莫夫同志和李伯尔同志时说的每一句话，都揭穿了“少数派”在代表大会以后的行为和理论的全部虚伪实质。他（阿基莫夫同志）说："党章规定的中央委员会的权限不够确切。我不能同意他的意见。恰恰相反，党章对这一点规定得很确切：既然党是一个整体，那就必须保证它对地方委员会的监督。李伯尔同志用我所用过的字眼说，党章表明'有组织的不信任'。这是对的。但是，我用这个字眼是指崩得代表所提出的那个章程，因为他们的章程是意味着党内一部分人对全党表示有组织的不信任。而我们的党章〈在中央机关人选问题上还没有遭到失败时，这个章程还是"我们的"！〉则意味着党要对它的各个部分表示有组织的不信任，就是说，要对各地方组织、各区组织、各民族组织以及其他组织实行监督。"（第158页）是的，**这里**对**我们的**党章作了正确的说明，我们奉劝那些现在公然说"有组织的不信任"制度或所谓"戒严状态"是由阴险毒辣的多数派发明和实行的人多回忆一下这种说明吧。只要把上面引用的发言和在国外同盟代表大会上的发言对照一下，就可以看到一个典型事例，它说明了政治上的毫无气节，说明马尔托夫这伙人是怎样根据问题是涉及他们自己的下级团体还是别人的下级团体而改变自己的观点的。

（九）党章第1条

我们已经列举了在代表大会上引起热烈的有意义的争论的不同条文。这种争论几乎占了两次会议的时间，并且是以**两次记名**投票结束的（如果我没有记错的话，在整个代表大会期间只举行过八次记名投票，这种记名投票花费时间太多，所以只在特别重要的情况下才采用）。当时涉及的问题无疑是原则问题。代表大会对于争论的兴趣是很大的。**所有**代表都参加了表决——这是我们代表大会（正如任何一个大的代表大会一样）少有的现象，这也证明，所有参加争论的人都很关心这个问题。

试问，所争论的问题的实质究竟是什么呢？我在代表大会上已经说过，后来又不止一次地重复过："我决不认为我们的意见分歧（关于党章第1条）是决定党的生死存亡的重大分歧。我们还决不至于因为党章有一条不好的条文而灭亡！"（第250页）①这种意见分歧，虽然暴露出原则上的不同色彩，它本身无论如何也不会引起代表大会以后所形成的那种分离（其实，如果老实不客气地说，这是分裂）。但是，任何一种**小的**意见分歧，如果有人坚持它，如果把它提到首位，如果**硬要**去寻找这种分歧的全部来龙去脉，那

① 见《列宁全集》第2版增订版第7卷第269页。——编者注

它就会变成**大的**意见分歧。任何一种**小的**意见分歧，如果成为**转向**某些错误见解的出发点，如果这些错误见解又由于新增加的分歧而同使党分裂的**无政府主义**行动结合起来，那么这种意见分歧就会有**重大的**意义了。

这一次也正是这样。党章第1条引起的比较不大的意见分歧，现在竟有了重大的意义，因为正是这种意见分歧成了少数派（特别是在同盟代表大会上以及后来在新《火星报》上）走向机会主义的深奥思想和无政府主义的空谈的转折点。正是这种意见分歧**奠定了**火星派少数派同反火星派以及泥潭派结成联盟的**基础**，这个联盟到选举时已经有了确定的形式，不了解这个联盟，就**不能了解**在中央机关人选问题上发生的主要的根本的分歧。马尔托夫和阿克雪里罗得在党章第1条问题上所犯的小错误，原是我们的罐子上的一个小裂缝（正如我在同盟代表大会上所说的那样）。这个罐子本来可以用绳子打个**死结**（而不是用绞索，就像在同盟代表大会期间几乎陷于歇斯底里状态的马尔托夫所听错的那样）把它捆紧。也可以**竭尽全力**扩大裂缝，使它完全破裂。由于热心的马尔托夫分子采取了抵制等等无政府主义的手段，结果出现了后一种情况。关于党章第1条的意见分歧在中央机关选举问题上起了不小的作用，而马尔托夫在这个问题上遭到失败，也就使他走向用粗暴机械的、甚至是无理取闹的（在俄国革命社会民主党人国外同盟代表大会上的发言）手段进行“原则斗争”。

现在，经过这一切事件以后，党章第1条问题就有了**重大的意义**，所以我们应当确切地认识到代表大会在表决这一条时形成的派别划分的性质，同时更重要的是，应当确切地认识到在讨论党章第1条时就已经显现或者开始显现出来的那些**观点的色**

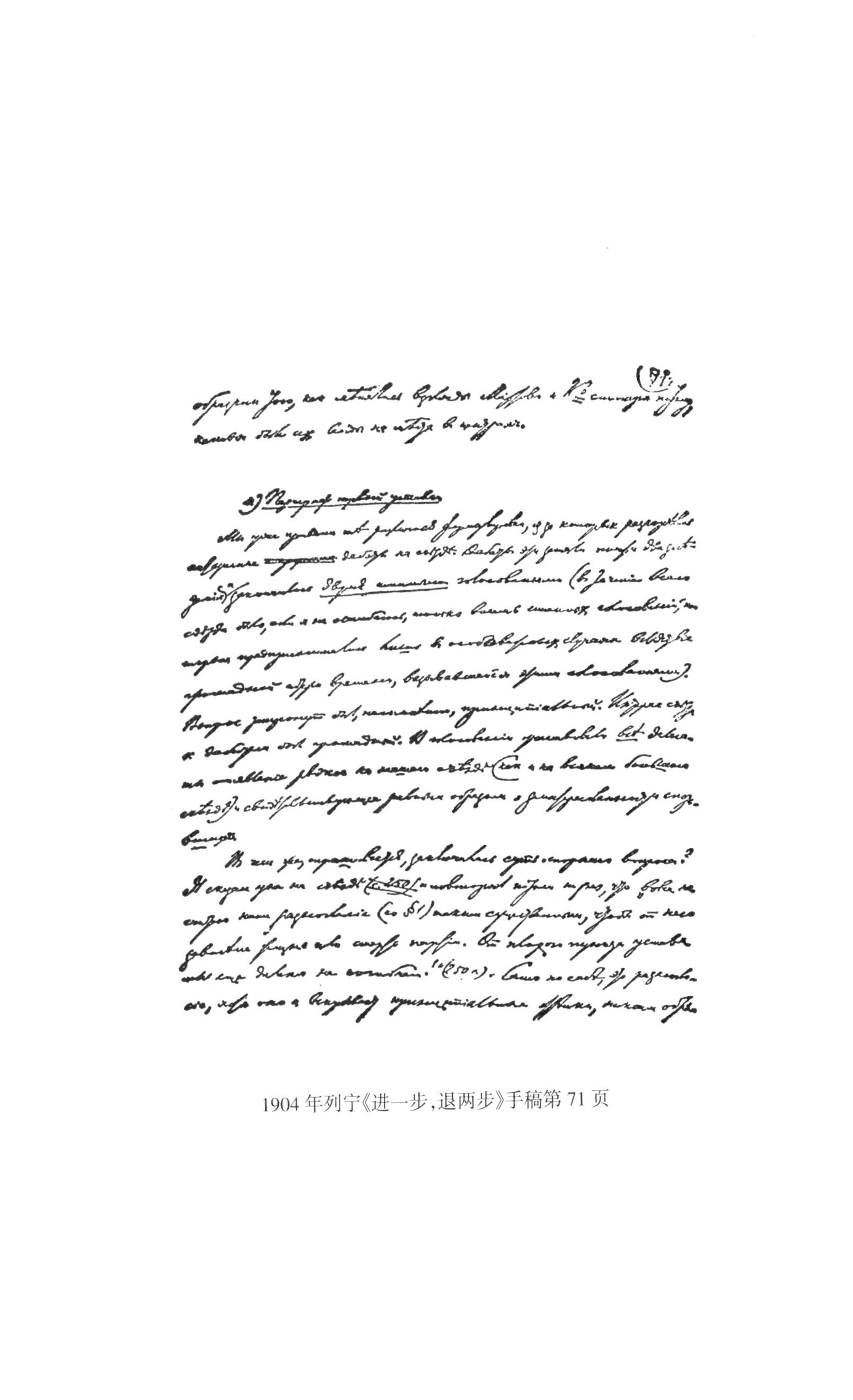

1904 年列宁《进一步，退两步》手稿第 71 页

彩的真实性质。**现在**，在读者熟悉的各种事件发生以后，问题的**提法**已经是这样，究竟是得到阿克雪里罗得拥护的马尔托夫的条文，像我在党代表大会上所说的那样（第333页），反映了他的（或者他们的）不坚定性、动摇性和政治态度模糊，或像普列汉诺夫在同盟代表大会上所指出的那样（同盟记录第102页及其他各页），反映了他（或者他们）倾向于饶勒斯主义和无政府主义呢，还是得到普列汉诺夫拥护的我的条文，反映了我在集中制问题上有官僚主义的、形式主义的、彭帕杜尔[5]式的、非社会民主主义的错误观点呢？**是机会主义和无政府主义呢，还是官僚主义和形式主义**？——**现在**，当小的分歧变成大的分歧时，问题的**提法**已经是这样了。在**从实质上**讨论那些赞成和反对我的条文的理由时，我们应当**注意**的正是事态的发展强加给我们大家的，甚至可以说（如果不是有点夸张的话）是由历史进程形成的**这种**问题的提法。

让我们从分析代表大会的讨论来开始剖析这些理由吧。第一个发言，即叶戈罗夫同志的发言所以值得注意，只是因为他的态度（不明白，我还不明白，我还不知道真理在哪里）很可以说明当时还难以认清这个确实是新的、相当复杂而细致的问题的许多代表的态度。第二个发言，即阿克雪里罗得的发言，立刻从原则上提出问题。这是阿克雪里罗得同志的第一个原则性的发言，其实这就是他在代表大会上的第一次发言，而且很难说他这个谈到有名的“大学教授”的发言是特别成功的。阿克雪里罗得同志说：“我认为，我们必须分清党和组织这两个概念。而这里有人把这两个概念混淆了。这种混淆是危险的。”这就是用来反对我的条文的第一个理由。请你们仔细看一看这个理由吧。如果我说，党应当是**组织**①**的总和**(并且不是什么简单的算术式的总和,而是一个整体),那么,这是不是说我把党和组织这两个概念“混淆了”呢?当然不是。我只是以此来十分明确地表示自己的愿望,自己的要求,使作为阶级的先进部队的党成为尽量**有组织的**,使党只吸收**至少能接受最低限度组织性**的分子。反之,我的论敌却把有组织的分子和无组织的分子,接受领导的分子和不接受领导的分子,先进的分子和不可救药的落后分子——因为还可救药的落后分子是能够加入组织的——**混淆**在党内。**这样的混淆**才真正**是危险的**。随后,阿克雪里罗得同志援引“从前那些十分秘密的集中的组织”(“土地和自由”社[6]和“民意党”[7])作例子,说这些组织周围“聚集了许多虽然没有加入组织,却以某种方式帮助它,并被认为是党员的人。…… 这个原则应当在社会民主党组织内更严格地实行”。于是我们就接触到一个**关键**问题:“这个原则”,即许可那些不加入任何一个党组织而只是“以某种方式帮助它”的人自称为党员的原则,真的是社会民主党的原则吗?普列汉诺夫对这个问题作了唯一可能的回答,他说:“阿克雪里罗得援引 70 年代的

① “组织”一词通常有两种含义,即广义的和狭义的。狭义的是指人类集体中的,至少是有最低限度确定形式的人类集体中的单个细胞。广义的是指结合成一个整体的这种细胞的总和。例如,海军、陆军和国家,既是许多组织(从该词的狭义来说)的总和,同时又是一种社会组织(从该词的广义来说)。教育主管机关是一个组织(从该词的广义来说),同时它又是由许多组织(从该词的狭义来说)组成的。同样,党也是一个组织,而且**应当是**一个组织(从该词的广义来说);同时党又应当是由许多不同的组织(从该词的狭义来说)组成的。所以,阿克雪里罗得同志在谈论划分党和组织这两个概念时,第一,他没有注意到组织一词的广义和狭义的这个区别,第二,他没有发现他自己**把**有组织的分子和无组织的分子**混淆起来了**。

情况作例子是不正确的。当时有组织严密、纪律良好的中央机关，在它周围有它所成立的各种组织，而在这些组织以外是一片混乱和无政府状态。这一混乱状态中的分子虽然也自称为党员，对于事业却并没有好处，反而造成了损失。我们不应当仿效70年代的无政府状态，而要避免这种状态。”可见，阿克雪里罗得同志想要冒充为社会民主党的原则的“这个原则”，其实是**无政府主义的原则**。谁要想推翻这个结论，就必须证明在组织以外**有可能**实现监督、领导和纪律，就必须证明**有必要**授予“混乱状态中的分子”以党员称号。拥护马尔托夫同志的条文的人，对于**以上两点**都没有加以证明，而且也无法加以证明。阿克雪里罗得同志拿了“自认为是社会民主党人并声明这一点的大学教授”作例子。要把这个例子所包含的思想贯彻到底，阿克雪里罗得同志就应当进一步说明：有组织的社会民主党人本身是否承认这位大学教授是社会民主党人？阿克雪里罗得同志既然没有提出这个更进一步的问题，那他就是中途抛弃了自己的论据。的确，二者必居其一：或者是有组织的社会民主党人承认我们所谈的这位大学教授是社会民主党人，那么他们为什么又不把他编到某一个社会民主党组织里面呢？只有把他编进去，这位大学教授的“声明”才会同他的行动相符合，才不致成为空话（大学教授们的声明往往是空话）；或者是有组织的社会民主党人**不**承认这位大学教授是社会民主党人，那么给这位大学教授以享有光荣而又责任重大的党员称号的权利，就是荒谬的，毫无意义的，而且是**有害的**。所以，归结起来说，问题正在于是彻底实行组织原则，还是崇尚涣散状态和无政府状态。我们究竟是以已经形成的、已经团结起来的**社会民主党人**核心——譬如说，已经召开党代表大会并且将扩大和增设各种党组织的社会民主党人核心——为出发点来建设党呢,还是满足于一切帮助党的人都是党员这种聊以自慰的**空话**?阿克雪里罗得同志接着又说:“我们采纳列宁的条文,就会把虽然不能直接吸收到组织中,但终究还是党员的那一部分人抛弃掉。”在这里,阿克雪里罗得同志本人十分明显地犯了他想归罪于我的那种混淆概念的错误:他竟把所有帮助党的人**都是**党员这一点当做既成事实,其实正是这一点引起了争论,而我的论敌还应当来**证明**这种解释是必要的和有益的。所谓“抛弃”这样一个初看起来似乎可怕的词,究竟有什么内容呢?如果说只有被承认为党组织的那些组织中的成员才能称为党员,那么不能“直接”加入任何一个党组织的人,也还是能在靠近党的非党组织中工作的。因此,所谓抛弃,如果是指取消工作机会,取消参加运动的机会,那是根本谈不上的。相反,我们容纳**真正的**社会民主党人的党组织愈坚强,党**内**的动摇性和不坚定性愈少,党对于在它周围的、受它领导的工人**群众**的影响也就会愈加广泛、全面、巨大和有效。把作为工人阶级先进部队的党同整个阶级混淆起来,显然是绝对不行的。阿克雪里罗得同志说:“当然我们要建立的首先是党的最积极的分子的组织,革命家的组织,但是我们既然是阶级的党,就应当想法不把那些也许并不十分积极然而却自觉靠近这个党的人抛在党外。”他这样说,正是犯了上述把党同整个阶级混淆起来的错误(这种错误是我们的整个机会主义经济派的特点)。第一,列为社会民主工党积极部分的,决不单是革命家组织,还有**许多**被承认为党组织的工人组织。第二,究竟有什么理由,按照什么逻辑,可以根据我们是阶级的党这一事实,就作出结论说不必把**加入**党的人和**靠近**党的人区分开来呢?恰恰相反:正因为人们的觉悟程度和积极程度有差别,所以必须区别他们同党的关系的密切程度。我们是阶级的党，因此，**几乎整个阶级**（而在战争时期，在国内战争年代，甚至是整个阶级）都应当在我们党的领导下行动，都应当尽量紧密地靠近我们党，但是，如果以为在资本主义制度下，不论在什么时候，几乎整个阶级或者整个阶级都能把自己的觉悟程度和积极程度提高到自己的先进部队即自己的社会民主党的水平，那就是马尼洛夫精神和"尾巴主义"。还没有一个明白事理的社会民主党人怀疑过，在资本主义制度下，连职业的组织（比较原始的、比较容易为落后阶层的觉悟程度接受的组织）也不能包括几乎整个工人阶级或者整个工人阶级。忘记先进部队和倾向于它的所有群众之间的区别，忘记先进部队的经常责任是把愈益广大的阶层**提高**到这个先进的水平，那只是欺骗自己，无视我们的巨大任务，缩小这些任务。抹杀靠近党的分子和加入党的分子之间的区别，抹杀自觉、积极的分子和帮助党的分子之间的区别，正是这种无视和遗忘的表现。

拿我们是阶级的党作借口来为组织界限模糊**辩护**，为把有组织和无组织现象混淆起来的观点**辩护**，就是重复纳杰日丁的错误，因为纳杰日丁"把运动在'深处'的'根子'这一哲学的和社会历史的问题，同……组织技术问题混淆起来了"（《怎么办?》第91页）①。阿克雪里罗得同志首创的这种混淆，后来被拥护马尔托夫同志条文的那些发言人重复了几十次。"党员称号散布得愈广泛愈好"——马尔托夫这样说，但是他没有说明这种名不副实的**称号**散布得广泛究竟有什么好处。对不加入党组织的党员实行监督不过是一句空话，这能否定得了吗？空话如果广泛散布，那是有害

① 见《列宁全集》第2版增订版第6卷第115页。——编者注

而无益的。“如果每一个罢工者,每一个示威者,在对自己行动负责的情况下,都能宣布自己是党员,那我们只会对此表示高兴。”(第239页)真的吗?**每一个罢工者**都应当有权**宣布自己是党员吗**?马尔托夫同志的这个论点一下子就把他的错误弄到了荒谬的地步,他把社会民主主义**降低**为罢工主义,重蹈阿基莫夫们的覆辙。如果社会民主党能够领导每一次罢工,我们只会对此表示高兴,因为社会民主党的直接的和责无旁贷的义务就是领导无产阶级的一切表现形式的阶级斗争。而罢工就是这种斗争最深刻最强有力的表现形式之一。但是,如果我们把这种初步的、按实质来说不过是工联主义的斗争形式同全面的自觉的社会民主主义的斗争**等同起来**,那么我们就会是尾巴主义者了。如果我们给每一个罢工者以“宣布自己是党员”的权利,那么我们就是以机会主义态度**使一件分明不真实的事情合法化**,因为这样的“宣布”**在大多数场合**都是**不真实的**。如果我们想自欺欺人,硬说那些“没有受过训练的”非熟练工人的极广大阶层在资本主义制度下必然是十分涣散、备受压迫、愚昧无知,在这种情况下,**每一个罢工者**都可以**成为**社会民主主义者和社会民主党党员,那么我们就是沉湎于马尼洛夫的幻想了。正是根据“**罢工者**”的例子,可以特别明显地看出力求本着社会民主主义精神领导每一次罢工的**革命意向**同宣布**每一个**罢工者为党员的**机会主义词句**之间的区别。我们是阶级的党,这是就我们**在事实上**本着社会民主主义精神领导几乎整个或者甚至整个无产阶级来说的,但是,只有阿基莫夫们才能由此作出结论说,我们**在提法上**应当把党和阶级等同起来。

马尔托夫同志在同一次发言中说,“我不怕密谋组织”,但是,他补充说,“在我看来,密谋组织,只有当它由广泛的社会民主工党围绕着的时候，才是有意义的”（第239页）。为了说得确切些，应当说，只有当它由广泛的社会民主主义工人**运动**围绕着的时候，才是有意义的。如果马尔托夫同志的论点是以这种形式表达的，那就不仅是不容争辩，而且是不言自明的定论了。我所以要讲到这一点，只是因为以后发言的人把马尔托夫同志的这个不言自明的定论变成非常**流行和非常庸俗的**论据。说什么列宁想“使党员总数以密谋者人数为限”。当时作出这个只能令人好笑的结论的有波萨多夫斯基同志以及波波夫同志，而当马尔丁诺夫和阿基莫夫发言附和这个结论时，这个结论的真正性质，即机会主义词句的性质，就充分暴露出来了。目前阿克雪里罗得同志在新《火星报》上又发挥了这个论据，想使读者们了解新编辑部的新的组织观点。还在代表大会讨论党章第1条问题的第1次会议上，我就发现我的论敌想要利用这种廉价的武器，所以我在发言中告诫说：“不要以为党的组织只应当由职业革命家组成。我们需要有不同形式、类型和色彩的极其多种多样的组织，从极狭小极秘密的组织直到非常广泛、自由的组织（松散的组织）。”（第240页）①这本来是有目共睹、不言自明的真理，所以我当时认为这是不必多谈的。但是，在目前时期，有人在很多很多方面把我们拉向后退，这就使人不得不在这个问题上也“重提旧事”。因此我要从《怎么办?》和《给一位同志的信》中摘录几段话：

“……像阿列克谢耶夫和梅什金、哈尔图林和热里雅鲍夫这样一些卓越的活动家的小组，却是能够胜任最切实最实际的政治任务的。他们所以能够胜任，正是并且只是因为他们的热烈的宣

① 见《列宁全集》第2版增订版第7卷第269页。——编者注

传能够获得自发觉醒起来的群众的响应，因为他们的沸腾的毅力能够得到革命阶级的毅力的响应和支持。”①要成为社会民主**党**，就必须得到本**阶级的支持**。不是像马尔托夫同志所想象的那样，党应当去围绕密谋组织，而是革命阶级即无产阶级应当围绕既包括密谋组织又包括非密谋组织的党。

“……为进行经济斗争而建立的工人组织应当是职业的组织。每个工人社会民主党人都应当尽量帮助这种组织并在其中积极工作……　但是要求只有社会民主党人才能成为行业工会会员，那就完全不符合我们的利益了，因为这会缩小我们影响群众的范围。让每一个了解必须联合起来同厂主和政府作斗争的工人，都来参加行业工会吧。行业工会如果不把一切只要懂得这种起码道理的人都联合起来，如果它们不是一种很**广泛的**组织，就不能达到行业工会的目的。这种组织愈广泛，我们对它们的影响也就会愈广泛，但这种影响的发生不仅是由于经济斗争的‘自发的’发展，而且是由于参加工会的社会党人对同事给以直接的和自觉的推动。”（第86页）②顺便说一下，对于评价关于党章第1条的争论，工会的例子是特别值得注意的。说工会**应当**在社会民主党组织的“监督和领导下”进行工作，这在社会民主党人中间是不会产生异议的。但是**根据这一点**就给工会全体会员以“宣布自己”为社会民主党党员的权利，那就是十分荒谬的了，而且势必有两个害处：一方面是**缩小**工会运动的规模并且削弱工人在工会运动基础上的团结，另一方面，这会把模糊不清和动摇不定的现象带进社会

① 见《列宁全集》第2版增订版第6卷第101页。——编者注
② 同上，第108页。——编者注

民主党内。德国社会民主党在发生了有名的汉堡泥瓦工做包工活事件[8]的具体情况下曾解决过类似的问题。当时社会民主党毫不迟疑地认为工贼行为是社会民主党人所不齿的无耻行为，即认为领导罢工和支援罢工是**自己的**切身事业，但是同时它又十分坚决地否定了把党的利益和行业工会的利益等同起来、**要党**对个别工会所采取的个别步骤**承担责任**的要求。党应当并且将力求把自己的思想灌输到行业工会中去，使工会接受自己的影响，但是，正是为了这种影响，党应当把这些工会中完全是社会民主主义的（加入社会民主党的）人和那些不十分自觉和政治上不十分积极的人区别开来，而不是像阿克雪里罗得同志所希望的那样，把他们混为一谈。

"……革命家组织把最秘密的职能集中起来，这决不会削弱而只会扩大其他许许多多组织的活动范围和内容，这些组织既然要把广大群众包括在内，就应当是一些形式尽量不固定、秘密性尽量少的组织，如工会、工人自学小组、秘密书刊阅读小组以及其他**一切**居民阶层中的社会主义小组和民主主义小组等等。这样的小组、工会和团体必须**遍布**各地，履行各种不同的职能；但是，如果**把**这些组织同**革命家**的组织**混为一谈**，抹杀这两者之间的界限……那就是荒唐和有害的了。"（第96页）①从这种引证中可以看出，马尔托夫同志是多么不合时宜地对我提醒说，革命家组织应当由广泛的工人组织**围绕起来**。我在《怎么办？》中就已经指出了这一点，而在《给一位同志的信》中更具体地发挥了这个思想。我在这封信中写道，工厂小组"对我们特别重要：运动的全部主要力量就在于各**大**工厂工人的组织性，因为大工厂里集中的那一部分工人，

① 见《列宁全集》第2版增订版第6卷第120页。——编者注

不但数量上在工人阶级中占优势,而且在影响、觉悟程度和斗争能力方面更占优势。每个工厂都应当成为我们的堡垒…… 工厂分委员会应当力求通过各种小组(或代办员)网掌握整个工厂,吸收尽量多的工人参加工作…… 所有的小组和分委员会等,都应当是委员会的附属机构或分部。其中一些人将直接申请加入俄国社会民主工党,**一经**委员会**批准**就成为党员,(受委员会委托或经委员会同意)担负一定的工作,保证服从党机关的指示,**享有党员的权利**,可以成为委员会委员的直接候选人,等等。另一些人将**不加入**俄国社会民主工党,他们是由党员建立的那些小组的成员,或者是与某个党小组接近的那些小组的成员,等等"(第17—18页)①。从我加上着重标记的地方可以特别明显地看出,我的第1条条文的**思想**在《给一位同志的信》中已经充分表明了。那里直接指出了入党的条件:(1)一定程度的组织性;(2)由党委员会批准。在下一页,我又大致指出什么样的团体和组织,根据什么理由应当(或者不应当)吸收入党:"书刊投递员小组成员必须是俄国社会民主工党的党员,应该认识一定数量的党员和党的负责人。研究职工劳动条件和拟定职工各种要求的小组,其成员不一定必须是俄国社会民主工党的党员。大学生自学小组、军官自学小组和职员自学小组都有一两个党员**参加**,有时甚至根本不该让人知道他们是党员,等等。"(第18—19页)②

请看这又是一种可以说明"光明正大"问题的材料!马尔托夫同志的草案上的条文甚至完全没有讲到党对于各组织的关系,

① 见《列宁全集》第2版增订版第7卷第10、12—13页。——编者注

② 同上,第13页。——编者注

而我几乎在代表大会一年以前就已经指出，一些组织应该包括在党内，另一些组织不应该包括在党内。在《给一位同志的信》里已经很明确地提出我在代表大会上所辩护的那个思想。这一点可以具体表述如下。一般按照组织程度，尤其是按照秘密程度来说，各组织大致可以分为以下几种：(1)革命家组织；(2)尽量广泛和多种多样的工人组织（我只说到工人阶级，当然，在一定条件下，这里也包括其他阶级中的某些分子）。这两种组织就构成为党。其次，(3)靠近党的工人组织；(4)不靠近党，但是事实上服从党的监督和领导的工人组织；(5)工人阶级中没有参加组织的分子，其中一部分——至少在阶级斗争的重大事件中——也是服从社会民主党的领导的。按照我的看法，情况大致就是这样。相反，按照马尔托夫同志的看法，党的界限是极不明确的，因为"每一个罢工者"都可以"宣布自己是党员"。试问，这种界限模糊有什么好处呢？可以使"称号"广泛散布。它的害处就是会产生一种把党和阶级混淆起来的**瓦解组织**的思想。

为了说明我们所提出的一般原理，我们还要粗略地看一看代表大会继续讨论党章第1条的情况。布鲁凯尔同志发言（这一点使马尔托夫同志感到满意）赞成我的条文，但是**他**和我的联盟是跟阿基莫夫同志和马尔托夫的联盟不同的，这只是出于误会。布鲁凯尔同志"不同意整个党章和它的整个精神"（第239页），而他拥护我的条文，是因为他把我的条文**看成是**《工人事业》杂志的拥护者所希望的那种**民主制的基础**。布鲁凯尔同志当时还没有认识到在政治斗争中有时不得不选择**害处较少**的办法；布鲁凯尔同志没有觉察到，在我们这样的代表大会上为民主制辩护，是徒劳无益的。阿基莫夫同志就比较精明了。他完全正确地提出问题，认为

“马尔托夫同志和列宁同志争论的是哪一种〈条文〉更能达到他们的共同目的”（第 252 页）。他继续说：“我和布鲁凯尔，想挑选一个**比较不能达到这个目的的条文**。于是我就挑选了马尔托夫的条文。”阿基莫夫同志又坦率地解释说，他认为“他们的目的〈即普列汉诺夫、马尔托夫和我三个人的目的——建立一个起领导作用的革命家组织〉是实现不了的，而且是有害的”；他像马尔丁诺夫同志一样①，拥护经济派所谓不必有“革命家组织”的思想。他“完全相信，实际生活终究会闯进我们党组织中来，不管你们是用马尔托夫的条文还是用列宁的条文阻挡它的去路”。本来，这种“尾巴主义的”“实际生活”观点是不值一提的，如果我们没有在马尔托夫同志那里也看到这种观点的话。马尔托夫同志的第二次发言（第 245 页）一般讲来是很有意思的，所以值得详细分析一番。

马尔托夫同志的第一个理由是说：党组织对于不加入组织的党员的监督是“可以实现的，因为委员会既然委托某人担负某种职务，就有可能对其考察”（第 245 页）。这个论点非常值得注意，因为它可以说是“道破了”马尔托夫的条文究竟是**谁**需要的，**事实上**是为谁效劳的：是为知识分子个人效劳呢，还是为工人团体和工人群众效劳。原来，马尔托夫的条文有可能作两种解释：（1）凡是

---

① 不过，马尔丁诺夫同志想同阿基莫夫同志区别开来，他想证明，密谋似乎不等于秘密，在这两个词的差别的后面掩盖着概念上的差别。究竟是什么差别，无论马尔丁诺夫同志或者现在跟着他走的阿克雪里罗得同志都没有加以说明。马尔丁诺夫同志“装出一副样子”，使人感到，似乎我，例如在《怎么办?》中，没有坚决（如在《任务》（见《列宁全集》第 2 版增订版第 2 卷第 426—449 页。——编者注）中那样）反对“把政治斗争**缩小**成密谋”。马尔丁诺夫同志想使听众**忘记**一件事实，就是我当时所反对的那些人**认为不需要革命家组织**，正如阿基莫夫同志现在认为不需要这种组织一样。

在党的某一个组织的领导下经常亲自协助党的人，都有权“**宣布自己**”（这是马尔托夫同志本人的话）是党员；（2）每一个党组织**都有权承认**凡是在它的领导下经常亲自协助党的人是党员。只有第一种解释才真正有可能使“每一个罢工者”自称为党员，所以也**只有这种解释**才立刻得到了李伯尔们、阿基莫夫们以及马尔丁诺夫们的衷心拥护。但是，这种解释显然是一句空话，因为这样就会把整个工人阶级都包括进去，从而抹杀党和阶级之间的区别；所谓监督和领导“每一个罢工者”，那只能是“象征性地”谈一谈。正因为如此，马尔托夫同志在第二次发言时立刻就倒向第二种解释（不过，顺便说一下，**这种解释被代表大会直接否决了**，因为代表大会否决了科斯季奇的决议案[9]，第255页），即认为委员会将委托人们担负各种职务并考察其执行情况。这种专门职务当然从来不会委托给工人**群众**，不会委托给**数以千计的**无产者（即阿克雪里罗得同志和马尔丁诺夫同志所说的那些无产者），而恰恰是常常委托给阿克雪里罗得同志所提起的**大学教授**，委托给李伯尔同志和波波夫同志所关心的**中学生**（第241页），委托给阿克雪里罗得同志在第二次发言中所提到的**革命青年**（第242页）。总之，马尔托夫同志的条文要么是一纸空文和空洞的辞藻，要么就多半是而且几乎完全是有利于那些“**浸透了资产阶级个人主义**”而不愿意加入组织的“**知识分子**”。马尔托夫的条文**在口头上**是维护无产阶级广大阶层的利益的，但是**事实上**却是为那些害怕无产阶级的纪律和组织的**资产阶级知识分子**的利益效劳。谁也不敢否认，**作为**现代资本主义社会中**特殊阶层的知识分子**，他们的特点，一般和整个说来，**正是个人主义**和不能接受纪律和组织（可以参看一下考茨基论述知识分子的一些著名论文）；这也就是这个社会阶层不如无产阶级的地方；这就是使无产阶级常常感觉到的知识分子意志消沉、动摇不定的一个原因；知识分子的这种特性是同他们通常的生活条件，同他们在很多方面接近于**小资产阶级生存**条件的谋生条件（单独工作或者在很小的集体里工作等等）有密切联系的。最后，拥护马尔托夫同志条文的那些人恰恰必须拿大学教授和中学生作例子，也不是偶然的！在关于党章第 1 条的争论中并不像马尔丁诺夫和阿克雪里罗得两位同志所想的那样，是坚决主张广泛进行无产阶级斗争的人反对坚决主张搞激进密谋组织的人，而是拥护**资产阶级知识分子个人主义**的人同拥护**无产阶级组织和纪律**的人发生了冲突。

波波夫同志说："在彼得堡，也像在尼古拉耶夫或敖德萨一样，据这些城市的代表说，到处都有数以十计的散发书刊和进行口头鼓动的工人不能成为组织中的成员。可以把他们编到组织里面，但是不能看做组织中的成员。"（第 241 页）为什么他们不能成为组织中的成员呢？这始终是波波夫同志的一个秘密。上面我引了《给一位同志的信》中的一段话，正是说明把所有这些工人（是数以百计，而不是数以十计）编到组织里面是可能的而且是必要的，其中有许许多多这样的组织能够而且应当包括在党内。

马尔托夫同志的第二个理由是说："列宁认为党内除了党组织以外，再也不能有其他什么组织……"完全对啊！……"反之，我却认为这样的组织应当存在。实际生活在十分迅速地建立和繁殖这些组织，以致我们来不及把它们一一纳入我们职业革命家的战斗组织的体系……" 这个说法在两方面都是不正确的：（1）"实际生活"繁殖真正干练的革命家组织，要比我们所需要的，要比工人运动所要求的少得多；（2）我们党应当是一个不仅包括革命家组织而且包括许许多多工人组织在内的体系……"列宁认为中央委员会只会批准那些在原则方面完全可靠的组织为党的组织。可是，布鲁凯尔同志清楚地了解，实际生活〈原文如此！〉一定会显示自己的力量，中央委员会为了不致把许多组织抛在党外，就会不管它们是不是完全可靠而一概批准；因此，布鲁凯尔同志也就附和了列宁的意见……” 请看，这真是尾巴主义的“实际生活”观点！当然，如果中央委员会**一定要**由一些不是按照自己的意见而是按照别人的意见行事的人（见组委会事件）组成，那“实际生活”就真正会“显示自己的力量”，就是说，党内最落后的分子就会占上风（**现在由于党内存在着由落后分子组成的“少数派”，情况正是如此**）。但是，无论如何也找不到一个**适当的**理由能迫使一个**干练的**中央委员会把那些“不可靠的”分子吸收到党内来。马尔托夫同志拿“实际生活”“繁殖”不可靠的分子作借口，正好十分明显地暴露了他的组织计划的机会主义性质！……他继续说：“而我认为，如果这样的组织〈不完全可靠的组织〉同意接受党纲，接受党的监督，我们可以把它吸收入党，但并不因此就把它变成党的组织。例如，如果某个‘独立派’协会决定接受社会民主党的观点和党纲，并加入党，那我就会认为这是我们党的一个重大胜利，然而这还不是说，我们就把这个协会编入党组织中了……” 请看，马尔托夫的条文竟混乱到什么程度：加入党的非党组织！请看一看**他的**公式吧：党＝（1）革命家组织，+（2）被承认是党组织的工人组织，+（3）没有被承认是党组织的工人组织（多半是“独立派”组织），+（4）执行各种任务的个人，如大学教授、中学生等等，+（5）“每一个罢工者”。可以同这个出色的计划相媲美的只有李伯尔同志的下面一段话：“我们的任务不只是要建立一个组织〈!!〉，我们能够并且应当建立一个党。”（第241页）是的，当然我们能够并且应当做到这一点,但是要做到这一点,需要的并不是什么“建立一些组织”的废话,而是向党员**直接**提出**要求**,要他们切实地从事**建立组织**的工作。说是“建立一个党”,而又拥护用“党”这个词来掩盖一切无组织性和一切涣散状态,那就是说空话。

马尔托夫同志说:“我们的条文是表示一种想使革命家组织和群众之间有一系列组织的意图。”恰恰不是这样。马尔托夫的条文恰恰**不是表示**这种真正必要的意图,因为它并**不是促使大家组织起来**,不是要求大家组织起来,不是把有组织的东西和无组织的东西区分开来。它只是给大家一个**称号**①。说到这里,不能不回想起阿克雪里罗得同志说过的一段话:“无论用什么命令都不能禁止

---

① 马尔托夫同志在同盟代表大会上又提出一个令人好笑的论据来为自己的条文辩护。他说:“我们可以指出,列宁的条文按字面意义来了解,是把**中央代办员**置于党外,因为这些代办员并不组成一个组织。”(第59页)这个论据在同盟代表大会上曾受到**嘲笑**,这一点从记录上可以看出来。马尔托夫同志以为他所指出的“困难”,只有中央代办员加入“中央委员会的组织”才能够解决。但是问题不在这里。问题在于马尔托夫同志所引用的例子清楚地表明**他完全不了解党章第1条的思想**,表明那种纯粹咬文嚼字的批评方式确实值得嘲笑。**从形式上说**,只要成立一个“中央代办员组织”,起草一个把这个组织编到党内来的**决议**,那个使马尔托夫同志大伤脑筋的“困难”就会立刻消失。而我提出的党章第1条条文的**思想**是要**促使**大家“组织起来!”,是要**保证实在的**监督和领导。从**实质**上看,中央代办员应不应当包括在党内这个问题本身就是可笑的。因为对他们的**实在的**监督,**由于他们被任命为代办员**,由于他们被留在代办员的职位上,**已经**有了完全的和绝对的保证。所以,这里根本谈不上把有组织的东西和无组织的东西混为一谈(而这正是马尔托夫同志条文的错误的根源)。马尔托夫同志的条文所以要不得,就是因为它使每一个人,使每一个机会主义者,每一个夸夸其谈的人,每一个“大学教授”和每一个“中学生”都可以**宣布自己**是党员。这就是马尔托夫同志条文的**阿基里斯之踵**[10],而马尔托夫同志却枉费心机地企图**掩饰**这个致命弱点,举了一些根本谈不上什么自封为党员、自行宣布为党员的例子。

它们〈革命青年小组等等〉以及个别人自称为社会民主主义者〈十足的真理!〉,甚至自认为是党的一部分……” 这就**大错特错了**！禁止人家自称为社会民主主义者是不可能的,而且也**没有必要**,因为这个词**直接**表示的只是一种信念体系,而不是一定的组织关系。当个别小组和个别人危害党的事业、败坏和瓦解党的组织时,禁止这些小组和个人“自认为是党的一部分”,是可以而且应该的。如果党竟不能“用命令禁止”小组“自认为是”整体的“一部分”,那么说**党**是个整体,是个政治单位,就太可笑了！如果这样,那又何必规定开除党籍的手续和条件呢？阿克雪里罗得同志显然已经把马尔托夫同志的基本错误弄到了荒谬的地步;他甚至把这个错误发挥成**机会主义理论**,因为他补充说:“按照列宁的条文,党章第 1 条是直接同无产阶级社会民主党的实质〈!!〉及其任务根本矛盾的。”(第 243 页)这恰恰等于说:对党提出的要求高于对阶级的要求,是同无产阶级任务的实质根本矛盾的。怪不得阿基莫夫要竭力拥护这样的**理论**。

必须公正地指出,阿克雪里罗得同志**现在**想把这个显然有机会主义倾向的错误条文变成**新**观点的种子,但是他当时在代表大会上倒是表示愿意“磋商”,他说:“但是我发觉,我原来敲的是敞开的大门”(我在新《火星报》上也发觉了这一点),“因为列宁同志及其被认为是党的一部分的外层小组表示赞同我的要求。”(不仅外层小组,而且还有各种各样的工人联合会:参看记录第 242 页斯特拉霍夫同志的发言,以及上面从《怎么办?》和《给一位同志的信》里摘录的一些话)“剩下的还有个别人。但是在这里也是可以磋商的。”我当时回答阿克雪里罗得同志说,一般说来,我并不反对磋商①,但是我现在应当解释一

① 见《列宁全集》第 2 版增订版第 7 卷第 269 页。——编者注

下，这句话究竟是指什么而言。正是关于个别人，关于所有这些大学教授和中学生等等，我是最不同意作什么让步的。但是，如果引起怀疑的是工人组织问题，那我就会同意（虽然上面我已经证明，这种怀疑是完全没有根据的）给我的第1条条文加上这样一个附注："凡是接受俄国社会民主工党党纲和党章的工人组织，应当尽量列入党组织。"当然，严格说来，党章应当以法律式的定义为限，这种愿望不适于在党章中规定，而只适于在解释性的注解中、在小册子中加以说明（我已经指出，还在党章制定之前很久，我就在自己的小册子中作过这样的解释了）；但是，这样的附注至少丝毫不会有什么可能导致瓦解组织的**错误**思想，丝毫不会有马尔托夫条文中显然包含的**机会主义的**论断①和

① 在企图论证马尔托夫的条文时必然涌现出来的这些论断中，特别值得提出的是托洛茨基同志的一段话（第248页和第346页），他说："机会主义是由一些比党章某一条文更复杂的原因造成的〈或者说：由更深刻的原因决定的〉，——它是由资产阶级民主运动和无产阶级二者的相对发展水平引起的……" 但是问题不在于党章条文能造成机会主义，而在于要利用党章条文锻造出比较锐利的武器来反对机会主义。机会主义产生的原因愈深刻，这种武器也就应当愈锐利。因此，以机会主义有"深刻的原因"作理由来为向机会主义敞开大门的条文**辩护**，那就是十足的尾巴主义。当托洛茨基同志还在反对李伯尔同志时，他了解党章是整体对部分、先进部队对落后部队所表示的"有组织的不信任"；而当托洛茨基同志站到李伯尔同志方面时，他却忘记了这一点，甚至用"复杂的原因"、"无产阶级的发展水平"等等，为**我们**在组织这种不信任（对机会主义的不信任）方面所表现的**软弱**和动摇辩护了。托洛茨基同志的另一个论据是说："已有某种组织的青年知识分子，是更容易**自行列入**〈黑体是我用的〉党员名单的。"正是这样。所以，有知识分子模糊不清的毛病的，正是那个甚至容许无组织的分子**自行宣布**为党员的条文，而不是我的**绝对不许**人们"**自行**列入"名单的条文。托洛茨基同志说，中央委员会"不承认"机会主义者的组织，只是因为注意到这些人的性质，但是既然大家都知道这些人的政治面貌，那么他们就没有什么危险，因为可以用全党抵制的办法把他们驱逐出去。这一点只有在必须把某人**驱逐出党**的情况下才是对的（而且只是对了一半，因为有组织的

“无政府主义的观念”。

我加了引号的最后一个说法，是巴甫洛维奇同志的。他当时很公正地把承认“**不负责任的**和自行**列名**入党的分子”是党员的主张看做**无政府主义**。巴甫洛维奇同志向李伯尔同志解释我的条文时说，“如果翻译成普通话”，——这个条文就是说：“既然你想做一个党员，就应当也承认组织关系，而且不只是抽象地承认。”这种“翻译”虽然很简单，但是它不仅对于那些各种各样可疑的大学教授和中学生，而且对于最真实的党员，对于上层人物，都不是多余的（正如代表大会以后的事件证明的那样）…… 巴甫洛维奇同志同样公正地指出，马尔托夫同志的条文是同马尔托夫同志引证得很不恰当的那个不容争辩的科学社会主义原理相抵触的。“我们党是不自觉过程的自觉表现者。”正是如此。并且正因为如此，要“每一个罢工者”都能自称为党员是不正确的，因为假使“每次罢工”都不只是强大的阶级本能和必然引向社会革命的阶级斗

党不是用抵制的办法而是用表决的办法**实行驱逐**的）。这一点在很多日常情况下，即在只需要**实行监督**而绝对不能**实行驱逐**时，是完全不正确的。中央委员会为了实行监督，可以**有意**把某一个虽然不完全可靠，但有工作能力的组织在一定条件下接纳到党内来，以便考验它，试图**把它引上正确道路**，用自己的领导来克服它的局部的偏向，等等。**如果**根本不允许“**自行列入**”党员名单，那么这样的接纳是没有危险的。为了能使人公开地和**负责地**，即在有监督的条件下表达（并讨论）其错误观点和错误策略，这样的接纳往往是有好处的。“但是，如果说法律式的定义应当适合事实上的关系，那么列宁同志的条文就应当被否决。”——托洛茨基同志这样说，但这又是机会主义者的说法。事实上的关系并不是死的，而是有生气的和不断发展的。法律式的定义能适合这些关系的进步发展，但是也能（如果这些定义是坏定义的话）“适合”退化或停滞。后一种情况也就是马尔托夫同志的“情况”。

争的自发表现,而是这个过程的**自觉表现**,那么……那么,总罢工就不会是无政府主义的空话,那么我们的党就会立刻一下子**包括**整个工人阶级,因而也就会一下子把**整个资产阶级社会**消灭掉。为了**真正**成为自觉的表现者,党应当善于造成一种能**保证有相当的**觉悟**水平**并不断提高这个水平的组织关系。巴甫洛维奇同志说:"按照马尔托夫的道路走去,首先就要删掉关于承认**党纲**的条文,因为要接受党纲,就必须领会和了解这个党纲…… 承认党纲是要有相当高的政治觉悟水平才能做到的。"我们从来不容许用任何要求(领会、了解等等)来人为地**限制**人们**支持**社会民主党以及**参加**它所领导的斗争,因为单是**参加**斗争这一事实本身就能**提高**觉悟性和组织本能,但是,既然**我们结成一个党**,以便进行有计划的工作,那我们就应当设法保证这种计划性。

巴甫洛维奇同志关于党纲问题的警告看来不是多余的,这在**同一次**会议过程中**就立即**显示出来了。保证马尔托夫同志的条文得以通过①的阿基莫夫同志和李伯尔同志**立刻就**暴露出自己的真正本性,他们要求(第 254—255 页)对于党纲也只要(为了取得"党员资格")抽象地加以承认,即只承认它的"基本原理"就行了。巴甫洛维奇同志指出:"阿基莫夫同志的提议,从马尔托夫同志的观点看来,是完全合乎逻辑的。"可惜,我们从记录中看不出究竟

---

① 投票赞成这个条文的有 28 票,反对的有 22 票。八个反火星派分子中有七个人赞成马尔托夫,有一个人赞成我。假如没有机会主义者的帮忙,马尔托夫同志就不能使自己的机会主义条文通过。(马尔托夫同志在同盟代表大会上毫无成效地企图驳倒这件不成问题的事实,不知为什么只指出崩得分子的票数,而把阿基莫夫同志和他的朋友们忘记了,确切些说,**只有**在这一点可以作为攻击我的证据——布鲁凯尔同志同意我的条文——时,才想起这些人。)

有**多少**票赞成阿基莫夫的这个提议，——大概不少于七票（五个崩得分子，再加上阿基莫夫和布鲁凯尔）。正因为**七个**代表退出了代表大会，所以原先在讨论党章第1条时形成的“紧密的多数派”（反火星派分子、“中派”和马尔托夫分子）结果变成了紧密的少数派！正因为**七个**代表退出了代表大会，主张批准旧编辑部的提议才遭到了失败，《火星报》办报的“继承性”才受到这种似乎惊人的破坏！这奇异的**七个人**竟是《火星报》的“继承性”的唯一救星和保证，而这七个人就是崩得分子以及阿基莫夫和布鲁凯尔，也就是说，正是那些对承认《火星报》为中央机关报的**理由**投过反对票的代表，而他们的机会主义立场曾经由代表大会肯定地指出过几十次了，并且是由马尔托夫和普列汉诺夫两人在讨论关于**缓和**第一条有关党纲的提法问题时就肯定地指出过的。反火星派分子捍卫《火星报》的“继承性”！——这就是代表大会以后展开的一出悲喜剧的**开端**。

*　　*　　*

表决党章第1条条文时形成的派别划分，也跟语言平等事件暴露的情况完全相同：由于火星派多数派方面有四分之一（大概数目）的票数脱离出去，结果就使“中派”所追随的反火星派有可能取得胜利。当然，这里也有个别的票数破坏了画面的完整性，——在像我们代表大会这样一个大规模的会议上，必然有一部分“野”票偶然地有时跑到这方有时跑到那方，尤其是在讨论党章第1条这样的问题时情况是这样，因为在这个问题上发生意见分歧的实质才刚刚显露出来，许多人简直**还来不及把问题弄清楚**（因为这个问题预先没有在书刊上探讨过）。从火星派多数派方面跑出去五票（各有两票表决权的鲁索夫和卡尔斯基以及有一票表决权的连斯基）；同时，又有一个反火星派分子（布鲁凯尔）和三个中派分子（梅德维捷夫、叶戈罗夫和察廖夫）归附到火星派多数派方面；结果多数派共有 23 票（24-5+4），比后来进行选举时最终形成的派别划分少一票。**反火星派分子使马尔托夫取得了多数**，反火星派分子中有七个人赞成马尔托夫，有一个人赞成我（“中派”方面也有七票赞成马尔托夫，三票赞成我）。火星派少数派和反火星派以及“中派”的联盟——即在代表大会快结束时和在代表大会以后组成的紧密的少数派的那个联盟——**开始形成起来**。马尔托夫和阿克雪里罗得在提出党章第 1 条条文时，特别是在为这个条文辩护时所犯的**无疑是向机会主义和无政府个人主义迈进了一步**的政治错误，由于有代表大会这样一个自由的公开的舞台，立刻和特别明显地暴露出来了，具体表现就是，最不坚定的和最不坚持原则的分子马上发动了他们的全部力量来扩大社会民主党革命派观点中出现的裂缝，或者说缺口。在组织方面公开追求**不同目的**（见阿基莫夫的发言）的人们共同参加代表大会的事实，立刻就推动了**在原则上**反对我们的组织计划和反对我们的章程的人去支持马尔托夫同志和阿克雪里罗得同志的错误。在这个问题上也仍然忠实于社会民主党革命派观点的火星派分子竟成了**少数**。这是一件**有重大意义的**事实，因为谁如果没有弄清楚这件事实，谁就根本无法了解由于争论党章的细节问题而发生的斗争，也无法了解由于争论中央机关报和中央委员会人选问题而发生的斗争。

（十）无辜被加上莫须有的机会主义罪名的人

在谈党章问题继续讨论的情况以前,必须讲一下《火星报》组织在代表大会期间举行的几次**非正式**会议,以便说明我们在中央机关人选问题上发生的分歧。这四次会议中最后的和最重要的一次会议**正是在**表决了党章第1条**以后**举行的,所以,《火星报》组织在这次会议上发生的分裂,无论在时间上或者在逻辑上都是以后斗争的先声。

《火星报》组织的非正式会议①是在组委会事件(它是挑起讨论中央委员会的可能的候选人问题的导火线)以后不久召开的。不言而喻,由于限权委托书被取消,这几次会议只具有协商性质,对任何人都没有约束作用,但是这几次会议的意义毕竟是很大的。中央委员会人选问题在许多代表看来是个很大的难题,因为他们既不知道秘密名字,也不知道《火星报》组织的内部工作情况,虽然这个组织造成了党在事实上的统一,并且实现了成为正式承认

---

① 为了避免陷入无法解决的争论,我在同盟代表大会上对于这些非正式会议上的情况的说明,已经是尽量简单了。基本的事实已经在我的《给〈火星报〉编辑部的信》(第4页)中叙述过了。马尔托夫同志在他的《答复》中并没有对这些基本事实表示异议。

《火星报》的理由之一的对于实际运动的领导。前面我们已经看到了，当火星派分子团结一致的时候，他们完全有保证在代表大会上取得五分之三的大多数，全体代表都很了解这一点。所有的火星派分子正是期望《**火星报**》**组织**提出一个关于中央委员会一定人选的名单，并且《火星报》组织中没有一个人有一句话表示反对预先在这个组织中讨论中央委员会人选问题，没有一个人提到要批准组委会全体委员，即把它变成中央委员会，**甚至**没有提到要同组委会全体委员**协商**中央委员会候选人问题。这个情况也非常重要，而且十分值得重视，因为**现在**马尔托夫分子事后热心拥护组委会，这不过是千百次地证明自己在政治上没有气节而已。① 当中央机关人选问题引起的分裂还没有使马尔托夫和阿基莫夫团结起来的时候，代表大会上所有的人都清楚认识到一个事实——任何一个不抱偏见的人从代表大会的记录和《火星报》的全部历史中都很容易看清这样一个事实，即组委会**主要**是一个负责召集代表大会的委员会，是一个有意吸收各种色彩的代表（直到崩得为止）组成的委员会；而实际**建立**党的组织统一工作，则完全由《火星报》组织来担负（同时必须指出，有**几个**火星派的组委会委员没有出席代表大会，完全是偶然的，有的是由于被捕，有的是由于其他种种"客观"情况）。参加代表大会的《火星报》组织成员已由巴甫洛维奇同志在他的小册子中列举过了（见他的《关于第二次代表大会的

① 请仔细想象一下这幅"风俗画"吧：《火星报》组织的**一个代表在代表大会上只**同《火星报》组织协商过，并且甚至**连提也没有提到**要同组委会协商。而当他自己在这个组织内以及在代表大会上遭到了失败之后，他却对组委会没有被批准一事**表示惋惜**，事后赞扬组委会，并傲慢地漠视给他代表委托书的那个组织！我敢说，这样的事情在任何一个真正的社会民主党和真正的工人政党的历史中都是找不出来的。

信》第13页）[11]。

《火星报》组织内部激烈辩论的最终结果，就是我在《给编辑部的信》中引证过的两次表决。第一次表决是"以9票对4票3票弃权否决了马尔托夫所支持的候选人之一"。《火星报》组织所有出席代表大会的16个成员一致同意讨论关于可能的候选人问题，并以多数票否决了马尔托夫同志所提出的候选人之一（这个候选人就是现在马尔托夫同志自己也忍不住将其泄漏出来的施泰因同志，《戒严状态》第69页）——这不是最简单最自然的事情吗？要知道，我们聚集起来举行党代表大会，正是为了讨论和解决究竟把"指挥棒"交给谁掌握的问题，而我们全体党员的义务就是要极认真地对待议程上的这一项，正如鲁索夫同志后来十分公正指出的那样，解决这个问题要从**事业的利益**出发，而不是从"庸人的温情"出发。当然，**在代表大会上**讨论候选人问题时，特别是在非正式的和小型的会议上，不能不涉及到某些个人品质，不能不表示自己是赞成还是不赞成。① **我在同盟代表大会上就已经警告过**：把

① 马尔托夫同志在同盟代表大会上伤心地抱怨，说我表示不赞成时的态度过于激烈，但是他没有觉察到，从他的抱怨里得出了对他自己不利的结论。列宁当时的举动——用他的说法——狂暴（同盟记录第63页）。真的。他使劲把门关了一下。不错。他的行为（在《火星报》组织的第二次或第三次会议上）使当时在场的人感到愤慨。这是实情。但是由此应当得出什么结论呢？结论只是我在各个争论问题的实质方面的论据是有说服力的，而且已经为代表大会的进程所证实。其实，既然《火星报》组织的16个成员中毕竟有9个赞成我的立场，那么，显而易见，**虽然**态度激烈，**哪怕**态度激烈，人们还是赞成我的。这就是说，如果不是"态度激烈"，当时站到我这方面的人也许比9个还要多呢。也就是说，当时我的论据和事实必须胜过人们的"愤慨"，而终于得到克服的这种"愤慨"愈大，这些论据和事实也就显得愈有说服力。

不赞成候选人看做一种“侮辱”（同盟记录第 49 页），是很荒谬的；由于人家直接履行党员的义务即自觉地慎重地选择负责人员就“吵闹”和大发歇斯底里，是很荒谬的。可是当时我们的少数派却为此而掀起了一场轩然大波，他们**在代表大会以后**开始叫嚷什么“破坏名誉”（同盟记录第 70 页），并**在报刊上**向**广大读者**说施泰因同志是旧组委会的“主要人物”，无辜被人指责有“什么险恶的计谋”（《戒严状态》第 69 页）。你看，在是否赞成候选人的问题上叫嚷什么“破坏名誉”，这难道不是歇斯底里吗？有人在《火星报》组织的非正式会议上以及在党的正式的最高会议即代表大会上遭到了失败以后，就在街头公众面前抱怨，并把落选的候选人当做“主要人物”推荐给可尊敬的公众；有人后来竟用闹分裂和要求**增补**的办法来要挟党接受他们的候选人，这难道不是无谓争吵吗？我们在国外沉闷的气氛中，政治概念竟然混淆到如此程度，以致马尔托夫同志连什么是党员义务，什么是小组习气和私人关系也分辨不清！主张候选人问题**只**适合在代表大会上讨论和解决，据说这是官僚主义和形式主义，虽然在代表大会上代表们开会首先就是要讨论重要的原则问题；参加代表大会的是运动的代表，他们能够大公无私地对待人选问题，能够（而且应当）为了投票表决而**要求**和收集有关候选人的一切材料；在代表大会上为指挥棒问题而发生的一定的争论本来是自然的和必要的。现在我们这里，代替这种官僚主义和形式主义观点而形成了另外一种风气：我们可以在代表大会闭幕以后信口开河，说伊万·伊万内奇在政治上被埋葬了，伊万·尼基佛罗维奇的名誉被破坏了等等；候选人将由一些著作家在小册子里大加渲染，这些著作家装出一副伪善面孔，拍着胸脯说这不是小组而是党……　一些喜欢看热闹的读者就会如获至宝地欢迎这种耸人听闻的消息，说什么据马尔托夫本人说，某某人曾是组委会的主要人物。① 这些读者要比粗暴机械地根据多数通过决议的代表大会这类形式主义的机关有更大的本事去讨论问题和解决问题…… 是的，在国外还有许多充满了无谓争吵的奥吉亚斯的牛圈[12]需要我们真正的党的工作人员去打扫！

《火星报》组织举行的另一次表决，是“以 10 票对 2 票 4 票弃权通过了五人名单（中央委员会候选人名单），根据我的提议，这个名单中包括了一个非火星派领袖和一个火星派少数派领袖”②。这次表决非常重要，因为它明显而不容争辩地证明，后来在无谓争吵的气氛中产生的那些谰言，说什么我们想把非火星派驱逐出党或者除掉，说什么多数派只是通过代表大会半数从半数里选等等，是毫无根据的。所有这一切都是彻头彻尾的谎言。我所引证的这次表决情况表明，我们不但没有把非火星派分子从党内排除出去，甚至没有把他们从中央委员会内排除出去，而是让我们的对手占了一个相当大的**少数**。全部问题就在于他们**想占多数**，当这个小小的愿望实现不了时，他们就**大吵大闹**，根本拒绝参加中央机关。事实真相就是如此，同马尔托夫同志在同盟中所说的截然相反，从下面**一封信**里可以看出这一点，这封信是我们火星派多数派（在

---

① 我也在《火星报》组织里提出过一个中央委员会候选人，而且也像马尔托夫一样没有能使这个候选人当选，对于这个候选人，我本来也能说一下他在代表大会以前和在代表大会初期有过什么杰出事迹证明他的良好的声誉。但是，我从来没有这样的念头。这位同志**很有自尊心，决不会**让任何人在代表大会以后在报刊上提出他的候选资格，或者抱怨什么政治上被埋葬，名誉被破坏等等。

② 见《列宁全集》第 2 版增订版第 8 卷第 93 页。——编者注

七个人退出代表大会以后成了代表大会上的多数派)在代表大会通过党章第1条以后不久从《火星报》组织中的少数派那里收到的(必须指出,我所说的那次《火星报》组织的会议是**最后一次**会议,在这次会议以后,《火星报》组织**事实上**已经瓦解了,因此双方都力图说服代表大会的其余代表相信自己是正确的)。

这封信的原文如下:

"我们听了索罗金和萨布林娜两位代表关于编辑部和'劳动解放社'的多数愿意参加(某一天①的)会议问题的解释,同时我们又在这两位代表的帮助下查明,在上一次会议上宣读过一个似乎是由我们提出的中央委员会候选人名单,这个名单被人用来对我们的整个**政治**立场作了不正确的估计;同时我们注意到,第一,人们丝毫没有试图查一查来源就认定这个名单是我们提出的;第二,这种情况和公开加在《火星报》编辑部以及'劳动解放社'多数身上的机会主义罪名无疑是有联系的;第三,我们十分了解这个罪名是同**改变《火星报》编辑部成员**的一个完全确定的计划有联系的,因此,我们认为:对我们作的关于不让参加会议的原因的解释是不能使我们满意的,而不愿意让我们参加会议就是证明不愿意让我们有可能消除上述莫须有的罪名。

至于我们彼此能不能协商提出一个共同的中央委员会候选人名单的问题,我们声明:我们可以当做协商基础接受的唯一名单就是波波夫、托洛茨基、格列博夫三个人,同时我们着重指出这个名单是一个**妥协性的**名单,因为我们把格列博夫同志列入这个名单只是为了向多数派的愿望表示让步,因为

---

① 据我计算(见《列宁全集》第2版增订版第8卷第496页。——编者注),这封信指的日期是星期二。会议是在星期二晚上,即在代表大会第28次会议**以后**举行的。这种时间上的考证很重要。它证据**确凿地驳斥了**马尔托夫同志的说法,即所谓我们的分离是由于中央机关的组成问题而不是由于中央机关的人选问题引起的。它**证据确凿地证明**我在同盟代表大会上和在《给编辑部的信》里的说明是正确的。在代表大会**第28次会议以后**,马尔托夫和斯塔罗韦尔两同志大谈什么莫须有的机会主义罪名,却**只字不提**在总委员会人选或中央机关成员增补问题上的分歧(关于这个问题,我们在第25、26、27次会议上曾经争论过)。

我们在代表大会上认清格列博夫同志的作用以后，**我们不认为格列博夫同志**具备中央委员会候选人所应具备的条件。

同时，我们要着重指出的一点就是，我们参加中央委员会候选人问题的谈判一事，同中央机关报编辑部成员的问题毫无关系，因为我们决不同意就这个问题（编辑部成员问题）进行任何谈判。

代表各同志署名的

马尔托夫和斯塔罗韦尔”

从这一封确切反映出争论双方的情绪和争论情况的信中，可以明白看出当时发生分裂的“核心”及其真实原因。《火星报》组织的少数派虽然不愿同意多数派的意见，而宁愿在代表大会上自由地进行鼓动（他们当然完全有权利这样做），但是他们还是力争多数派的“代表”允许他们参加非正式会议！当然，这种滑稽的要求在我们的会议上（这封信当然是在会议上宣读过的）只能使人发笑和感到惊异，至于他们因“莫须有的机会主义罪名”而大叫大闹，几乎是大发歇斯底里，那就不能不引起人们的嘲笑了。但是，我们首先还是逐条剖析一下马尔托夫和斯塔罗韦尔那些伤心的抱怨吧。

他们说：有人不正确地认为名单是他们提出的；有人不正确地估计了他们的政治立场。但是，马尔托夫自己也承认（同盟记录第64页），我并不怀疑他说这个名单不是他提出的一语的真实性。一般说来，名单究竟是谁提出的，这个问题在这里并没有多大关系，因为名单究竟是由火星派分子中某个人或者是由“中派”中某个人拟定的等等，那是根本无关紧要的。重要的是，完全由现在的少数派分子构成的这个名单曾在代表大会上传阅过，尽管只是作为一种设想或假设而传阅的。最后，**最重要的是**，马尔托夫同志当时在代表大会上**曾经**拼命表示拒绝**这个**名单,要是放到现在,他**一定会**表示欢迎。请看,在两个月以内他就由高喊"可耻的谣言"一变而为要挟党把这个似乎可耻的名单中开列的候选人接纳到中央机关去,——这种变化最明显不过地证明他对于人物和对于色彩的评价是多么不坚定啊!①

马尔托夫同志在同盟代表大会上说,这个名单,"意味着我们以及'南方工人'社同崩得在政治上结成联盟,即达成**直接的协定**"(第 64 页)。这种说法是不正确的,因为第一,崩得永远不会同意达成一个关于没有一个崩得分子在内的名单的"协定";第二,当时不仅同崩得,而且同"南方工人"社,都没有而且**也不可能**有什么直接的协定(当时在马尔托夫看来这是可耻的)。当时的问题恰恰不是协定,而是联盟,不是马尔托夫同志缔结过什么协定,而是那些在代表大会前半期曾遭到马尔托夫同志反对,后来却抓住马尔托夫同志在党章第 1 条问题上的错误加以利用的反火星派分子和动摇分子**不可避免地要支持**马尔托夫同志。我上面引用的信就确凿地证明,他们"委屈"的**根本原因**正在于人家**公开地给他们加上了莫须有的机会主义罪名**。这些曾经引起一场轩然大波而**现在**马尔托夫同志不管我在《给编辑部的信》中如何提醒仍然竭力回避的"罪名",可归结为以下两点:第一,在讨论党章第 1 条时,普列汉诺夫直截了当地说,党章第 1 条的问题是把"各种机会主义分子"和我们"分开"的问题,我提出的草案是防止这些人钻进党内的壁垒,"单是这一个理由就应该使所有反对机会主义的

① 当我们听到关于古谢夫同志和捷依奇同志的事件的消息时,上面所写的这些话已经付排了。关于这次事件,我们将在本书**附录**中专门加以分析。(见本书第 232—241 页。——编者注)

人投票拥护"这个草案(代表大会记录第246页)。这些强有力的话尽管由我把语气缓和了一些(第250页)①,还是引起了强烈的反应,这在鲁索夫(第247页)、托洛茨基(第248页)和阿基莫夫(第253页)等同志的发言中有明显的表现。在我们"议会"的"走廊"里,大家都热烈地评论普列汉诺夫的这一论点,并在党章第1条问题的无数争论过程中对它作了各种各样的解释。但是我们那些亲爱的同志不但不从实质上来辩护,反而可笑地感到委屈,直到用书面抱怨什么"莫须有的机会主义罪名"!

那种充满小组习气和非常缺乏党性而经受不起吹来一点当众公开争论的新鲜空气的心理,在这里表现得很明显。这正是俄罗斯人所熟悉的心理,这种心理用一句古老的格言来说就是:要么飨以老拳,要么握手言欢!人们已经习惯于在一小群亲密伙伴的小圈子里生活,因此一旦在自由的公开的舞台上由自己负责发表言论,就手足无措了。给别人加上机会主义的罪名,给谁?给"劳动解放社",而且是给该社的多数人加上这种罪名,——可以想见,这是多么可怕!或者是为了这个洗不掉的侮辱而造成党内分裂,或者是用恢复小圈子的"继承性"来遮盖这种"家丑"——这就是上面那封信里已经相当明确地提出的两种办法。知识分子的个人主义和小组习气的心理同在党面前公开发表意见的要求发生了冲突。你能设想在德国党内会有抱怨"**莫须有的**机会主义罪名"这样一种荒谬现象,这样一种无谓争吵吗!在那里,无产阶级的组织和纪律早已使人抛弃了这种知识分子的脆弱性。例如,对李卜克内西是任何人都十分尊敬的,但是,李卜克内西在1895年代表大

① 见《列宁全集》第2版增订版第7卷第270页。——编者注

会上在土地问题上非常糟糕地同露骨的机会主义者福尔马尔及其同伙站到一起去了,因而被人"公开加上机会主义罪名"(和倍倍尔一起)[13],如果他因此而**抱怨起来**,人们该会怎样地嗤笑他啊!李卜克内西的名字同德国工人运动史密不可分地联系在一起,当然不是因为李卜克内西在这样一个比较小的局部问题上犯了机会主义的错误,尽管他犯了这样的错误,这种联系还是不会被否定的。同样,不管斗争多么激烈,比方说,阿克雪里罗得同志的名字现在而且将来永远会受到每个俄国社会民主党人的尊敬,但这并不是因为阿克雪里罗得同志在我们党的第二次代表大会上拥护过机会主义的思想,也不是因为他在同盟第二次代表大会上提出过旧的无政府主义的谬论,尽管他拥护过这种思想,提出过这种谬论,他的名字还是受人尊敬的。只有迷恋最落后的小组习气及其要么飨以老拳,要么握手言欢的逻辑的人,才会因"'劳动解放社'多数人被加上莫须有的机会主义罪名"而大发歇斯底里,掀起无谓争吵和制造党内分裂。

这种可怕的罪名的另一个根据同前一个根据有十分密切的联系(马尔托夫同志在同盟代表大会上(第 63 页)力图回避和抹杀这个事件的**一个**方面)。这个根据就是反火星派分子和动摇分子同马尔托夫同志在讨论党章第 1 条时已经**表现出来的联盟**。自然,当时马尔托夫同志和反火星派分子之间没有而且也不可能缔结什么直接的协定或间接的协定,而且谁也没有怀疑他缔结过什么协定:这不过是他自己由于害怕而产生的想法罢了。但是,那些显然有机会主义倾向的人在他周围组成一个愈加坚实"紧密的"多数派(现在**只是**由于有七个代表"偶然地"退出代表大会才变成了少数派),这一事实正暴露了他所犯的错误的**政治**意义。对于这个“联盟”，我们在讨论党章第1条以后当然也立刻**公开地**在代表大会上（见上面引用的巴甫洛维奇同志的评语，代表大会记录第255页）以及在《火星报》组织中指出过（我记得，普列汉诺夫曾特别指出过这一点）。这正像蔡特金在1895年向倍倍尔和李卜克内西两人提出的意见和嘲笑一样：“Es tut mir in der Seele weh，daβ ich dich in der Gesellschaft seh'”（我看见你〈即倍倍尔〉落在这样一伙人中间〈即与福尔马尔及其伙伴在一起〉，感到非常痛心）[14]。说也奇怪，当时倍倍尔和李卜克内西两人并没有歇斯底里地向考茨基和蔡特金写过什么关于莫须有的机会主义罪名的信……

关于中央委员会候选人名单的问题，这封信表明，马尔托夫同志在同盟中说他们当时还没有最后拒绝同我们协商，这话说错了，——这再一次说明，在政治斗争中不查对文件而企图靠记忆来重述**谈话**，是多么不妥当。其实，“少数派”当时是那样谦逊，竟然向“多数派”提出最后通牒：让“少数派”出两个人而“多数派”出一个人（作为妥协办法，并且**只是**为了表示让步！）。这真是怪事，但这是事实。这件事实清楚地表明，现在散布谰言，说什么“多数派”通过代表大会半数只选出这个半数的代表，是多么荒唐。**恰恰相反**：马尔托夫分子只是为了表示让步才主张让我们在三个席位中占一个席位，也就是打算在我们不同意这个奇特的“让步”时**完全**选出他们自己的人！我们在自己的非正式会议上嘲笑过马尔托夫分子的这种谦逊态度，并给自己拟定了一个名单：格列博夫、特拉温斯基（他后来被选入中央委员会）以及**波波夫**。我们随后（也是在24人的非正式会议上）用瓦西里耶夫同志（他后来被选入中央委员会）代替波波夫同志，**只是因为**波波夫同志拒绝列入我们提出的名单，起初他在私人谈话中表示拒绝，后来又在代表大会上公开表示拒绝(第 338 页)。

事实真相就是如此。

谦逊的"少数派"本来有一种想占多数席位的谦逊的愿望。当这种谦逊的愿望得不到满足时，"少数派"就公然完全表示拒绝，并开始无理取闹。但是现在竟有人煞有介事地大谈什么"多数派""不肯让步"！

"少数派"出马上阵在代表大会上进行自由鼓动的时候，曾向"多数派"提出可笑的最后通牒。当**我们的英雄**遭到失败的时候，就**嚎啕大哭，叫喊起戒严状态**来了。这就是全部情况。

给我们加上蓄意改变编辑部成员这一可怕的罪名，我们(在 24 人举行的非正式会议上)也是一笑置之，因为大家从代表大会刚一开始，甚至早在代表大会以前，就很清楚地知道以选举原先预定的三人小组来**改组**编辑部的计划(关于这一点，我在下面讲到代表大会选举编辑部的情况时还要详细说明)。"少数派"看到它同反火星派的联盟就是明显地证明这个计划的正确性**以后**，被这个计划吓得目瞪口呆，这并不使我们觉得奇怪，这是十分自然的事情。我们当然不能严肃看待那种要我们不经过代表大会上的斗争就自愿变成少数派的提议，我们当然不能严肃看待整个那封信，因为那封信的作者气愤到了不可思议的地步，以致说起什么"莫须有的机会主义罪名"来了。我们深信党员的义务感很快就会战胜那种想要"泄愤出气"的自然愿望。

（十一）继续讨论党章。总委员会的组成

党章以后各条所引起的争论多半是关于细节问题的，很少涉及到组织原则。代表大会第 24 次会议完全是讨论选派代表出席党代表大会的问题，当时坚决而明确地反对全体火星派的共同计划的又只有崩得分子（戈尔德布拉特和李伯尔，第 258—259 页）以及阿基莫夫同志，后者以值得称赞的坦率精神承认他在代表大会上起的作用，他说："我每次说话都完全意识到，我所提出的论据不会影响同志，反而会危害我所拥护的那个条文。"（第 261 页）这一段中肯的意见紧接在讨论党章第 1 条以后来讲是特别恰当的；只是"反而"一词在这里用得不完全正确，因为阿基莫夫同志不仅善于危害一定的条文，还因此而善于"影响同志"……即影响某些爱好机会主义空谈的很不彻底的火星派分子。

总之，党章第 3 条——规定选派代表出席代表大会的条件——是在 7 票弃权的情况下由多数通过的（第 263 页），弃权的显然都是一些反火星派分子。

关于总委员会组成问题的争论占了代表大会第 25 次会议的大部分时间，这次争论暴露了在许多不同的草案周围形成的非常零散的派别划分。阿布拉姆松和察廖夫根本反对成立总委员会的计划。帕宁硬想使总委员会变成一个纯粹的仲裁法庭，因此他始

终一贯地提议把那些规定总委员会是最高机关以及总委员会可以由它的任何两个委员召集会议的词句删掉。① 赫尔茨和鲁索夫坚持采取各种不同的方法来组成总委员会，以补充章程委员会**五个**委员所提出的**三种**方法。

争论的问题首先归结为确定总委员会的任务：是仲裁法庭呢还是党的最高机关？我已经说过，一贯赞成前一种意见的有帕宁同志。但是他只是一个人。马尔托夫同志坚决反对这个意见，他说："我提议否决那种主张把'总委员会是最高机关'一语删掉的建议，因为我们的条文〈即我们在章程委员会内一致同意的关于总委员会任务的条文〉正是想使总委员会有可能发展成为全党最高机关。我们认为，总委员会不只是一个调解机关。"但是按照马尔托夫同志的草案，总委员会的组成完全符合"调解机关"或仲裁法庭的性质：两个中央机关各选派两个委员，第五个委员由这四个人来聘请。别说这样的总委员会组成，就是按照鲁索夫同志和赫尔茨同志提议的由代表大会通过的总委员会组成（第五个委员由代表大会任命），也只符合调解或仲裁的目的。总委员会的这种组成和它应该成为党的最高机关的使命是根本矛盾的。党的最高机关在组成方面应该固定不变，而不应该受中央机关组成的偶然（有时是由于被破坏）变动的影响。最高机关应该同党代表大会有直接的联系，从代表大会方面取得自己的全权，而不是从其他两

① 斯塔罗韦尔同志显然也倾向于帕宁同志的观点，不同的只是后者知道他想达到的目的是什么，所以他始终一贯地提出把总委员会变成一个纯粹仲裁性的调解机关的决议案；斯塔罗韦尔同志虽然说总委员会按草案规定"只应该根据双方的愿望"（第 266 页）召集，但是他并不知道他想达到的目的是什么。他这种说法是完全不正确的。

个服从于代表大会的党机关方面取得自己的全权。最高机关应该由党代表大会所了解的人组成。最后，**最高**机关**组成**的方式不应该使**它本身的存在**取决于偶然情况：在两个委员会对于选举第五个委员的问题意见不一致时，党就会处于没有最高机关的境地！反驳这个意见的人说：（1）当五个委员中有一个委员弃权，而其余四个委员又形成二对二时，结果也是没有出路的（叶戈罗夫语）。这种反驳意见是站不住脚的，因为无法**通过决定**是**任何一个**委员会有时都免不了的，但是这完全不是说委员会就无法**组成**。第二种反驳意见说："如果像总委员会这样的机关不能选出第五个委员，这就说明这个机关根本不中用。"（查苏利奇语）然而，这里的问题不在于中用不中用，而在于**最高**机关存在不存在：没有第五个委员就**不会有**什么总委员会，就不会有**任何"机关"**，也就根本谈不上什么中用不中用。最后，如果问题在于无法建立一个在自身之上还有上级委员会的党委员会，那倒还好办，因为这个上级委员会在非常情况下随时可以用某种方法来弥补这个缺陷。而在总委员会上面，除了代表大会以外，**没有**任何委员会了，因此，如果在党章内留下一种使总委员会**甚至**无法**组成**的**可能性**，那就显然不合乎逻辑了。

我在代表大会上对于这个问题所作的两次简短的发言，**只是**为了剖析（第267页和第269页）①马尔托夫本人以及其他同志用来替马尔托夫草案辩护的**这两个**不正确的反驳意见。至于总委员会中究竟是中央机关报占优势，还是中央委员会占优势的问题，**我甚至没有提到过**。这个问题是**阿基莫夫同志**还在代表大会第14次会议上就提到的（第157页），是他**首先**谈到中央机关报有占优势的危险。至于

① 见《列宁全集》第2版增订版第7卷第274页。——编者注

马尔托夫、阿克雪里罗得以及其他人**在代表大会以后**制造蛊惑人心的谬论，说“多数派”想把中央委员会变成编辑部的工具等，那**只不过是**步阿基莫夫的后尘**而已**。马尔托夫同志在他的《戒严状态》中谈到这个问题时，竟谦虚得不提真正首先提出这个问题的人！

谁只要不是断章取义地摘引个别词句，而是想了解中央机关报对中央委员会占优势的**整个**问题在党代表大会上是如何提出来的，他就会很容易地发现马尔托夫同志歪曲了事实真相。还在第14次会议上，**不是别人，正是波波夫同志**起来**反驳阿基莫夫同志的观点**，说他想“在党的最高层维护‘最严格的集中制’，**以便削弱中央机关报的影响**〈第154页，黑体是我用的〉，这样的〈阿基莫夫式的〉体系的全部意义就在于此”。波波夫同志补充说：“对于这样的集中制，我不仅不拥护，并且要大力反对，因为它是**机会主义的旗帜**。”这就是中央机关报对中央委员会占优势这一轰动一时的问题的**根源**，怪不得马尔托夫同志现在**只好**对这个问题的真实起源避而不谈。**甚至**波波夫同志也不能不发现阿基莫夫这些所谓中央机关报占优势的论调中所包含的**机会主义**性质①，而且为了

① 无论波波夫同志或马尔托夫同志都没有害怕把阿基莫夫同志称为机会主义者，只是当人们**对他们本人**使用这个称呼，当人们由于“语言平等”问题或党章第1条问题而公正地对他们使用这个称呼时，他们才生了气，发了火。然而阿基莫夫同志（跟着他走的是马尔托夫同志）在党代表大会上的行动要比马尔托夫同志及其伙伴在同盟代表大会上的行动更庄重而有勇气些。阿基莫夫同志在党代表大会上说：“在这里，人们把我称为机会主义者；我个人认为这是一个骂人的侮辱性的字眼，并且我认为这样称呼我是完全不应该的；但是我并不抗议这一点。”（第296页）也许马尔托夫和斯塔罗韦尔两同志曾向阿基莫夫同志建议在他们为反对莫须有的机会主义罪名而提出的抗议书上签名，但是被阿基莫夫同志拒绝了吧？

把自己和阿基莫夫同志好好地区分开来，波波夫同志**断然**声明："让这个中央机关〈总委员会〉由编辑部出三人和中央委员会出两人来组成吧。**这是个次要的问题**〈黑体是我用的〉，重要的是党的最高领导要出自一个来源。"（第 155 页）阿基莫夫同志反驳说："按照草案，由于编辑部的组成是固定的，而中央委员会的组成是经常变化的，单是这一点就保障了中央机关报在总委员会中占优势"（第 157 页）——但这一论据所说的仅指**原则**领导的"固定性"（这是正常的、合乎愿望的现象），而决不是指有干涉或侵犯独立性意义上的"优势"。因此波波夫同志（他当时还不属于以所谓中央委员会没有独立性的谰言来掩盖其对中央机关的组成不满的"少数派"）很有道理地回答阿基莫夫同志说："我提议把它〈总委员会〉当做全党的领导中心，这样，**总委员会里面究竟是中央机关报的代表占多数还是中央委员会的代表占多数，就完全不重要了**。"（第 157—158 页。黑体是我用的）

在第 25 次会议重新讨论总委员会组成问题时，巴甫洛维奇同志继续原先的辩论，表示拥护中央机关报对中央委员会占优势，"因为前者具有稳定性"（第 264 页），而他所指的正是**原则的**稳定性，紧接着在巴甫洛维奇同志之后发言的马尔托夫同志也正是这样理解的，马尔托夫同志在发言中认为不必"规定一个机关对另一个机关的优势"，并指出可以留一个中央委员在国外："这样就能使中央委员会的原则的稳定性在一定程度内保持下去。"（第 264 页）这里还丝毫没有**把**关于**原则的**稳定性以及保持这种稳定性的问题和关于保持中央委员会独立自主性的问题蛊惑人心地**混淆起来**。这种混淆手法，**在代表大会以后**几乎成了马尔托夫同志的主要法宝，而**在代表大会上只有阿基莫夫同志一人**顽强地使用过,阿基莫夫同志**当时还**说到"党章的阿拉克切耶夫精神"(第268页),说到"**如果党总委员会中有三个委员是中央机关报的,那么中央委员会就会变成只是编辑部意志的执行者**〈黑体是我用的〉。三个住在国外的人就会取得无限制地〈!!〉处理全〈!!〉党工作的权利。他们在安全方面是有保证的,因此他们的权力就会是终身的。"(第268页)为了反驳这些十分荒谬的蛊惑人心的说法,这些把**思想领导**曲解为**干涉全党工作**的说法(这种说法在代表大会以后给了阿克雪里罗得同志一个廉价的口号来大谈所谓"神权政治"[15]),巴甫洛维奇同志又起来发言,着重声明他"拥护《火星报》所代表的那些原则的坚定性和纯洁性。我主张中央机关报编辑部占优势,就是为了巩固这些原则"(第268页)。

所谓中央机关报对中央委员会占优势这一轰动一时的问题的真相就是如此。阿克雪里罗得和马尔托夫两位同志指出这一有名的"原则性的意见分歧",无非是**重复阿基莫夫同志**的那些**机会主义的和蛊惑人心的词句**而已,这些词句的本质,连波波夫同志也看得很清楚,当然只是在他还没有在中央机关组成问题上遭到失败以前才看得很清楚!

*　　*　　*

关于总委员会组成问题的总结是:不管马尔托夫同志在《戒严状态》中怎样企图证明我在《给编辑部的信》中的说法有矛盾和不正确,代表大会的记录清楚地表明,这个问题和党章第1条**比较起来**确实只是**细节**问题;《我们的代表大会》一文(《火星报》第53号)说当时我们争论的"几乎只是"关于党中央机关的建立问题,**这完全是歪曲**。这种歪曲所以更加令人不能容忍,是因为该文作者**完全回避了党章第1条的争论**。其次,火星派分子在总委员会组成问题上并没有什么确定的派别划分，这一点也可以拿代表大会的记录来证实：没有举行过记名投票；马尔托夫和帕宁的意见不一致；我和波波夫的意见相同；叶戈罗夫和古谢夫两人坚持自己的立场，等等。最后，我最近（在俄国革命社会民主党人国外同盟代表大会上）认为马尔托夫分子和反火星派分子的联盟已经巩固起来，这一论断**也可以**由现在大家都看得清楚的马尔托夫和阿克雪里罗得两同志在这个问题上也转到阿基莫夫同志方面去的事实来**证实**。

（十二）党章讨论的结束。中央机关成员的增补。《工人事业》杂志代表的退出

谈到党章的继续讨论（代表大会第 26 次会议），值得指出的只有关于限制中央委员会权力的问题，从这个问题可以看出马尔托夫分子**现在**攻击过分集中制的用意。叶戈罗夫同志和波波夫同志力图限制集中制，而且信心更足，不以他们自己的候选资格或他们所支持的候选人为转移。他们早在章程委员会里就已经提议要限制中央委员会的权利：解散地方委员会必须得到总委员会的同意并且限于特别列举出的情况（第 272 页，注释 1）。章程委员会中有三个委员（格列博夫、马尔托夫和我）反对这种限制，马尔托夫同志在代表大会上也曾拥护我们的意见（第 273 页），并反驳叶戈罗夫和波波夫，他说："即使没有这些限制，中央委员会在决定像解散组织这样的重大步骤时也会预先讨论的。"可见，**当时**马尔托夫同志对于**一切**反集中制的企图还是不加理睬的，结果代表大会否决了叶戈罗夫和波波夫的提议，——可惜只是我们不能从记录上查明究竟是多少票否决的。

在党代表大会上，马尔托夫同志也曾"反对以'批准'一词来代替'组织'一词〈党章第 6 条说：中央委员会组织各委员会等

等〉。必须也给以组织的权利”。马尔托夫同志**当时**是这样说的，那时他还没有想出后来在同盟代表大会上才发现的那个绝妙的思想，即认为“批准”不包括在“组织”这个概念以内。

除了这两点以外，其余关于党章第5条至第11条的讨论完全是细节的辩论（记录第273—276页），没有多大意思。第12条是关于所有党委员会成员的增补，特别是中央机关成员的增补的问题。章程委员会提议把增补所必要的法定多数从$\frac{2}{3}$提到$\frac{4}{5}$。报告人（格列博夫）提议：中央委员会成员的增补**需要一致通过**。叶戈罗夫同志认为留下一些**疙瘩**是不恰当的，主张在没有人提出理由充分的异议时只要简单多数通过就可以了。波波夫同志既不同意章程委员会的意见，也不同意叶戈罗夫同志的意见，而要求要么是简单多数通过（没有提出异议权），要么是一致通过。马尔托夫同志既不同意章程委员会的意见，也不同意格列博夫、叶戈罗夫以及波波夫的意见，表示反对一致通过，反对$\frac{4}{5}$（赞成$\frac{2}{3}$），**反对“相互增补”，即中央机关报编辑部有对中央委员会成员的增补提出异议的权利，反之亦然**（“对增补进行相互监督的权利”）。

读者可以看出，这里派别划分是很复杂的，意见分歧表现在几乎每一个代表的看法都“一致”具有自己的特点！

马尔托夫同志说：“我承认，同所厌恶的人一起工作从心理上说是不行的。但是同样重要的是使我们的组织有生命力和活动能力……　中央委员会和中央机关报编辑部在增补方面相互监督的权利是不需要的。我所以反对这一点，并不是因为我认为它们相互对对方的工作没有权利说话。不！例如，关于是否应该把纳杰日丁先生接收到中央委员会里的问题，中央机关报编辑部是可以向中央委员会提出很好的建议的。我所以反对，是因为我不愿意造成一种互相激怒的拖延。”

我反驳他说：“这里有两个问题。第一个是关于法定多数的问题，我反对从$\frac{4}{5}$减到$\frac{2}{3}$的提议。采用提出说明理由的异议这种做法是欠考虑的，我反对这样做。第二个问题，即关于中央委员会和中央机关报对增补进行相互监督的权利问题，要重要得多。两个中央机关的相互一致，是保证协调的必要条件。这里谈的是两个中央机关不协调的问题。谁不愿意分裂，他就应该关心维持协调。从党的生活中可以知道，曾经有过一些制造分裂的人。这是个原则问题，重要问题，它决定着党的整个未来的命运。”（第276—277页）①这就是在党代表大会记录中所载的我那次发言内容概要的全文，马尔托夫同志对于这次发言特别重视。可惜他虽然重视这次发言，但是他在提到这次发言时却不肯联系这次发言时的全部讨论情况和代表大会上的整个政治形势。

首先是这样一个问题：为什么我在自己最初的草案中（第394页第11条）②仅以$\frac{2}{3}$的票数为限，而没有要求中央机关在成员增补问题上实行相互监督呢？继我以后发言的托洛茨基同志（第277页）也立刻提出了这个问题。

我在同盟代表大会上的发言以及巴甫洛维奇同志关于第二次代表大会写的一封信，都对这个问题作了答复。党章第1条“把罐子打破了”，我们必须用“双结”把它捆好，——我在同盟代表大会上这样说过。这就是说，第一，马尔托夫在纯理论问题上暴露出自己是个机会主义者，而李伯尔和阿基莫夫**坚持了**他所犯的错误。

---

① 见《列宁全集》第2版增订版第7卷第275页。——编者注

② 同上，第239页。——编者注

这就是说，第二，马尔托夫分子（即火星派中的区区少数）和反火星派分子的联盟使他们在通过中央机关的人选时成为**代表大会上的多数**。我强调协调的必要性并**预先提醒要防备“制造分裂的人”**，我在这里谈的正是中央机关的**人选**问题。当时这种提醒确实有重要的原则意义，因为《火星报》组织（当然，它在中央机关人选问题上是更有权威的组织，因为它最熟悉实际工作中的一切事务和所有候选人）已经表示了它对这个问题的意见，已经通过了我们都知道的关于它所顾虑的那些候选人的决议。无论就道义或就实质而言（即就作出决定的权限而言），《火星报》组织在这个微妙的问题上都应该起决定作用。但是**从形式上来说**，马尔托夫同志当然有充分的权利请求李伯尔们和阿基莫夫们帮忙**反对**《火星报》组织的多数派。阿基莫夫同志在关于党章第1条的出色的发言中非常明白而聪明地说，每当他看到火星派分子中间在达到他们共同的火星派目的的方法上发生意见分歧时，他就自觉地、有意地**投票赞成比较差的方法**，因为他的目的是同火星派的目的针锋相对的。所以，**毫无疑问**，不管马尔托夫同志本身的愿望和意图如何，**正是比较差的中央机关人选**将会得到李伯尔们和阿基莫夫们的支持。他们**可能会投票**，他们一定会投票（不是根据他们的言论，而是根据他们的**行为**，根据他们对于党章第1条的投票情况来判断）赞成包括“制造分裂的人”在内的名单，并且他们投票的目的正是**为了**“制造分裂”。在这样的情况下，我说这是个重要原则问题（两个中央机关的协调），它可能关系到党的整个未来命运，这样说又有什么奇怪呢？

凡是稍微了解火星派的思想和计划，了解运动的历史，稍微有诚意赞成这些思想的社会民主党人，一分钟也不会怀疑：由李伯尔们和阿基莫夫们来解决《火星报》组织内部对于中央机关人选问题的争论在形式上虽然是正确的,但是一定会造成**最坏的**结果。我们一定要为防止这种最坏的结果而**斗争**。

试问:怎样进行斗争呢?我们进行斗争既不用歇斯底里的手段,也不用无理取闹的方法,而是用**完全老老实实和完全正当的办法**:当我们感觉到我们处在少数地位时(正如讨论党章第1条时那样),**我们就请求代表大会保护少数人的权利**。接受委员时采取更严格的法定多数(以$\frac{4}{5}$代替$\frac{2}{3}$),增补时采取一致同意和对中央机关成员的增补实行相互监督,——所有这些,**当我们在中央机关人选问题上处于少数地位时**我们都曾加以坚持。有些人总是忽视这一事实,他们喜欢在一两次朋友间的谈话之后就轻率地对代表大会作评论和判断,却不肯认真研究一下**全部**记录和当事人的所有"证词"。凡是愿意诚实地把这些记录和这些证词拿来进行研究的人,必然会看到我所指出的这一事实:**在代表大会当时的形势下**,争论的**根源**正是**中央机关人选**问题,而我们所以力求规定更严格的监督条件,正是因为我们处于少数地位,想用"双结捆好"马尔托夫在李伯尔们和阿基莫夫们的欣赏和欣然参加之下打破的"罐子"。

巴甫洛维奇同志讲到代表大会的当时形势时说:"如果事情不是这样,那就只好认为,我们提出增补时需要一致同意这一条,就等于替对方操心,因为对于在某个机关中占多数的派别来说,一致同意不仅不必要,而且是不利的。"(《关于第二次代表大会的信》第14页)可是,现在有人总是忘记事件发生的顺序,忘记现在的少数派**在代表大会整个时期内**都曾经是多数(由于李伯尔们和阿基莫夫们的参加),忘记关于中央机关成员增补问题的争论正是发生在那个时期，并且这次争论的内在原因就是《火星报》组织内部因中央机关人选问题而发生意见分歧。谁弄清了这个情况，谁也就会懂得我们争论为什么这样激烈，谁也就不会对这样一个**似乎**矛盾的现象表示惊奇：一些细枝末节的意见分歧居然引起真正重要的原则问题。

捷依奇同志在同一次会议上（第 277 页）说得很对，他说："毫无疑问，这个建议是针对目前形势提出来的。"的确，只有了解**当时形势**的全部复杂性以后，才能了解争论的真正意义。同时最重要的是要注意到，当**我们**处于少数地位时，我们总是用任何一个欧洲社会民主党人都认为合情合理的**方法**来维护少数的权利，即请求代表大会对中央机关人选进行更严格的监督。叶戈罗夫同志在同一次代表大会上——不过是在另一次会议上——说得也很对，他说："使我非常惊奇的是，我在辩论中又听到有人拿原则作借口。〈这是在代表大会第 31 次会议上谈到中央委员会的选举时说的，就是说，如果我没有记错，是在星期四早晨说的，而我们现在所说的第 26 次会议则是在星期一晚上举行的。〉看来，大家都明白，在最后几天内，所有的争论都不是围绕某个原则问题，而只是围绕怎样保证或者阻止某人加入中央机关的问题。我们应该承认，在这次代表大会上原则早就丧失净尽了，我们应该如实地说出事实真相。（全场大笑。穆拉维约夫说："请在记录中写上马尔托夫同志笑了。"）"（第 337 页）马尔托夫同志和我们大家听见叶戈罗夫同志这些确实可笑的抱怨都哈哈大笑起来，这是不奇怪的。是的，"**在最后几天内**"，许许多多争论都**围绕**在中央机关人选问题上。这是事实。这在代表大会上确实是**大家都清楚的**（只是**现在**少数派力图**抹杀**这一明显的事实）。最后，应该如实地说出事实真相，这也是对的。可是，上帝啊，**这**究竟跟“原则丧失净尽”有什么相干呢？？要知道我们所以聚集在一起举行代表大会，是**为了**（见第 10 页，代表大会议程）**在最初几天**谈一谈纲领、策略、章程并解决有关的问题，**在最后几天**（议程第 18—19 项）谈一谈中央机关的人选并解决**这些**问题。人们把代表大会的**最后几天**用来就指挥棒问题进行争论，这本来是很自然的，是完完全全正当的。（至于**在代表大会以后**为指挥棒而吵架，那就是无谓争吵了。）如果谁**在代表大会上**在中央机关人选问题上遭到了失败（如叶戈罗夫同志那样），**在这之后**竟说什么“原则丧失净尽”，那**简直令人可笑**。难怪大家都嘲笑叶戈罗夫同志。同样也难怪穆拉维约夫同志请求把马尔托夫同志参与这一嘲笑写入记录，因为**马尔托夫同志嘲笑叶戈罗夫同志，就是自己嘲笑自己**……

为了补充穆拉维约夫同志的讽刺，举出这样一件事实也许不是多余的。大家知道，**在代表大会以后**，马尔托夫同志到处扬言，说正是中央机关成员增补问题在我们的意见分歧中起了主要作用；说“旧编辑部中的多数”曾经激烈反对对中央机关成员的增补实行相互监督。**在代表大会以前**，马尔托夫同志在接受我提出的选举两个三人小组以及根据三分之二的多数实行相互增补的草案时，**曾把他对这个问题的意见写给我**，他写道：“**在接受这样的相互增补形式时**，应当着重指出，在代表大会以后，每个委员会成员的补充都将按照稍微不同的另一种原则来实行（**我的意见是**：每个委员会在增补新委员时都要把自己的意图告诉给另一个委员会：**后者可以提出异议，那时争论就由总委员会来解决**。为了避免拖延，这种手续应当用于**那些已经预先确定的候选人**（**至少对中央委员会来说应当这样做**），拿这些候选人来补充，会更简便一些）。为了着重指出将来的增补应当按照将由党章规定的手续进行，必须在第22条①补充一句：‘……已经形成的决定也要由它批准’。”（黑体是我用的）

这是用不着说明的。

———

在说明了就中央机关成员增补问题进行争论的当时形势的意义以后，我们应当稍微谈一下这个问题的**表决**情况；至于**讨论**情况就不必谈了，因为在我引用过两个发言（马尔托夫同志的和我的发言）以后，只有很少几个代表提出过一些简短的质问（记录第277—280页）。说到表决情况，马尔托夫同志在同盟代表大会上硬说我在自己的说明里作了“最大的歪曲”（同盟记录第60页），“把围绕党章进行的斗争〈马尔托夫同志无意中说了一句大实话：在党章第1条问题以后，激烈的争论正是**围绕**党章进行的〉描写成《火星报》对那些同崩得结成联盟的马尔托夫分子的斗争”。

让我们仔细看一看这个关于“最大的歪曲”的有趣问题吧。马尔托夫同志把关于总委员会组成问题的表决同关于增补问题的表决合在一起，举出了**八次**表决：（1）由中央机关报和中央委员会各选出两人参加总委员会——赞成的有27票（马），反对的有16票（列），弃权的有7票②（顺便说一下：在记录第270页上写的是，

① 这是指全体代表都知道的我最初提出的那个大会议程草案以及草案说明。这个草案第22条说的正是关于选举两个三人小组为中央机关报编辑部和中央委员会，由这六人小组根据三分之二的多数实行“相互增补”，由代表大会批准这个相互增补以及中央机关报编辑部和中央委员会分别进行增补的问题。

② 括弧中“马”字和“列”字，是表示我（列）和马尔托夫（马）当时站在哪一方面。

弃权的有 8 票，但这无关紧要）；(2) 由代表大会选出总委员会的第五个委员——赞成的有 23 票(列)，反对的有 18 票(马)，弃权的有 7 票；(3) 由总委员会自己增补新委员来代替总委员会的离职委员——反对的有 23 票(马)，赞成的有 16 票(列)，弃权的有 12 票；(4) 增补中央委员会委员要取得一致同意——赞成的有 25 票(列)，反对的有 19 票(马)，弃权的有 7 票；(5) 只要有**一个**能说明理由的异议就不能接受委员——赞成的有 21 票(列)，反对的有 19 票(马)，弃权的有 11 票；(6) 增补中央机关报编辑部成员要一致同意——赞成的有 23 票(列)，反对的有 21 票(马)，弃权的有 7 票；(7) 可否把总委员会有权取消中央机关报和中央委员会关于不接受新成员的决定的问题提付表决——赞成的有 25 票(马)，反对的有 19 票(列)，弃权的有 7 票；(8) 对于这个提议本身——赞成的有 24 票(马)，反对的有 23 票(列)，弃权的有 4 票。马尔托夫同志的结论是："**这里，显然有一位崩得代表投票拥护这个提议，其余的崩得代表弃权。**"(黑体是我用的)(同盟记录第 61 页)

试问，当时没有实行记名投票，马尔托夫同志根据什么认为**显然**有一位崩得分子投票**拥护他马尔托夫**的主张呢？

原来是他注意到了**表决人数**，当表决人数表明崩得**参加了**投票时，马尔托夫同志就深信**这种参加**是有利于他的。

我的"最大的歪曲"究竟在什么地方呢？

总共是 51 票，除去崩得分子是 46 票，再除去工人事业派分子是 43 票。马尔托夫同志列举的 8 次表决中的 **7 次**分别有 43、41、39、44、40、44、44 个代表参加，**有一次**是 47 个代表(确切些说，是 47 票)参加，马尔托夫同志本人在这里也承认有一个崩得分子支持他的主张。可见马尔托夫所描绘的（而且描绘得很不全面，这一点我们马上就会看到）情景**只是证实和加重我所描述的斗争情况！**原来在很多场合弃权票的数字是**很大的**，这恰恰表明整个代表大会对于某些**细节问题**的兴趣是**比较**小的，火星派分子在这些问题上并没有发生十分明显的派别划分。马尔托夫所说的崩得分子“弃权显然是帮助了列宁”一语（同盟记录第 62 页），**恰恰是不利于马尔托夫本人的**，因为这意味着**只有**在崩得分子缺席或者弃权时，我才有胜利的机会。但是每当崩得分子**认为值得**对斗争干预一下时，他们总是支持马尔托夫同志的，而他们这种干预又**不只**表现在上述有 47 个代表参加的那次表决中。谁愿意查一查代表大会的记录，谁就能看出马尔托夫同志所描绘的情景是**出奇的不完备**。马尔托夫同志**干脆把**崩得**另外参加过的整整三次**表决**都漏掉了**，而**这三次表决**结果**当然**都是使马尔托夫同志取得了胜利。这三次就是：(1)通过佛敏同志提出的把法定多数从$\frac{4}{5}$减为$\frac{2}{3}$的修正案。赞成的有 27 票，反对的有 21 票（第 278 页），就是说，有 48 票参加了表决。(2)通过马尔托夫同志关于取消相互增补的提议。赞成的有 26 票，反对的有 24 票（第 279 页），就是说，有 50 票参加了表决。最后，(3)否决我所提的只有取得总委员会全体委员的同意才能增补中央机关报和中央委员会成员的提议（第 280 页）。反对的有 27 票，赞成的有 22 票（甚至是记名投票，可惜这些没有保存在记录中），就是说，有 49 票参加了表决。

总结：对于中央机关成员增补问题，崩得分子**只**参加**四次表决**（**有三次**是我刚才列举过的，分别有 48、50、49 人参加，还**有一次**是马尔托夫同志列举过的，有 47 人参加）。**所有这四次表决**的结果，都是马尔托夫同志取得了胜利。**可见我的叙述在各方面都是**

正确的,无论是在指出马尔托夫分子和崩得的联盟方面,无论是在说明问题的比较细节的性质(在许多场合都有很多人弃权)方面,也无论是在指出火星派分子没有明显的派别划分(没有举行记名投票;参加讨论的人数很少)方面。

马尔托夫同志想在我的叙述中找矛盾,不过是一种不高明的手法,因为马尔托夫同志只是抓住只言片语,却不肯花点气力把全部情景重述出来。

党章中最后关于国外组织问题的一条,又引起了充分表明代表大会上派别划分情况的讨论和表决。当时谈的是承认同盟是我们党的国外组织的问题。阿基莫夫同志当然马上表示反对,他提醒注意第一次代表大会所批准的国外联合会,并指出这个问题的原则意义。他说:“我首先应当声明,我并不认为这个问题得到这样还是那样的解决有什么特殊的实际意义。直到现在我们党内进行的思想斗争显然还没有完结;但是它会在另一些方面和另一种力量配置下继续下去…… 党章第 13 条再次非常鲜明地表现出把我们的代表大会由党的大会变为派别大会的倾向。有人要代表大会消灭少数派的组织,迫使少数派消失,而不是迫使俄国所有社会民主党人为了党的统一而服从党代表大会的决议,把所有的党组织统一起来。”(第 281 页)读者可以看出,对于马尔托夫同志在中央机关人选问题上遭到失败以后所十分珍爱的“继承性”,阿基莫夫同志也同样十分珍爱。但是,在代表大会上,那些对自己用一个尺度而对别人用另一个尺度的人却起来猛烈地反对阿基莫夫同志。虽然党纲已被通过,《火星报》已被承认,党章几乎全部被通过了,但是恰恰在这时出现了一个“在原则上”把同盟和联合会分

开的“原则”。马尔托夫同志高声喊道，“如果阿基莫夫同志想把问题提到原则的基础上，那我们一点也不反对；特别是因为阿基莫夫同志说到在同两个派别斗争时的各种可能的组合。所以要**认可一种方针的胜利**〈请注意，这是在代表大会**第27次**会议上说的！〉并不是要向《火星报》再一次鞠躬致敬，而是要**同阿基莫夫同志提到的一切可能的组合彻底鞠躬告别**。”（第282页，黑体是我用的）

请看这幅图画吧：在代表大会上关于纲领问题的一切争论已经完结**以后**，马尔托夫同志还在继续同一切可能的组合**彻底鞠躬告别**……直到他在中央机关人选问题上遭到失败为止！马尔托夫同志在代表大会上就同他**在代表大会以后第二天**就顺利实现的那种**可能的**“组合”“彻底鞠躬告别”了。但是，阿基莫夫同志**在当时就已经**比马尔托夫同志有远见得多；阿基莫夫同志援引了“根据第一次代表大会的意志被称为委员会的一个老的党组织”五年来的工作，最后并以一句非常尖刻而又确**有先见之明的**警句作为结束：“至于说马尔托夫同志认为我希望我们党内产生另外一种派别是白费心思，那我应当说，**甚至他本人都使我抱着这种希望**。”（第283页，黑体是我用的）

是的，应当承认，马尔托夫同志确实没有辜负阿基莫夫同志的希望！

当一个可以算是做过三年工作的老的党委员会的“继承性”遭到破坏时，马尔托夫同志深信阿基莫夫同志的话正确而跟着他走了。阿基莫夫同志取得胜利没有花多大的代价。

但是，在代表大会上拥护——而且一贯拥护——阿基莫夫同志的只有马尔丁诺夫同志、布鲁凯尔同志和崩得分子（8票）。作为“中派”真正领袖的叶戈罗夫同志采取了中庸之道：请看，他赞成火星派分子的意见，对他们表示“同情”（第 282 页），并且为了**证明**这种同情而**建议**（第 283 页）要完全回避当时已经提出的原则问题，**避而不谈**同盟和联合会。他的提议以 27 票对 15 票被否决了。显然，除了反火星派分子（8 票）以外，几乎所有的“中派”分子（10 票）都同叶戈罗夫同志一起投票拥护这个提议（投票总数是 42 票，可见有许多人是弃权的，或者是**缺席的**，像进行既没有意思而结果又是**毫无疑义**的表决时常常发生的那种情况）。**每当要切实地**实行**《火星报》的原则时**，立刻就暴露出“中派”的所谓“同情”原来只是**口头上的**，而拥护我们的只有 30 票或者稍微多一点。对鲁索夫的提议（承认同盟为**唯一的**国外组织）举行的辩论和表决，更明显地证明了这一点。反火星派分子和“泥潭派”已经直接采取了**原则的**立场，拥护这一立场的就有李伯尔和叶戈罗夫两位同志，他们说鲁索夫同志的提议被提付表决是不能允许的，是不合理的，因为“这个提议是要扼杀其余一切国外组织”（叶戈罗夫语）。发言人不愿意参加“扼杀这些组织”，所以他不仅拒绝表决，并且退出了会场。但是我们要替这位“中派”首领说一句公道话：他表现了比马尔托夫同志及其伙伴们要大十倍的坚定信念（对自己的错误原则）和政治勇气，他**并不只是在事关自己那个**已在公开斗争中遭到失败的**小组时**才维护“被扼杀的”组织。

鲁索夫同志的提议以 27 票对 15 票被认为可以交付表决，然后又以 25 票对 17 票获得通过。如果把没有参加表决的叶戈罗夫同志加到这 17 票中，那就是**反火星派分子和“中派”的全班人马（18 票）**。

党章第 13 条关于国外组织的全文，只是以 **31 票**对 12 票 6 票弃权通过的。31 票这个数目表明，代表大会上大约有多少火星派分子，就是说大约有多少人一贯坚持并且**切实**执行《火星报》的观点，——这个数目，我们在分析代表大会的表决情况时已经碰到过不下**6次**（关于崩得问题的地位，组委会事件，“南方工人”社的解散，关于土地纲领的两次表决）。而马尔托夫同志却硬要我们相信，把这样一个“狭隘的”火星派集团划分出来是毫无根据的！

同时还要指出，在通过党章第13条时，就阿基莫夫和马尔丁诺夫两位同志声明“拒绝参加表决”进行了非常值得注意的讨论（第288页）。当时大会主席团讨论了这个声明，并且完全合理地认为，即使把联合会干脆封闭也不能使联合会的代表有任何理由拒绝参加代表大会的工作。拒绝参加表决是根本反常的和绝对不能容许的，——这就是当时整个代表大会同主席团一致的看法，其中也有火星派少数派分子，他们在第28次会议上还**激烈地抨击他们自己后来在第31次会议上所干的事情！**当马尔丁诺夫同志为自己的声明辩护时（第291页），巴甫洛维奇、托洛茨基、卡尔斯基和马尔托夫全都起来反对他。马尔托夫同志特别清楚地认识到心怀不满的少数派的义务（在他自己还没有成为少数派以前！），并且就这个问题大有教益地讲了一通。他指着阿基莫夫和马尔丁诺夫两位同志高声说：“或者你们是代表大会的成员，那你们就**应该**参加大会的**一切**工作〈黑体是我用的；当时马尔托夫同志还没有觉得少数服从多数是形式主义和官僚主义！〉，或者你们不是代表大会的成员，那你们就不能留在会场上……　联合会的代表们的声明使我不得不提出两个问题：他们是不是党员，他们是不是代表大会的成员？”（第292页）

马尔托夫同志教训阿基莫夫同志要懂得党员的义务！可是，阿基莫夫同志说他对马尔托夫同志抱着希望，这也没有白说……　不过这种希望只能是在马尔托夫**在**选举中遭到失败**以后**才得以实现。当问题还没有涉及到他自己而只涉及到别人时，马尔托夫同志甚至对**马尔丁诺夫同志首先**（如果我没有记错的话）**使用**的“非常法”这一可怕的字眼，是根本充耳不闻的。马尔丁诺夫同志回答那些劝他收回本人声明的人说：“我们听到的解释并没有说清楚，究竟这是个原则的决定呢，还是用来对付联合会的一种**非常办法**。如果是一种非常办法，我们就认为这是对联合会的一种侮辱。叶戈罗夫同志也同我们一样感到这是用来对付联合会的**非常法**〈黑体是我用的〉，所以甚至退出了会场。”（第 295 页）当时马尔托夫和托洛茨基两位同志同普列汉诺夫一起，都坚决反对把代表大会表决结果看做一种**侮辱**的荒谬思想，反对这种**确实荒谬的**思想；托洛茨基同志在维护代表大会根据他的提议通过的决议（决议说：阿基莫夫和马尔丁诺夫两位同志可以认为自己已经十分满意）时说，“这个决议是原则性的而不是庸俗的，**至于有谁因为这个决议而感到委屈，那不关我们的事**。”（第 296 页）但是，事实很快就说明，小组习气和庸俗观念在我们党内还非常厉害，而我加上了着重标记的这些豪言壮语只不过是一些响亮的空话而已。

阿基莫夫和马尔丁诺夫两同志拒绝收回自己的声明，并退出了代表大会，对他们的这种行动，大会代表们喊道：“真是莫明其妙！”

（十三）选举。代表大会的结束

代表大会在通过党章以后，接着又通过了关于各区组织的决议以及好几个关于党内个别组织的决议，在进行了我在上面分析过的关于“南方工人”社的富有教益的讨论以后，跟着就讨论党中央机关的选举问题。

我们已经知道，当时整个代表大会都期待《火星报》组织作出权威性的推荐，但是《火星报》组织在这个问题上发生了分裂，因为《火星报》组织中的**少数派**想试验一下，他们在代表大会上通过公开的自由的斗争能否取得**多数**。同时我们还知道，早在召开代表大会很久以前以及在代表大会上，所有代表都知道有一个**革新**编辑部的计划，即准备选出两个三人小组作为中央机关报编辑部和中央委员会。为了阐明代表大会上的讨论情况，下面我们比较详细地谈谈这个计划。

我在代表大会议程草案说明中讲述了这个计划，原文如下①：“代表大会选出三人为中央机关报编辑部成员，选出三人为中央委员会委员。必要时，这六个人**在一起**，经三分之二多数的同意，以增补的办法补充中央机关报编辑部和中央委员会的成员，并向

① 见我的《给〈火星报〉编辑部的信》第5页和同盟记录第53页。

代表大会作出相应的报告。代表大会批准这个报告以后,中央机关报编辑部和中央委员会再分别进行增补。"

这里十分肯定而明确地说明了这个计划的内容,就是要**在**最有威信的实际工作领导者的**参加之下革新**编辑部。我所指出的这个计划的两个特点,是每一个愿意稍微留心阅读上述说明的人立刻就可以看出的。可是,现在就连最粗浅的道理也必须加以解释。这个计划就是要**革新**编辑部,不一定是增加,也不一定是缩减编辑部成员人数,而是加以革新,因为可能增加或可能缩减的问题还是一个**悬案**:增补只是预定**在必要时**才实行。人们对革新问题提出种种设想,有的预计可以把编辑部成员人数缩减,有的则主张增加到7个人(我本人从来就认为七人小组比六人小组好得多),甚至增加到11个人(我认为如果同所有社会民主主义组织,特别是同崩得以及波兰社会民主党实行和平联合,是可以这样做的)。但是主张"三人小组"的人通常忽略的一个最主要之点,就是**要求中央委员会委员参加解决中央机关报编辑部成员将来的增补问题**。"少数派"方面所有身为本组织成员并出席代表大会的同志,都知道而且拥护这个计划(有些人曾特别表示赞同,有些人则默许),但是他们中间没有一个人肯费点气力说明一下这种要求的意义。第一,为什么正是把三人小组并且仅仅把三人小组作为革新编辑部的出发点呢?显然,如果提出这个计划的用意**完全**是或者主要是**扩大**编委会①,如果大家认为这个编委会是个真正"协调的"集体,那么这个计划就**根本没有什么意思**了。在扩大一个"协调的"编委会时,不以这个编委会的全体成员**为出发点**,而只以**其中一部**

① 这里所说的编委会和几人小组都是指《火星报》编辑部。——编者注

分成员为出发点，那就未免太奇怪了。显然，并**不是**编委会的**全体**成员都被认为完全适于讨论和**解决**革新编委会的组成问题，即把旧的编辑小组变成**党机关**的问题。显然，甚至那些自己想用扩大的办法进行革新的人也承认原来的组成是不协调的，是不符合党机关的理想的，否则就没有必要为了扩大六人小组而**先**把它缩减为**三人小组**了。我再重复一遍：这本来是不言而喻的事情，只是由于“个人意气”把问题一时弄模糊了，人们才忘记了这一点。

第二，从上面引用的那段说明可以看出，即使**中央机关报编辑部的三个成员一致同意**，也还不能扩大三人小组。这一点也是常常被忽略的。为了实行增补，必须**六个人**中有三分之二的票数，即**4**票表示同意；就是说，只要中央委员会三个当选的委员提出“异议”，**三人小组就根本不能扩大**。相反，即使中央机关报编辑部三个成员中有两个人反对实行增补，只要中央委员会三个委员都同意，增补还是可以进行。所以很明显，当时的用意是，要让代表大会所选出的那些做实际工作的领导者在把旧的小组变成党机关时有**表决**权。至于我们当时大致提出的是哪些同志，从以下事实便可以看出来：编辑部在代表大会以前曾一致选举巴甫洛维奇同志为编辑部中的第七个成员，使他在代表大会上必要时可以用编辑部名义表示意见；除了巴甫洛维奇同志以外，还有**后来被选为中央委员会委员**的《火星报》组织的一个老成员兼组委会委员被提名为第七个委员。[16]

可见，选出两个三人小组的计划显然是打算：(1)革新编辑部，(2)消除编辑部中某些与党机关不相称的旧的小组习气的特点（假如没有什么可消除的，那就根本不必想出最初的三人小组了！），最后，(3)消除著作家小组的“神权”特点（消除的办法就是吸收优秀的实际工作者参加**解决**扩大三人小组的问题)。这个由全体编辑看过的计划,显然是根据**三年来的**工作**经验**,并**完全**符合我们一贯奉行的革命组织的原则的:在《火星报》问世的那个**涣散**时代,各个团体经常偶然地自发地形成起来,必然带有一些有害的小组习气。要建立党就需要消除这些特点,要求消除这些特点;吸收一些优秀的实际工作者参加这项工作是**必要的**,因为有些编辑部成员**一向**负责组织方面的事务,编辑部加入党机关系统不应当只是一个著作家小组,而应当是一个政治领导者小组。至于让代表大会选举最初的三人小组,这从《火星报》的一贯政策来看,也是理所当然的,因为我们十分**慎重地**筹备了代表大会,等待大家**充分**弄清楚纲领、策略和组织方面发生争论的原则问题;我们**并不怀疑**代表大会将是**火星主义的**代表大会,即绝大多数代表在这些基本问题上将是意见一致的(承认《火星报》为领导机关报的决议也部分地证实了这一点)。因此我们**应当**让那些担负了传播《火星报》思想并准备把《火星报》变成政党这一切工作重担的同志**自己**去决定,究竟谁是最适合参加新的党机关的候选人。**正是因为**"两个三人小组"计划是理所当然的计划,**正是因为**这个计划**完全符合**《火星报》的全部政策,**完全符合**比较了解问题的人关于《火星报》所知道的一切,**所以**这个计划才得到大家的赞同,而没有人提出任何别的计划同它抗衡。

所以,鲁索夫同志在代表大会上首先提议选出**两个三人小组**。虽然马尔托夫曾用**书面通知我们,说这个计划同莫须有的机会主义罪名有联系**,但是那些拥护马尔托夫的人却**连想也没有想到**要把六人小组和三人小组问题的争论转到这个罪名是否正确的问题上。**他们中间谁也没有提到这一点!他们中间谁也没有勇气多少谈一**

谈同六人小组和三人小组有关的各种色彩的原则区别。他们宁愿采用更流行更廉价的手法——求助于**抱怨**，说什么**可能受到委屈**，借口**编辑部问题已经**由于任命《火星报》为中央机关报**而得到解决**。这后一个由柯尔佐夫同志为反对鲁索夫同志而提出的论据，**简直是瞎说**。在代表大会议程上规定了——当然不是偶然规定的——两个单独项目（见记录第 10 页）：第 4 项是“党中央机关报”，第 18 项是“选举中央委员会和中央机关报编辑部”。这是第一。第二，在任命《火星报》为中央机关报时，**全体**代表都坚决声明说这**不是**批准编辑部而只是批准方针①，**谁也没有**对这个声明提出过**异议**。

因此，认为代表大会批准一定的机关报其实就是批准编辑部这一说法，即少数派方面（柯尔佐夫，第 321 页，波萨多夫斯基，同上页，波波夫，第 322 页，以及其他许多人）重复过许多次的说法，是**根本不符合事实的**。这是谁都看得清楚的**手法**，这种手法是要把他们**背弃大家**在还能**真正公正地**看待中央机关人选问题时所采取的立场这种行为掩盖起来。这种背弃行为决不能用原则性理由

① 见记录第 140 页。**阿基莫夫**发言说：“……据说我们将把中央机关报选举问题留到最后去谈”；**穆拉维约夫**发言反驳阿基莫夫，说阿基莫夫“对于未来的中央机关报编辑部问题太关心”（第 141 页）；**巴甫洛维奇**发言说：我们任命了机关报，也就得到了“我们能够用来实行阿基莫夫同志如此关心的那些手术的具体材料”，至于《火星报》应当“服从”“党的决议”，那是毫无疑问的（第 142 页）；**托洛茨基**发言说：“既然我们不是批准编辑部，那么我们究竟是批准《火星报》的什么东西呢？……我们不是批准名称，而是批准方针……不是批准名称，而是批准旗帜”（第 142 页）；**马尔丁诺夫**发言说：“……我也同其他许多同志一样，认为我们现在讨论承认代表一定方针的《火星报》为我们中央机关报的问题时，不应当涉及到选举方法或批准其编辑部的问题；这个问题留待以后议程的适当场合再谈……”（第 143 页）

来辩护（因为**在代表大会上**提起“莫须有的机会主义罪名”问题对少数派是很**不利的**，所以他们**也就没有提起**这一点），也不能拿有关六人小组或三人小组的实际工作能力的**事实**材料作借口（因为一涉及这些材料，就会有一大堆反对少数派的证据）。所以他们只好用所谓“严密的整体”、“协调的集体”、“严密的如结晶般完整的整体”等**空话**来搪塞。难怪这些论据立刻就被人恰如其分地称为“**抱怨的话**”（第328页）。三人小组计划本身就清楚地证明不够“协调”，而代表们在一个多月的共同工作中得到的印象，显然又给他们提供了大批可以**独立**判断问题的材料。当波萨多夫斯基同志暗示到这种材料时（在他看来这是说话不慎和考虑不周的结果：见第321页和第325页，他说他是“有条件地”使用了“疙瘩”一词），穆拉维约夫同志就直截了当地说：“我认为现在代表大会上的多数派已经十分明白，这样的①疙瘩无疑是存在的。”（第321页）当时少数派宁愿把“疙瘩”一词（第一次使用这个词的不是穆拉维约夫而是波萨多夫斯基）了解为仅仅是涉及个人的东西，不敢接受穆拉维约夫同志的挑战，不敢**根据问题实质**提出**任何一种**论据为六人小组辩护。于是发生了一场毫无结果的、十分可笑的争论：多数派（以穆拉维约夫同志为代言人）说他们**十分了解**六人小组和三人小组的真正意义，而少数派根本不听这一点，硬说“我们**没有可能**进行分析”。多数派不仅认为可能进行分析，而且已

① 波萨多夫斯基同志指的究竟是什么“疙瘩”，我们在代表大会上始终不知道。穆拉维约夫同志却在同一次会议上（第322页）提出抗议，说人家把他的思想转述错了，后来在批准记录时他又直截了当地声明，说他“所讲的是在代表大会讨论各种问题时暴露出来的疙瘩，这是原则性的疙瘩，遗憾的是，目前这些疙瘩的存在已经是谁也不会否认的事实了”（第353页）。

经“进行了分析”，并且说这种分析的结果已使他们**看得十分明白**。少数派大概是**害怕分析**，所以只是用一些“抱怨的话”来掩饰自己。多数派要人们“注意到，我们的中央机关报编辑部不只是个著作家小组”，多数派“希望，主持中央机关报的都是一些**完全确定的并为代表大会所了解的人物，符合**我所说的那些**要求的人物**”（那些要求不只是对著作家提出的，第327页，朗格同志的发言）。少数派又不敢接受挑战，一字不提他们究竟认为谁适合参加不只是个著作家小组的编辑部，究竟谁是“完全确定的并为代表大会所了解的”人物。少数派仍旧拿所谓“协调性”作护身符。不但如此，少数派甚至拿一些原则上根本错误、因而受到应得的尖锐抨击的理由作论据，说什么“代表大会既没有道义权利，也没有政治权利来改变编辑部”（托洛茨基，第326页）；说什么“这是一个很棘手的〈原文如此！〉问题”（也是他说的）；说什么“**那些落选的编辑部成员应当怎样对待代表大会不愿意把他们留在编辑部的事实呢？**”（察廖夫，第324页）①

这样的理由已经把问题完全转到**抱怨和委屈**方面了，这就是公开承认他们在真正原则的论证上，在真正政治的论证上陷于破产。多数派立刻就用一个**恰如其分的**字眼来形容这种做法：**庸俗观念**（鲁索夫同志）。鲁索夫同志公正地指出：“这样一些同党的工作概念截然相反，同党的道德概念不能相容的奇谈怪论，居然出自某些革命家之口。反对选举三人小组的一些人所持的基本理由，可归结为**以纯粹庸人的观点看待党的事业**。〈黑体全是我用

① 参看波萨多夫斯基同志的发言：“……如果你们从旧编辑部六个人当中选出三个人，那么你们就是认为其余三个人都是不必要的，是多余的。而你们这样做，既没有权利，也没有根据。”

的〉我们如果持这种不是党性的而是**庸人的**观点,那么我们在每次选举时都会遇到这样一个问题:如果我们不选举甲而选举乙,甲会不会感到委屈呢;如果我们不选举组委会的某个委员而选举另一个人为中央委员会委员,这位组委会委员会不会感到委屈呢。同志们,这会把我们引到什么地方去呢?如果我们聚集在这里**不是为了说些相互捧场的话,不是为了表示庸人的温情**,而是为了建立党,那么我们就无论如何也不能赞同这样的观点。我们的问题是要**选出负责人员**,所以也就谈不上什么对某个落选者不信任的问题,而**只是看对事业是不是有利和当选人是不是适合他当选后所担任的职务的问题**。"(第325页)

我们建议每一个愿意独立研究党内分裂的原因并探讨在代表大会上发生分裂的**根源**的人,都把鲁索夫同志的发言**反复读上几遍**;对于鲁索夫同志提出的理由,少数派不仅没有推翻,而且也没有提出过异议。对这样一个基本的起码的道理本来是提不出异议的;鲁索夫同志自己很公正地指出,人们忘记了这个道理只是由于"**神经过敏**"。这样来说明少数派怎样从党性观点滚到庸俗观念和小组习气观点,使少数派感到的不愉快确实是最少的了①。

① 马尔托夫同志在他的《戒严状态》中对于这个问题的态度,也同他对于所涉及的其他问题的态度一样。他并没有费点气力说明一下这次争论情况的全貌。他悄悄地回避了这次争论中提出来的唯一的真正**原则**问题:是讲庸人的温情呢,还是选举负责人员?是坚持党性观点呢,还是怕伊万·伊万内奇受委屈?马尔托夫同志在这里也只限于从整个事件中引用一些个别的、没有联系的片段情况,并且还加上许多谩骂我的话。马尔托夫同志,这样恐怕不太够吧!

马尔托夫同志特别拿来**同我**纠缠的一个问题,就是**为什么**代表大会没有选举阿克雪里罗得、查苏利奇和斯塔罗韦尔三位同志。他所持的那种庸俗观念使他看不到这个问题多么**不体面**(为什么他不去质问他可是，少数派根本无法找出一条合理的切实的理由来反对选举，所以他们除了把庸俗观念加进党的事业中去，还公然采取了一种简直是**无理取闹的手段**。例如，波波夫同志劝穆拉维约夫同志“不要接受棘手的**委托**”（第322页），他这种手段不是只能称为无理取闹吗？这不正如同索罗金同志公正地指出的那样是“笼络人心”吗？（第328页）这不正是在找不出**政治**理由时想利用“**个人意气**”吗？索罗金同志所说“我们一向反对这种手段”一语，说得是不是正确呢？“难道**捷依奇同志**公然企图对那些不同意他的意

编辑部的同事普列汉诺夫同志呢?)。他认为我的话有矛盾，说我一面认为少数派在代表大会上对待六人小组问题的行为“不恰当”，同时又要求全党公论。其实这里没有矛盾，马尔托夫同志如果愿意费点气力把问题的**全部**情况作一个联贯的叙述，而不是截取一些片断情况，那么他自己也不难了解到这一点。用庸俗观念对待问题，求助于抱怨，诉说委屈，这是不恰当的；为了全党公论，必须**从实质上**评价六人小组比三人小组究竟有什么优越的地方，评价担当这些职务的候选人，评价各种色彩，但是**少数派在代表大会上却一个字也没有提到这一切**。

马尔托夫同志只要仔细研究一下记录，就会看到代表们在发言中提出**一系列**反对六人小组的理由。请看这些发言中的几段话吧：第一，旧的六人小组中间显然有原则性的疙瘩；第二，最好把编辑工作的技术手续简化一下；第三，事业的利益要高于庸人的温情；只有实行选举才可以保证当选人适合他们所担任的职务；第四，决不能限制代表大会的选举自由；第五，党现在所需要的中央机关报不应当只是著作家小组，中央机关报内需要的不仅仅是著作家，而且是管理人；第六，进入中央机关报的应当是完全确定的、为**代表大会**所了解的人物；第七，六人编委会往往没有工作能力，它的工作**并不是靠**它的不正常的章程进行的，**而是不顾**这个章程；第八，办报是党的（而不是小组的）事业，等等。如果马尔托夫同志对于六人小组没有当选的原因很感兴趣，那么就请他**细心考虑一下**这些理由中的每一条理由，并驳倒其中的**任何一条**吧。

见的同志给以当众侮辱的**行为是可以容许的吗**?”①(第 328 页)

现在我们把编辑部问题的讨论情况作一个总结。少数派没有驳倒(而且也没有反驳过)多数派再三指出过的事实,即三人小组计划是**代表们**在大会之初**以及在大会以前**已经知道了的,因此这个计划所根据的一些**理由和材料是同代表大会上发生的事件和争论不相干的**。少数派在拥护六人小组时采取了**原则上错误的和不可容许的庸人**立场。少数派暴露了自己完全忘记选举**负责人员**问题上的**党的**观点,甚至根本没有**评价**每个候选人以及这个候选人是不是适合这个职务。少数派始终**回避**讨论实质问题,却一味谈论所谓协调性,“流眼泪”和“激动”(第 327 页,朗格的发言),说什么“有人想要谋害”某某人。少数派“**神经过敏**”,他们甚至不惜采取“**笼络人心**”,叫嚷选举是“罪恶”以及诸如此类**不能容许的**手段。(第 325 页)

庸俗观念同党性作斗争,最坏的“**个人意气**”**同政治上的理由**作斗争,**抱怨的话**同起码的**革命责任感**作斗争——这就是我们代

---

① 索罗金同志在**同一次会议上**就是这样理解捷依奇同志的话的(参看第 324 页——“同奥尔洛夫的激烈对话”)。捷依奇同志解释说(第 351 页),他“根本没有讲过类似的话”,但他自己又**立刻**承认他讲过**非常**“类似的话”。捷依奇同志解释说,“我没有说过看谁敢这样做,而只是说:我很想看一看究竟是哪些人敢〈原文如此! 捷依奇同志愈说愈糟了!〉拥护像选举三人小组这样罪恶的〈原文如此!〉提议”(第 351 页)。捷依奇同志不是驳倒而是**证实了**索罗金同志的话。捷依奇同志证实了索罗金同志的责难:“这里把所有的概念都混淆了”(在少数派拥护六人小组的理由方面)。捷依奇同志证实了索罗金同志提醒大家要记住一个**起码的**道理——“我们既是党员,就应当处处以政治上的考虑为依据”是完全必要的。叫嚷实行选举是**罪恶行为**,这不仅是堕落到庸俗观念,简直是堕落**到无理取闹的地步了**!

表大会第30次会议上因六人小组和三人小组问题而发生的斗争的实质。

在第31次会议上，当代表大会已经以19票对17票3票弃权的多数**否决了**关于批准旧编辑部全体人员的提议（见第330页和**勘误表**），而当**原来的编辑们**也已经回到会场上时，马尔托夫同志在他的“代表旧编辑部多数提出的声明”（第330—331页）中更突出地表现了他那种政治立场和**政治观念**的动摇性和不坚定性。让我们把这篇集体**声明**和我对该声明的答复（第332—333页）逐条详细地分析一下吧。

马尔托夫同志在旧编辑部未被批准以后说：“从今天起，旧《火星报》就停止存在了，所以把它的名称改一下，也许更彻底。无论如何，我们认为代表大会新通过的决议大大限制了在大会初期的一次会议上对《火星报》所表示的信任。”

马尔托夫同志和他的同事提出了一个确实值得注意而且在许多方面大有教益的**政治彻底性**问题。我已经援引过**大家**在批准《火星报》时说的那些话来回答了这一点（记录第349页，参看前面第82页）①。毫无疑问，我们在这里看到的是政治不彻底性表现得最明显的一个例子；至于表现了这种不彻底性的究竟是代表大会的多数还是旧编辑部的多数，请读者自己去判断吧。同时，我们还要请读者自己解决马尔托夫同志和他的同事提得正是时候的另外两个问题：（1）想把**代表大会**关于**选举负责人员参加中央机关报编辑部**的决定看做“限制了对《火星报》所表示的信任”，——这是**庸人**观点还是**党的**观点？（2）**旧《火星报》**是从什么时候起真

① 见本书第120—121页。——编者注

正**停止存在**的呢？是从我和普列汉诺夫两人开始编辑第 46 号的时候起呢,还是从旧编辑部多数开始编辑第 53 号时候起？如果说第一个问题是很值得注意的**原则问题**,那么第二个问题就是很值得注意的**事实问题**。

马尔托夫同志继续说:“既然现在已经决定要选举三个人组成的编辑部,我就要用本人和其他三个同志的名义声明,我们当中谁也不会参加这样一个新编辑部。至于我个人,我要补充说:如果某些同志真想把我的名字当做一个候选人列入这个‘三人小组’,那我只能把这件事情看做是对我的无端侮辱〈原文如此!〉。我这样说,是因为考虑到那些促使人们决定改变编辑部的情况。据说这样决定是因为存在某种‘摩擦’①,是因为旧编辑部没有工作能力,可是代表大会从一定意义上解决这个问题的时候,并没有向编辑部询问过这种摩擦,甚至也没有指定一个专门委员会提出关于它的工作能力问题。〈奇怪得很,少数派当中谁也没有想到建议代表大会“询问编辑部”或指定一个专门委员会！是不是因为在《火星报》组织分裂以后以及在马尔托夫和斯塔罗韦尔两位同志

① 马尔托夫同志大概是指波萨多夫斯基同志用过的“疙瘩”这个字眼而言。我再说一遍,波萨多夫斯基同志始终没有向代表大会说明**他**是指什么而言,而同样使用这个字眼的穆拉维约夫同志却说明,他指的是**在代表大会讨论中所表现出来的那些原则性的**疙瘩。读者一定记得,有四个编辑(普列汉诺夫、马尔托夫、阿克雪里罗得和我)参加过的**唯一**真正**原则性的**讨论就是关于党章第 1 条问题的讨论;马尔托夫和斯塔罗韦尔两位同志曾**用书面形式**抱怨说,人们把“莫须有的机会主义罪名”作为“改变”编辑部的理由之一。马尔托夫同志**在这封信中**认为“机会主义”同改变编辑部的计划有**明显的**联系,而他**在代表大会上**却只隐约地暗示“**某种摩擦**”。至于“莫须有的机会主义罪名”,他已经忘记了!

信中提到的谈判失败以后，这就没有益处了呢？〉在这种情况下，我不能不把某些同志以为我会同意参加这样改组后的编辑部的推测，看做是损害我的政治名誉……”①

我故意把这段话全部引下来，是为了让读者看看**在代表大会以后**十分流行的一种行为的标本和开端，对于这种行为，我们只能称之为**无谓争吵**。我在我的《给〈火星报〉编辑部的信》中已经使用过这个字眼，不管编辑部怎样感到不满，我不得不反复使用它，因为它无疑是个用得正确的字眼。有人以为无谓争吵一定是出于“卑鄙的动机”（如新《火星报》编辑部所推论的那样），这种想法是错误的。凡是稍微熟悉我们的流放生活和侨居生活的革命家，都一定看见过数十次无谓争吵的现象，当时由于“神经过敏”以及由于不正常的死气沉沉的生活条件，人们往往提出并且一再重复一些最荒谬的责难、猜疑、自责、“个人意气”等等。**不管这种无谓争吵表现得多么卑鄙**，但是没有一个明白事理的人一定要在这些

---

① 马尔托夫同志还补充说：“同意扮演这样的角色的恐怕只有梁赞诺夫，而不会是马尔托夫，至于马尔托夫，我想你们从他的工作就可以知道他的为人。”由于这是对梁赞诺夫的一种**个人**攻击，马尔托夫同志把这个声明收回了。可是，梁赞诺夫所以在代表大会上被当做一个普通名词来使用，决不是由于他的某些个人品质（这些个人品质是不应该涉及的），而是由于“斗争”社的**政治面貌**，由于它的**政治错误**。马尔托夫同志收回他所认为的或者他确实给人硬加上的个人侮辱，这样做是很好的，但是决不能因此忘记那些应当使**党**接受**教训**的**政治错误**。“斗争”社在我们代表大会上受到斥责，是因为它引起了“组织上的混乱”和“完全是由非原则性的考虑所产生的分散状态”（第38页，马尔托夫同志的发言）。**这样的**政治行为，不仅在党代表大会以前，在**普遍**混乱时期，当它还是在一个小组中表现出来的时候就完全应该受到谴责，而且**在**党代表大会**以后**，在混乱已被克服的时期，即使是由“《火星报》编辑部多数和‘劳动解放社’多数”表现出来的时候也完全应该受到谴责。

无谓争吵中寻找卑鄙的**动机**。只有用“神经过敏”才可以说明马尔托夫同志发言中的上述言论,即把谬论、个人意气、幻想出来的恐怖、笼络人心的行为、虚构出来的侮辱和诋毁等等搅成一团的言论。死气沉沉的生活条件在我们这里产生数以百计的无谓争吵,而一个政党假如不敢如实地说出自己的病,不敢进行严格的诊断和找出治病的办法,那它就不配受人尊敬了。

如果说从这一团糟的言论中可以提取什么原则性的东西的话,那么**势必**得出一个结论:“实行选举是同损害政治名誉毫不相干的”,“否认代表大会有权实行新的选举,有权对负责人员作某种变动,有权改组由它授予全权的委员会”,那就会把问题弄得**一塌糊涂**,而“马尔托夫同志在是否可以从原先的编委会中选举一部分成员问题上的观点,表现出**政治概念的极大的混淆**”。(这是我在代表大会上说的话,第 332 页)①

现在我不谈马尔托夫同志对于是谁提出三人小组计划这一问题所作的“个人”评论,而只谈一下他对于旧编辑部没有被批准这一事实所作的“政治”评价:“……现在发生的事件是代表大会后半期进行的那个斗争的最后一幕。〈对啊！但这后半期是从马尔托夫在党章第 1 条问题上被阿基莫夫同志紧紧控制的时候开始的。〉谁都知道,实行这种改革涉及的不是‘工作能力’问题,而是争取对于中央委员会的影响。〈第一,谁都知道,当时**既**涉及工作能力,**又**涉及中央委员会**人选**问题引起的意见分歧,因为提出“改革”计划时还**根本谈不上**这方面的意见分歧,当时我们和马尔托夫同志还一起选出巴甫洛维奇同志为编辑委员会第七个成员呢！

① 见《列宁全集》第 2 版增订版第 7 卷第 288、289 页。——编者注

第二，我们已经根据**文件**材料指明，当时的问题关系到中央委员会的**人选**，当时的问题归根到底是两个不同的名单：一个名单是格列博夫、特拉温斯基、波波夫，另一个名单是格列博夫、托洛茨基、波波夫。〉编辑部的多数已经表明他们不愿意把中央委员会变成编辑部的工具。〈开始唱起阿基莫夫的调子来了。任何一个党代表大会上的任何一个多数派在任何时候都会努力争取影响，以便借助于**多数**把这种影响在中央机关中**巩固起来**，但是人们把这个问题转移到**机会主义的诽谤**方面去，说什么变成**编辑部**的“工具”，变成编辑部的“简单**附属品**”，像同一个马尔托夫同志在晚些时候说的那样，第 334 页。〉因此才认为有必要减少编辑部成员人数〈!!〉。因此我也就不能加入这样一个编辑部。〈请注意一下“因此”二字。编辑部怎样**才能**把中央委员会变成附属品或工具呢？不是**只有**当编辑部在总委员会内拥有三票并且**滥用**这个优势的时候才会如此吗？这难道不是很明显的吗？同样，当选为第三个成员的马尔托夫同志随时都能阻止任何滥用职权的现象，并且**单单用自己的一票**就能消灭编辑部在总委员会内的任何优势，——这难道不也是很明显的吗？所以问题完全在于中央委员会的人选，而所谓变成工具和附属品的说法只不过是一种**诽谤**而已。〉我和旧编辑部的多数本来认为，代表大会将会结束党内的‘戒严状态’而奠定党内的正常秩序。但实际上戒严状态以及用来对付独立团体的非常法仍然存在，甚至变本加厉了。只有在保存旧编辑部的全体成员时，我们才能担保编辑部根据党章享有的那些权利不会使党受到危害……”

以上就是马尔托夫同志**第一次抛出“戒严状态”这个著名口号**的那段言论的全文。现在请看我对他的答复：

“……不过，在纠正马尔托夫所谓两个三人小组的计划是私人性质的这一声明时,我并不想因此否认同一个马尔托夫所说的我们所采取的、不批准旧编辑部这个步骤是具有‘政治意义’的说法。恰恰相反,我完全无条件同意马尔托夫同志的意见,即这个步骤具有重大的政治意义,——只不过不是马尔托夫所加给它的那种政治意义罢了。他说,这是为争取影响国内的中央委员会而进行斗争的一个行动。我比马尔托夫还更进一步。迄今为止,作为一个独立团体的《火星报》的全部活动,都是为争取影响而进行的斗争,但现在问题已经进了一步,已经是要在组织上巩固这种影响,而不只是为争取这种影响而斗争了。马尔托夫同志认为这样希望影响中央委员会是我的罪过,而我却认为我过去和现在力求通过组织途径巩固这种影响正是我的功劳,由此可以看出,我和马尔托夫同志在政治上的分歧已经深刻到什么程度了。原来我们是各说各的话。如果我们的全部工作、我们的一切努力的结果仍然是照旧为争取影响而斗争,而不是完全获得和巩固这种影响,那么这些工作、这些努力又有什么意思呢?是的,马尔托夫同志说得完全对:业已采取的步骤无疑是重大的政治步骤,说明我们选定了现在已经显露出来的方向之一作为我们党今后工作的方向。**‘党内戒严状态’、‘对付个别分子和独立团体的非常法’这些可怕的字眼,是一点也吓唬不了我的**。对那些不坚定的和动摇的分子,我们不仅可以而且必须实行‘戒严’,而我们的整个党章、我们现在已由代表大会批准的整个集中制,正是对政治上模糊不清的许多来源实行‘戒严’。为了对付这种模糊不清,我们正需要有特别的、哪怕是非常的法律,而代表大会所采取的步骤正确地规定了政治方向,给这样的法律和这样的措施打下了牢固的基础。”①

① 见《列宁全集》第2版增订版第7卷第290—291页。——编者注

这就是我在代表大会上所作的发言的提要，我在这个提要中加上着重标记的**一句话，是马尔托夫同志在他的《戒严状态》**（第16页）**中故意删掉了的**。他不喜欢这句话而且不愿意了解这句话的明显意义，那是毫不奇怪的。

马尔托夫同志，"可怕的字眼"一语意味着什么呢？

就是意味着**嘲笑**，嘲笑那些小题大做的人，嘲笑那些用装腔作势的空话把简单问题复杂化了的人。

唯一能够引起而且确实已经引起马尔托夫同志"神经过敏"的，**仅仅**是这样**一个**小小的简单事实，即马尔托夫同志**在代表大会上**在关于**中央机关人选**问题上**遭到了失败**。这一简单事实的政治意义在于，党代表大会的多数派在取得胜利以后就着手巩固自己的影响，方法就是在党的领导机关中也取得多数，建立起组织基础，以便根据党章同多数派认为是动摇性、不坚定性和态度模糊的东西作斗争①。在这种情况下怀着一种恐怖神情说什么"争取影响的斗争"，抱怨什么"戒严状态"，那只不过是**装腔作势的空话**，可怕的字眼罢了。

马尔托夫同志不同意这一点吗？那么他不妨告诉我们，世界上是否有过这样一种党代表大会，或者从根本上说是否可以设想会有这样一种党代表大会，在会上，多数派竟会不去努力（1）在中

① 火星派少数派的不坚定性、动摇性和态度模糊在代表大会上表现在哪里呢？第一，表现在他们在党章第1条问题上说的一些机会主义空话；第二，表现在他们和阿基莫夫同志以及李伯尔同志结成联盟，这种联盟在代表大会后半期发展得很快；第三，表现在他们竟把选举中央机关报负责人员的问题降低到宣扬庸俗观念，说些抱怨的话以至笼络人心的地步。在代表大会以后，所有这些可爱的品质更是大大发展，已经开花结果了。

央机关中也取得多数,(2)使这个多数拥有克服动摇性、不坚定性和态度模糊的权力,以此巩固已经赢得的影响呢?

在选举之前,我们代表大会必须解决一个问题:把中央机关报和中央委员会内**三分之一**的票数给党的多数派呢,还是给党的少数派?保留六人小组和通过马尔托夫同志所提的名单,就是给我们三分之一的票数,给马尔托夫同志的支持者三分之二的票数。选举中央机关报三人小组和通过我们所提的名单,就是给我们三分之二的票数,而给马尔托夫同志的支持者三分之一的票数。马尔托夫同志拒绝同我们妥协或作出让步,**并**在代表大会上**用书面形式**向我们提出挑战,而当他在代表大会上遭到失败时,他就哭泣和抱怨起"戒严状态"来了!难道这不是无谓争吵吗?难道这不又是知识分子脆弱性的表现吗?

说到这里,不能不令人想起考茨基不久以前从社会和心理特征角度对于这种知识分子脆弱性所作的精辟的论述。现在各国社会民主党往往患同样的病症,我们向更有经验的同志们学习正确的诊断和正确的治疗方法是很有好处的。因此,我们引证考茨基对于某些知识分子所作的评述,只是从表面上看才能说是离开本题。

"……现在关于**知识分子①和无产阶级之间的对抗**问题又使我们产生了很大兴趣。我的同事们〈考茨基本人是个知识分子,是个著作家和编辑〉多半会由于我承认有这种对抗而表示愤慨。但是这种对抗确实是存在的,这里也

---

① 我把德文 Literat, Literatentum 译为知识分子,知识界,因为德文 Literat, Literatentum 不只是包括著作家,而且包括一切受过教育的人,所有自由职业者,与体力劳动者相对的脑力劳动者(英国人称之为 brain worker)。

像在其他场合一样，如果企图用否认事实的办法来回避这种对抗，那是一种最不适当的策略。这种对抗是社会对抗，它表现在阶级上而不是表现在个别人物上。个别资本家以及个别知识分子是可能整个投身到无产阶级的阶级斗争中去的。在这种情况下，知识分子也就改变自己的性质。我在以下的叙述中谈的主要不是**这种**至今还是本阶级中例外现象的知识分子。在以下的叙述中，如果不作特别附带说明，**我所说的知识分子就仅仅是指一般的知识分子，他们是以资产阶级社会为立脚点的**，是知识分子**阶级**的典型代表。这个**阶级**同无产阶级之间是存在某种**对抗**的。

这种对抗和劳资对抗不同。知识分子不是资本家。诚然，他的生活水平是资产阶级的，并且他在没有变成游民以前不得不维持这种水平，但是同时他又不得不出卖自己的劳动产品，而且常常还要出卖自己的劳动力，他往往受到资本家的剥削和一定程度的鄙视。所以，知识分子同无产阶级在经济上是没有任何对抗的。但是他们的生活状况和劳动条件却是非无产阶级的，因此在情绪上和思想上也就产生某种对抗。

无产者作为孤立的个体等于零。他的全部力量，他的全部发展，他的一切希望和愿望，都来自**组织**，来自他和同志们的有计划的共同活动。当他成为强大有力的机体的一部分时，他就觉得自己是强大有力的。对他来说，这个机体就是一切，而单独的个体同这个机体比较起来是没有多大意义的。无产者作为无名群众的一分子以最大的自我牺牲精神进行着斗争，他毫不计较个人利益和个人荣誉，他在指定的任何岗位上都履行自己的职责，自愿地服从贯穿于他的全部情感和全部思想的纪律。

知识分子的情况则完全不同。他不是运用实力，而是利用论点来进行斗争。他的武器就是他个人的知识，个人的能力，个人的信念。他只有凭借自己的个人素质才能起一定的作用。因此，在他看来，个性的完全自由是顺利进行工作的首要条件。他作为某个整体的从属部分而服从这个整体是很勉强的，是迫于必要而不是出于本人心意。他认为纪律只有对群众才需要，对上等人物是不必要的，至于他自己，当然是属于上等人物……

……尼采的哲学主张超人崇拜，对这种超人来说，全部问题都在于保证他自己的个性得到充分发展，个人对任何伟大的社会目的的任何服从都是卑鄙可耻的，这种哲学正是知识分子世界观，它使知识分子根本不能参加无产阶级的阶级斗争。

除了尼采以外，易卜生可以说是符合知识分子情绪的知识分子世界观的另一位杰出代表。他的斯多克芒医生(《人民公敌》一剧中的人物)并不像许多人所认为的那样是个社会主义者，而是一个知识分子的典型，这种知识分子必然会同无产阶级运动、甚至任何人民运动发生冲突，如果他试图在运动中起作用的话。其所以如此，是因为无产阶级运动也和任何民主①运动一样是以尊重多数同志为基础的。斯多克芒这类典型的知识分子认为‘紧密的多数派’是应当被推翻的怪物。

……李卜克内西是社会主义运动所需要的理想的知识分子的榜样，他满怀着无产阶级的感情，他虽然是一个出色的作家，却完全没有知识分子所特有的心理特点，他心甘情愿地行进在普通士兵的行列之中，在指定给他的任何岗位上工作，使自己完全服从于我们的伟大事业，并鄙视按照易卜生和尼采精神教育出来的知识分子一处于少数地位就抱怨自己的个性受到压抑的那种颓丧的啜泣(Weichliches Gewinsel)。这里还可以举马克思为例，他从来不想突出自己，他在国际中不止一次地处于少数地位，每次他都模范地服从党的纪律。”②

马尔托夫及其同事们只是因为一个旧小组没有被批准就拒绝担任工作，抱怨人家用戒严状态和非常法来“对付独立团体”，这也正是处于少数地位的知识分子发出的那种颓丧的啜泣，当“南方工人”社和《工人事业》杂志被解散的时候，马尔托夫对这些独立团体并不关心，而当**他的**团体被解散时却关心起来了。

马尔托夫在我们党代表大会上③(尤其是在代表大会以后)滔滔不绝地对“紧密的多数派”首先发出种种抱怨、非难、暗示、斥

---

① 最能表明我们的马尔托夫分子把一切组织问题都弄得一塌糊涂的事实，就是他们在转到阿基莫夫方面和鼓吹**不适当的**民主的同时，却又**拼命反对民主选举编辑部**，即照大家原先计划的那样在**代表大会**上进行选举！先生们，也许这就是你们的**原则**吧？

② **卡尔·考茨基**《弗兰茨·梅林》，载于《新时代》第22年卷(1903)第1册第4期第99—101页。

③ 见代表大会记录第337、338、340、352页及其他几页。

责、造谣和诽谤，这也正是处于少数地位的知识分子发出的那种颓丧的啜泣。

少数派痛心疾首地埋怨紧密的多数派举行了自己的非正式会议。确实，少数派是需要用某种方法来掩盖一件对他们不愉快的事实的，这就是那些被少数派邀请参加少数派非正式会议的代表竟拒绝出席这种会议，而那些乐意参加这种会议的代表（叶戈罗夫们、马霍夫们、布鲁凯尔们），却由于少数派同他们在代表大会上作过斗争而不能邀请。

少数派痛心疾首地埋怨人家提出了“莫须有的机会主义罪名”。确实，少数派是需要用某种方法来掩盖一件不愉快的事实的，这就是**正是**那些时常跟着反火星派分子跑的**机会主义者**，而有一部分还是这些反火星派分子本身，组成了一个紧密的少数派，极力支持机关中的小组习气，言论方面的机会主义，党务方面的庸俗观念，知识分子的动摇性和脆弱性。

在下一节我们将要说明，如何解释在代表大会快结束时形成了“紧密的多数派”这一非常值得注意的**政治事实**，以及少数派为什么不顾一切挑战而一味小心翼翼地对多数派形成的**原因**和**经过**这个问题**避而不谈**。但是，让我们首先把我们对于代表大会讨论情况的分析告一段落吧。

在选举中央委员会时，马尔托夫同志提出了一个非常有代表性的决议案（第336页），我把这个决议案的三个基本点有时称为“三着致命棋”。这三点就是：（1）按照中央委员会候选人**名单**而不是按照单个候选人来进行表决；（2）在宣读名单以后，放过两次会议（大概是为了讨论）；（3）在没有绝对多数时，第二次表决就算是最后的表决。这个决议案是考虑得非常周密的策略（对于对手也要说句公道话呀!),这个策略是叶戈罗夫同志所不同意的(第337页),可是**如果崩得分子和工人事业派分子七个人不退出代表大会**,那么这个策略是**肯定**可以保证马尔托夫取得完全胜利的。所以采取这个策略,是因为火星派少数派方面不仅同崩得以及布鲁凯尔,**而且同叶戈罗夫们以及马霍夫们没有而且也不可能有**"直接协定"(而火星派多数派方面是有这种协定的)。

你们想必记得,马尔托夫同志在同盟代表大会上诉苦说,"莫须有的机会主义罪名"是以他和崩得订立直接协定为前提的。我再说一遍,这是马尔托夫同志因害怕而产生的想法,**正是叶戈罗夫同志不同意按名单进行表决**(叶戈罗夫同志"还没有失去自己的原则",大概就是那些使他在估计民主保证的绝对价值时同戈尔德布拉特打成一片的原则),**明显地**表明一件很重要的事实,当时**甚至同叶戈罗夫也谈不上什么"直接协定"**。但是同叶戈罗夫以及同布鲁凯尔的**联盟**在当时是可能有而且确实有过的,这里所谓联盟,就是说每当马尔托夫分子同我们发生严重冲突时,每当阿基莫夫及其伙伴必须**选择害处较少的办法**时,马尔托夫分子总是**保证能**得到叶戈罗夫和布鲁凯尔两个人的支持。**阿基莫夫和李伯尔两位同志一定会选择中央机关报六人小组,选择马尔托夫所提的中央委员会候选人名单**作为**害处较少的办法**,作为**使火星派的目的最难达到**的办法(见阿基莫夫关于党章第1条的发言以及他对马尔托夫所抱的"希望"),这从来都是毫无疑问的。按照名单进行表决,放过两次会议,以及重新进行表决,所有这些办法都是为了不用任何直接协定而又能以几乎是机械的准确性达到这种结果。

但是,我们的紧密的多数派仍然是紧密的多数派,所以马尔托夫同志的迂回办法也就不过是一种拖延手段,我们不能不拒绝这种办法。少数派曾用书面形式（在声明书中，第341页）抱怨这一点，“鉴于当时进行选举的那些条件”，**按照马尔丁诺夫和阿基莫夫两个人的先例拒绝参加表决**和选举中央委员会。在代表大会以后，这种抱怨选举条件不合常态的话（见《戒严状态》第31页）在党内数以百计的搬弄是非的人面前到处宣扬。但是，这里有什么**不合常态的地方呢**？是采取了由代表大会的议事规程事先规定的（第6条，记录第11页）而被可笑地说成是“虚伪”或“不公平”的秘密投票吗？是形成了被怯懦的知识分子看做“怪物”的紧密的多数派吗？或者是这帮高贵的知识分子怀着一种**不合常态的**愿望，想要**违背**他们自己在代表大会面前许下的承认大会一切选举（第380页，代表大会章程第18条）的**诺言**吗？

波波夫同志**巧妙地**暗示了这种愿望，他在进行选举的那天的代表大会上直截了当地问道：“既然有半数代表拒绝投票，主席团是否确信代表大会的决定是有效的和合法的呢？”①主席团当然回答说确信这一点，并提醒大家注意阿基莫夫和马尔丁诺夫两同志事件。马尔托夫同志赞成主席团的意见，并且直截了当地说波波夫同志弄错了，“**代表大会的决定是合法的**”（第343页）。请读者自己来评价这种（想必是非常合乎常态的）政治彻底性吧；关于这种彻底性，只要把**在党面前作的这个声明**同在代表大会以后干的事情以及在《戒严状态》中所说的“**还在代表大会上就已开始的党内半数的暴动**”（第20页）这种话对照一下，就可以看得很清楚了。阿基莫夫同志对马尔托夫同志抱的希望胜过了马尔托夫本人

① 见第342页。这是指选举总委员会的第五个委员而言。当时投了24张选票（总共有44票），其中2张是空白票。

的昙花一现的善良意图。

阿基莫夫同志,**“你胜利了”**!

*　　　*　　　*

著名的“戒严状态”一词现在已经永远具有一种令人啼笑皆非的意义了,至于它曾经是一个何等“可怕的字眼”,这可以从代表大会快**结束**时,即进行选举**以后**发生的表面上很小但是实质上很重要的几件事实来说明。马尔托夫同志现在极力宣扬这个令人啼笑皆非的“戒严状态”,煞有介事地自欺欺人,硬说他所臆造的这个稻草人的意思就是“多数派”对“少数派”进行了某种不正常的压迫、攻击和驱策。下面我们就会让大家看看代表大会**以后**的情况。但是,即使拿代表大会快结束时的情况来说,也可以看出,**在选举以后**,“紧密的多数派”不但没有压迫这些不幸的、被驱策的、被侮辱的、任人宰割的马尔托夫分子,反而**自动提议**(通过利亚多夫之口)把记录委员会中的**三个席位**分给他们**两个**(第354页)。拿策略问题和其他问题的决议案(第355页及以下各页)来说,也可以看出完全切实地讨论问题的情况,当时提出决议案的同志的署名往往表明,可怕的紧密的“多数派”和“被损害和被侮辱的”“少数派”是互相交替提出决议案的(记录第355、357、363、365、367页)。这难道像是“解除工作”以及别的什么“驱策”吗?

在讨论斯塔罗韦尔提出的关于自由派的决议案时发生了唯一值得注意的、但可惜太简短的实质性争论。这个决议案所以被代表大会通过,根据它的署名情况来看(第357页和第358页),是因为有三个“多数派”分子(布劳恩、奥尔洛夫、奥西波夫)既**赞成斯塔罗韦尔的决议案**,又赞成普列汉诺夫的决议案,因为他们并不认为两者有什么不可调和的矛盾。初看起来,这两个决议案之间没有不可调和的矛盾，因为普列汉诺夫的决议案是规定总的原则，是对**俄国资产阶级自由主义**表示一定的原则上和策略上的态度，而斯塔罗韦尔的决议案是企图规定**容许**同“自由派或自由主义民主派”**订立“暂时协定”的具体条件**。两个决议案的主题是不同的。但是，斯塔罗韦尔的决议案恰恰犯了**政治态度模糊**的毛病，因而是一个琐碎的决议案。它**没有规定俄国自由主义的阶级内容**，它没有指出代表这个自由主义的**一定的**政治派别，它没有向无产阶级说明他们对待这些一定派别的**基本**宣传鼓动任务，它把学生运动和《解放》杂志这两个不同的东西混为一谈（因为它患有态度模糊的毛病），它过分琐碎地烦琐地规定了容许订立“暂时协定”的**三个**具体条件。政治态度模糊在这种情况下也如同在其他许多情况下一样，导致了过分的烦琐。不谈总的原则而只是列举“条件”，结果就把这种条件规定得很琐碎，严格说来，是规定**错了**。下面我们就来看一看斯塔罗韦尔提出的三个条件吧：（1）“自由派或自由主义民主派”应当“明确而肯定地声明，他们在同专制政府斗争时将坚决站在俄国社会民主党方面”。自由派和自由主义民主派的区别在哪里呢？决议案并没有提供任何可用来回答这个问题的材料。区别不就在于自由派代表资产阶级中政治进步性最小的阶层的立场，而自由主义民主派则代表资产阶级和小资产阶级中政治进步性最大的阶层的立场吗？如果是这样，难道斯塔罗韦尔同志认为资产阶级中进步性最小的（但终究是有进步性的，否则就谈不上什么自由主义）阶层“将坚决站在社会民主党方面”是可能的吗？？这是荒谬的，即使这样一个派别的代表人物“**明确而肯定地声明这一点**”（这种假定是完全不可能的），我们无产阶级政党也**不应当相信**他们的声明。做一个自由主义者和坚决站在社会民主党方面,这两者是彼此不相容的。

其次,我们假定"自由派或自由主义民主派"会明确而肯定地声明,说他们在同专制制度斗争时将坚决站在**社会革命党人**方面。这种假定远不像斯塔罗韦尔同志的假定那样不可思议(因为社会革命党人是资产阶级民主主义的派别)。如果按照他那个意思模糊和内容烦琐的决议案观点,**在这种情形下是不允许**同这类自由派**缔结暂时协定的**。可是从斯塔罗韦尔同志的决议案中必然得出的这个结论,**是根本不正确的**。暂时的协定可以同社会革命党人缔结(见代表大会关于社会革命党人问题的决议),**因而**也可以同可能站到社会革命党人方面的自由派分子缔结。

第二个条件:如果这些派别"在自己的纲领中不提出同工人阶级利益和一般民主派利益相抵触或者模糊他们的意识的要求"。这里又犯了同样的错误:从来没有也不可能有什么自由主义民主派在自己的纲领中不提出同工人阶级利益相抵触的要求和不模糊他们的(无产阶级的)意识。甚至我国自由主义民主派中最民主的派别,即社会革命党人,在自己的纲领(它也像一切自由派的纲领一样混乱)中也提出了同工人阶级利益相抵触并且模糊他们的意识的要求。从这个事实可以得出的一个结论就是,**必须**"揭露资产阶级解放运动的局限性和不彻底性",但决不是不许缔结暂时的协定。

最后,斯塔罗韦尔同志的第三个"条件"(自由主义民主派应当把普遍、平等、秘密和直接的选举权作为自己的斗争口号),就其一般提法来说,也是**不正确的**。如果宣布任何情况下都不容许同那些以争取有资格限制的宪法即"残缺不全的"宪法作为口号的自由主义民主派缔结暂时的局部的协定,那**是不明智的**。其实,"解放派"先生们这一"派别"可以说就是这样的派别,但是事先禁止同那些甚至是最怯懦的自由派缔结“暂时的协定”，因而把自己的手脚束缚住，那就是患了同马克思主义原则不相容的政治近视病了。

总之，斯塔罗韦尔同志提出的而为马尔托夫同志和阿克雪里罗得同志签名赞成的决议案，是一个**错误的**决议案，第三次代表大会一定会采取明智的行动，撤销这个决议案。这个决议案，在理论立场和策略立场方面犯了**政治态度模糊**的毛病，在它所要求的实际“条件”方面犯了过分烦琐的毛病。它**混淆了下面两个问题**：(1)揭露**任何一个**自由主义民主派所固有的“反革命和反无产阶级的”特点，必须同这些特点**作斗争**；(2)规定同这些派别中任何一个派别缔结暂时的局部的**协定的条件**。这个决议案并没有做它应当做的事情(分析自由主义的阶级内容)，而做了它不应当做的事情(预先规定“条件”)。在党代表大会上规定这种暂时协定的具体“条件”，根本就是荒谬的，因为这时连具体的对方，即可能缔结这种协定的对象都不存在；即使有了这样的“对象”，也应当让党中央机关去决定缔结暂时协定的“条件”，就像代表大会对待社会革命党人先生们的“派别”问题时所做的那样(见阿克雪里罗得同志的决议案中由普列汉诺夫修正过的末尾一段，载于记录第362页和第15页)，那要更合理百倍。

至于“少数派”对普列汉诺夫决议案提出的异议，马尔托夫同志提出的唯一理由是：普列汉诺夫的决议案“是以必须揭露一个著作家这种浅薄的结论作结尾的。这岂不是‘拿斧头去砍苍蝇’吗？”(第358页)这个理由是用“浅薄的结论”这种尖刻的字眼掩盖思想的贫乏，是夸夸其谈的又一个实例。第一，普列汉诺夫的决议案是说要“向无产阶级揭露资产阶级解放运动的局限性和不彻底性的一切表现”。所以，马尔托夫同志所谓“全部注意力都要集中在一个司徒卢威,一个自由主义者身上"的论断(在同盟代表大会上所作的论断,记录第88页),纯粹是一句废话。第二,在说到同俄国自由派缔结暂时的协定的可能性时,把司徒卢威先生比做"苍蝇",就是为了使用尖刻的字眼而忽略一件基本的和明显的政治事实。不,司徒卢威先生不是一只苍蝇,而是一个政治人物,他所以是一个政治人物,不是因为他本人是什么了不起的大人物,而是因为他的立场是秘密活动界中唯一代表俄国自由派,代表多少有点活动能力和组织性的自由派的。所以,谈论俄国的自由派以及我们党对待他们的态度而不明确提到司徒卢威先生,不明确提到《解放》杂志,那就等于是说废话。也许,马尔托夫同志想要向我们指出俄国**有另一个——哪怕只是一个也好**——目前能多少同"解放"派相提并论的"自由派或自由主义民主派"吧?人们倒是很希望他能这样做!①

---

① 马尔托夫同志在同盟代表大会上反对普列汉诺夫同志的决议案时还提出这样一个理由:"反对这个决议案的主要理由,这个决议案的主要缺点,就在于它完全忽略了我们的义务是要在同专制制度的斗争中不回避同自由主义民主派缔结联盟。列宁同志也许要把这种倾向叫做马尔丁诺夫倾向。在新《火星报》上,这种倾向已经表现出来了。"(第88页)

这几句话内容实在太丰富了,可以说是一段难得的"妙语"集锦。(1)所谓同自由派**结成联盟**,这完全是把概念搞混乱了。马尔托夫同志,谁也没有说过要结成联盟,而只是说要缔结暂时的或局部的协定。这是有很大区别的。(2)如果普列汉诺夫在决议案中忽略了不可思议的"联盟"而只一般说到"支持",那么这不是该决议案的缺点,而正是它的优点。(3)马尔托夫同志是不是可以费点力气给我们解释一下"马尔丁诺夫倾向"的一般特征呢?他是不是可以给我们讲一下这些倾向同机会主义的关系呢?他是不是可以考察一下这些倾向同党章第1条的关系呢?(4)我实在急欲从马尔托夫同志那里听到"马尔丁诺夫倾向"在"新"《火星报》上究竟表现在什么地方?马尔托夫同志,请你赶快说出来,免得我等得着急吧!

科斯特罗夫同志拥护马尔托夫同志的意见，他说："司徒卢威的名字对于工人是毫无意义的。"这完全是（请科斯特罗夫同志和马尔托夫同志不要生气）阿基莫夫式的理由。这很像是关于无产阶级一词的所有格问题的议论[17]。

"司徒卢威的名字"（以及在普列汉诺夫同志的决议案中同司徒卢威先生的名字并提的《解放》这个名称）对什么样的工人是"毫无意义的"呢？对那些很少了解或者完全不了解俄国"自由派或自由主义民主派"的工人。试问，我们的党代表大会应当怎样对待这样的工人呢？是责成党员向这些工人说明俄国唯一确定的自由派呢，还是把某些工人由于不了解政治而不了解的名字**隐讳不谈**？如果科斯特罗夫同志跟着阿基莫夫同志走了第一步，而不愿意再跟着他走第二步，那他一定会按照前一种办法解决这个问题。如果他按照前一种办法解决这个问题，他就会知道，他当时所持的理由多么站不住脚。**无论如何**，普列汉诺夫的决议案中提到的"司徒卢威"和《解放》字样，要比斯塔罗韦尔的决议案中所讲的"自由派和自由主义民主派"字样**能给**工人多好多倍的东西。

现在俄国工人只有通过《解放》杂志才能切实了解我国自由派比较坦率表现出来的政治倾向。在这方面，合法的自由主义出版物因为它的态度模糊而毫无用处。我们应当尽可能努力（并在尽可能多的工人群众面前）运用自己的批判的武器反对解放派，使俄国无产阶级在即将到来的革命中，能用真正的武器的批判来制止解放派先生们必然想削弱革命的民主性质的企图。

除了我上面指出的叶戈罗夫同志对于我们"支持"反政府运动和革命运动的问题表示"大惑不解"以外，对于决议案的讨论并

没有提供什么值得注意的材料,甚至可以说没有进行什么讨论。

代表大会结束时,主席简短地提醒说,代表大会的决议全体党员都必须执行。

（十四）代表大会上斗争的一般情况。党内的革命派和机会主义派

代表大会的讨论情况和表决情况已经分析完了，现在我们应当作个总结，以便根据代表大会的**全部**材料来回答一个问题：在选举过程中我们看到的并且在一段时间内成为我们党内基本划分的最后的多数派和少数派，是由哪些人、集团和色彩组成的呢？必须把代表大会的记录所提供的关于原则上、理论上和策略上的各种色彩的丰富材料拿来作个总结。如果不作总的“概括”，如果不把整个代表大会以及在表决时一切最主要的派别划分情况作一个全面的观察，这些材料就会始终是一些支离破碎的材料，这样，乍看起来，特别是在那些不愿意费点气力从各方面独立地**研究**代表大会记录的人（肯下这种工夫的读者能有多少呢？）看来，某些派别划分就好像是偶然产生的。

在英国议会报告中时常看到一个有特色的字眼 division（划分）。人们在谈到对于某个问题的表决情况时，就说议院“划分”成了这样那样的多数派和少数派。我们社会民主党的议院在代表大会讨论的各种问题上形成的“划分”，也给我们描绘出一幅反映党内斗争、党内各种色彩和集团的**独特的、十分完备而准确的**图画。为了使这幅图画一目了然，为了得到一幅真实的**图画**，而不是

一堆没有内在联系的、支离破碎的事实和细节,为了结束关于个别表决的永无休止的毫无意义的争论(谁投了谁的票,谁支持过谁?),我决定用**图表**形式表明我们代表大会上**所有**各类**基本的**"划分"。这样的方法大概会使许多人觉得奇怪,但是我觉得恐怕很难找到别的什么办法来进行真正的尽可能完备而准确的概括和总结。某个代表是投票赞成某个提案,还是反对某个提案,这在实行记名投票时是可以绝对准确地弄清楚的,至于某些重要的无记名投票,也可以根据记录作出一个相当可靠、十分接近真实情况的判断。所以,如果对**所有**记名投票和所有涉及比较重要(例如,可以就讨论的详细程度和热烈程度来看)问题的无记名投票都考虑在内,就可以把我们党内斗争情况作一个根据现有材料可能做到的最客观的描写。并且我们不准备作照相式的描写,也就是说,我们不去单独描写每一次表决,而是设法勾画出一幅反映所有**各类**主要表决情况的图画,而撇开那些比较次要的、只能使问题模糊不清的细枝末节。在任何情况下,每个人都可以根据记录检查我们图表中的每一个线条,并且用任何一次个别的表决来加以补充,总之,可以对它进行批评,——不仅可以用提出意见、表示怀疑和指出个别偶然事件的方法,也可以用根据同样的材料绘出**另一幅图画**的方法。

在把每一个参加投票的代表列在图表中时,我们将以特别的线条标出我们在代表大会整个讨论过程中详细考察过的四个基本集团,即:(1)火星派多数派,(2)火星派少数派,(3)"中派",(4)反火星派。这些集团在原则色彩上的区别,我们已经**从许多例子中**看到了,如果有人因这些集团的名称太使爱曲折前进的人联想到《火星报》组织和《火星报》方针而不喜欢这些**名称**,那么我们要向他们指出,问题不在于名称。现在,我们已经根据代表大会的一

切争论考察了各种色彩，也就容易用表述**各个集团色彩的实质**的评语来代替那些已经用惯和听惯的党内的名称（使某些人听来刺耳的名称）。如果这样做，我们就可以看到这四个集团的名称如下：(1)彻底的革命社会民主党人；(2)小的机会主义者；(3)中等的机会主义者；(4)大的（按照我们俄国的尺度来讲是大的）机会主义者。但愿那些近来公然说"火星派分子"这个名称只是指一个"小组"而不是表明一种**方针**的人听到这些名称时不太感到刺耳吧。

现在我们就来详细说明这张图表上（见《代表大会上斗争的一般情况》图表）"拍摄了"哪几类表决情况。

代表大会上斗争的一般情况

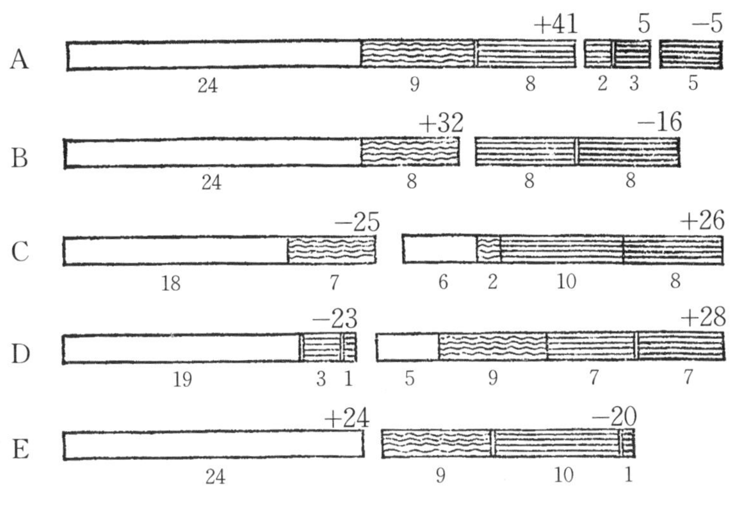

图表上附有"+"号和"−"号的数字，是表示对于某个问题投票**赞成**或**反对**的总票数。框框下面的数字，是表示四个集团中每个集团的票数。从A到E各类分别包括哪些表决，将在正文中加以说明。

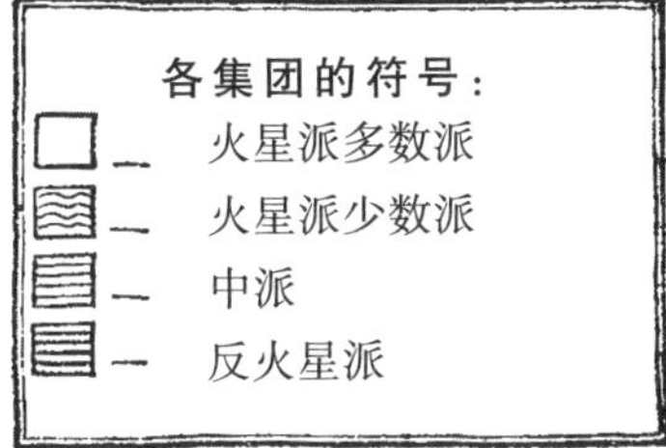

第一类表决（A）包括的是，"中派"同火星派一起反对反火星派或其中一部分人。属于这类表决的有关于整个党纲的表决（除了阿基莫夫同志一人弃权以外，其余的人都赞成），关于反对联邦制的原则性决议的表决（除了五个崩得分子以外，所有的人都赞成），关于崩得章程第2条问题的表决（反对我们的有五个崩得分子，弃权的有五票，即马尔丁诺夫、阿基莫夫、布鲁凯尔以及拥有两票的马霍夫，其余的人都赞成我们）；**这次表决也就是图表A中所表明的**。其次，关于批准《火星报》为党中央机关报问题的**三次**表决，也属于这一类表决；编辑部（五票）弃权，有两票（阿基莫夫和布鲁凯尔）在所有三次表决中都投反对票；此外，在表决批准《火星报》的**理由**时，有五个崩得分子和马尔丁诺夫同志弃权。①

这一类表决回答了一个非常值得注意的重要问题：代表大会的"中派"是在什么时候跟火星派一道走的呢？或者是在**反火星派也跟我们一道走**的时候，这里只有很少的例外情况（通过党纲，不问理由如何而批准《火星报》），或者是在仅限于作一些**声明**而不必直接采取一定的政治立场的时候（承认《火星报》的组织工作而不必对个别集团切实地实现《火星报》的组织政策；否决联邦制而不妨碍在讨论联邦制的具体草案问题时弃权，例如马霍夫同志就有过这种例子）。我们在上面一般谈到代表大会上派别划分的意义时，已经看见这个问题在正式《火星报》的正式说明中解释得

① 为什么特别要把关于崩得章程第2条问题的表决描绘在图表上呢？因为关于承认《火星报》问题的表决是不很完备的，而关于党纲和联邦制的表决又涉及到不很确定的具体的政治决议。一般说来，从一批**同类性质的**表决中挑出这次还是那次表决作典型，一点也不改变图画的基本特点，这是每个作出相应的变更的人都很容易理解的。

很不正确，正式的《火星报》（以马尔托夫同志为代言人）**拿有时反火星派也跟我们一道走作借口来抹杀和模糊**火星派和“中派”之间的区别，彻底的革命社会民主党人和机会主义者之间的区别！甚至德法两国社会民主党内最“右的”机会主义者，也不会在**承认整个党纲**这样的问题上投反对票。

第二类表决（B）包括的是，彻底的火星派和不彻底的火星派共同反对所有反火星派和整个“中派”。这类表决主要涉及的问题是，实现《火星报》政策的某种具体计划，即**在事实上而不只是在口头上**承认《火星报》。属于这一类的，有**组委会事件**①，把崩得在党内的地位问题提到议事日程首位，解散“南方工人”社，关于土地纲领的两次表决，以及第六，**反对**国外俄国社会民主党人联合会（《工人事业》杂志）的表决，即承认同盟为党在国外的唯一组织的表决。在这里同革命社会民主党坚持原则的彻底政策对抗的，是党成立以前的那种旧的小组习气，机会主义的组织或小集团的利益，以及对于马克思主义的狭隘理解。火星派少数派在许多场合，在许多极重要的（从组委会、“南方工人”社以及《工人事业》杂志的观点看来极重要的）表决中，还是跟我们一道走的……当时

---

① 我们在图表B类列出的正是这次表决：当时火星派有32票，赞成崩得分子的决议案的有16票。我们要指出，在这类表决中**没有一次是记名**投票。能指明代表划分情况的只有以下两种大概相当接近实际情况的材料：（1）在讨论时，火星派中两个集团的发言人都表示赞成，反火星派和中派的发言人则表示反对；（2）表示“**赞成**”的票数始终很接近33票的数字。同时不要忘记，在分析代表大会上的讨论情况时，我们除了指出表决情况之外，还指出了“中派”同反火星派一起（即同机会主义者一起）反对我们的**许多**场合。属于这种场合的，有民主要求的绝对价值问题，支持反政府派问题，限制集中制问题等等。

问题还没有涉及到**他们自己的**小组习气、他们自己的不彻底性。这一类“划分”明显地表明,在关于实现我们的原则的许多问题上,**中派是跟反火星派一道走的**;他们接近反火星派比接近我们的程度大得多;他们**在事实上**倾向于社会民主党**机会主义派**比倾向于社会民主党**革命派**的程度大得多。那些虽然**叫做**“火星派”但是以**成为**火星派为可耻的人暴露出自己的本性,而不可避免的斗争引起不少的愤怒,结果使那些思索力最差而感受力最强的人看不见这个斗争所暴露出来的各种原则的色彩的意义。但是现在,当斗争的热情已经稍微减退,许多激烈战斗情况的客观的摘要仍保留在记录上的时候,只有闭着眼睛的人才看不见马霍夫们和叶戈罗夫们同阿基莫夫们和李伯尔们的联合不是偶然的,而且也不可能是偶然的。马尔托夫和阿克雪里罗得只好回避全面而确切地分析记录,或是企图事后用各种**惋惜的**口吻来**改变**自己在代表大会上的行为。似乎用惋惜的口吻就可以消除观点上的区别和政策上的区别!似乎马尔托夫和阿克雪里罗得现在同阿基莫夫、布鲁凯尔和马尔丁诺夫结成联盟,就能迫使我们党——在第二次代表大会上恢复起来的党——忘记火星派在几乎整个代表大会期间同反火星派进行的斗争!

代表大会上第三类表决包括的是,图表五部分中的后三部分(即C、D、E),其特征就是**一小部分火星派分子脱离出去而转到反火星派方面**,结果就使反火星派获得胜利(当他们还留在代表大会时)。为了十分确切地考察火星派少数派同反火星派结成的这一有名的**联盟**(在代表大会上一有人提起这个联盟就使马尔托夫歇斯底里地上书诉苦)的发展情况,我们把这类**记名**投票的所有三个基本类别都列举出来。**C类**是关于语言平等问题的表决(这里列举的是对这个问题举行的三次记名投票中最完全的最后一次表决）。整个反火星派和整个中派都联成一气竭力反对我们，同时火星派方面又有多数派的一部分人和少数派的一部分人脱离出去。**当时还看不出，哪些火星派分子同代表大会上的机会主义"右派"能结成牢固持久的联盟**。其次，**D类**是关于党章第1条的表决（这里举出的是两次表决中比较明确的，即没有一个人弃权的那次表决）。这时，**这个联盟表现得更明显，结合得更牢固了**①：火星派少数派已经**全体**站在阿基莫夫和李伯尔方面，火星派多数派中只有很小一部分人站在他们方面，这一小部分抵消了当时转到我们方面的三个"中派"分子和一个反火星派分子。只要看一看图表就可以知道，究竟哪些分子是偶然和暂时地时而转到这边，时而又转到那边；哪些分子又是**一往直前地同阿基莫夫们结成牢固的联盟**。根据最后一次表决（E类是中央机关报、中央委员会以及党总委员会的选举），即**表明最终地分为多数派和少数派的那次表决**，显然可以看出火星派少数派同整个"中派"以及反火星派**残余**完全打成一片了。这时八个反火星派分子当中留在代表大会上的已经**只有**布鲁凯尔同志**一人**了（当时阿基莫夫同志已经向布鲁凯尔说明了自己的错误，于是布鲁凯尔就在**马尔托夫分子**当中占了应有的地位）。七个**极"右派"机会主义者**退出

① **从各种迹象可以看出**，属于这一类的还有**关于党章的四次表决**：在第278页载明，赞成佛敏的有27票，赞成我们的有21票；在第279页载明，赞成马尔托夫的有26票，赞成我们的有24票；在第280页载明，反对我的有27票，赞成我的有22票。在同一页载明，赞成马尔托夫的有24票，赞成我们的有23票。这是我在前面提到的关于中央机关成员增补问题的表决。没有载明记名投票（只举行过一次，但是记录已经遗失了）。崩得分子（全部或者一部分）显然是**援救了**马尔托夫。马尔托夫（在同盟中）对这类表决所作的错误的论断，已在上面纠正了。

大会,决定了选举的命运,使马尔托夫遭到了失败。①

现在我们就根据**各类**表决的客观材料给代表大会作一个总结。

人们往往说我们代表大会上形成的多数派带有“**偶然**”性质。马尔托夫同志在他的《又一次处在少数地位》中就是拿这个作为唯一的理由来安慰自己的。从图表中可以明显地看出,说多数派是偶然现象,在**一个意义上**,而且只是在一个意义上,即在断定七个极“**右派**”机会主义分子是**偶然**退出代表大会的意义上,才能这样说。他们退出大会有多大偶然性,我们成为多数派**也就有多大**偶然性(一点也不多)。只要看一看图表,就能比阅读任何长篇大论的文章更清楚地知道,这七个人会站在哪一边,**一定会**站在哪一边。② 但是,试问在多大程度上可以真正认为这七个人的退出是偶然的呢?对于这个问题,那些爱说多数派是“偶然”的人是不愿意理会的。这是一个使他们不愉快的问题,退出代表大会的是我们党的**右**派中的最激烈分子而不是**左**派中的最激烈分子,难道这是偶然的吗?退出代表大会的是**机会主义者**而不是彻底的**革命社会民主党人**,难道这是偶然的吗?这种“偶然”退出,难道不是同在整个代表大会期间进行的并且在我们图表中十分明显表现出来的反对机会主义派的斗争有某种联系吗?

---

① 退出第二次代表大会的七个机会主义者,包括五个崩得分子(崩得是在第二次代表大会否决了联邦制原则以后退出党的)和两个“工人事业派分子”,即马尔丁诺夫同志和阿基莫夫同志。这两个人是在代表大会**只**承认火星派的同盟为党的国外组织以后,即在代表大会把工人事业派的国外俄国社会民主党人联合会解散以后退出代表大会的。(这是作者为 1907 年版加的注释。——编者注)

② 我们在下面就会看到,**在**代表大会**以后**,阿基莫夫同志以及同阿基莫夫同志最**亲近的**沃罗涅日委员会,都是公然对“**少数派**”表示同情的。

只要提出这些使少数派不愉快的问题，就可以看出，硬说多数派是偶然这种话是要**掩盖**什么事实。这是一个毫无疑问和不容争辩的事实，即**少数派是由我们党内最有机会主义倾向的党员组成的**。少数派是由党内那些在理论上**最不坚定**、**在原则上最不彻底的**分子组成的。少数派正是由党内的**右派**组成的。多数派和少数派的划分，是社会民主党划分为革命派和机会主义派，划分为山岳派和吉伦特派[18]的直接的必然的继续，这种划分不是在昨天才出现，也不只是在俄国工人政党内出现，大概也不会在明天就消失。

这个事实，对于弄清分歧的原因及其发展的问题有非常重要的意义。谁企图用否认或者模糊代表大会上发生的斗争以及这个斗争表现出来的各种原则色彩的方法来**回避**这个事实，谁就完全证明自己在思想上和政治上是贫乏的。而要**推翻**这个事实，就必须证明：**第一**，我们党代表大会上各次表决和“划分”的一般情况并不像我描写的那样；**第二**，**按照**代表大会发生“划分”的一切问题的**实质**来说，那些在俄国博得火星派称号的最彻底的革命社会民主党人**是错误的**。① 先生们，请给我们证明这一点吧！

---

① 这是供马尔托夫同志参考的注。如果马尔托夫同志现在已经忘记**火星派分子**一语是表示**一个方针的拥护者**，而不是表示**一个小组的成员**，那么我们劝他看看代表大会的记录中托洛茨基同志就这个问题向阿基莫夫同志作的说明。代表大会上有三个小组（和党相对而言）——“劳动解放社”，《火星报》编辑部，《火星报》组织——是火星派的**小组**。这三个小组中有两个小组很明智，它们自行解散了；第三个小组则表现得党性不够，于是就被代表大会解散了。最广泛的一个火星派的小组，即《火星报》组织（它既包括编辑部又包括“劳动解放社”），在代表大会上共有16个人，其中**只有11个人**有表决权。那些只**在方针上**是火星派而不属于任何一个火星派“小组”的人，据我计算，在代表大会上有**27个**，**一共拥有33票**。这就是说，火星派中属于火星派**小组**的**不到半数**。

少数派是由党内最带机会主义性质、最不坚定和最不彻底的分子组成的，这个事实也就回答了那些不熟悉实际情况或者对问题考虑很差的人向多数派提出的那些怀疑和异议。有人对我们说，把马尔托夫同志和阿克雪里罗得同志的小错误看成**分离**的原因，这不是太琐碎了吗？是的，先生们，马尔托夫同志的错误本来是不大的（还在代表大会激烈进行斗争的时候，我就指出了这一点），可是这个小错误**可能**产生（**而且已经产生了**）许多恶果，因为那些犯了**许多错误**、在许多问题上表现了机会主义倾向、不坚持原则的代表把马尔托夫同志拉到自己方面去了。马尔托夫和阿克雪里罗得两个同志表现得不坚定，本来是一件属于个人性质的不重要的事实，但是**所有一切**最不坚定的分子，**所有一切**根本不承认《火星报》方针并公然反对这个方针，或者口头上承认而实际上却往往跟反火星派一道走的人，组成了一个很大的少数，这就不是属于个人性质的，而是有**全党意义的**事实了，就**不全然是**一件**不重要的**事实了。

把《火星报》旧编辑部这样一个小组中充满顽固的小组习气和革命庸俗观念的事实**看成**分离的原因，这是不是可笑呢？不，这没有什么可笑的，因为**起来**维护**这种独特的**小组习气的是**我们党内所有**在整个代表大会期间都**为维护任何小组习气**而斗争的**分子**，所有**根本不能超出**革命庸俗观念的分子，所有借口庸俗观念和小组习气的祸害具有“历史”性而为之辩解和加以维护的分子。狭隘的小组利益如果只在《火星报》编辑部一个小组中比党性占上风，那也许还可以认为是偶然现象。但是竭力维护这种小组习气的是同样（也许是更加）重视有名的沃罗涅日委员会[19]的“历史继承性”以及所谓彼得堡“工人组织”[20]的“历史继承性”的阿基莫夫和布鲁凯尔之类的同志，像哀悼旧编辑部"被谋害"那样痛心地（也许更加痛心地）哀悼《工人事业》杂志"被谋害"的叶戈罗夫之类的同志，以及马霍夫之类的同志等等，等等，这就不是偶然的了。常言说得好：你告诉我，你同谁相识，我就能告诉你，你是什么人。你告诉我，谁是你的政治同盟者，谁投票赞成你，我就能告诉你，你的**政治面貌**是怎样的。

马尔托夫同志和阿克雪里罗得同志的小错误，如果它还没有成为他们同我们党内整个机会主义派结成**牢固的联盟**的出发点，如果它还没有由于这个联盟而使机会主义**死灰复燃**，使所有那些受到《火星报》反对而**现在**以拿彻底的革命社会民主党人**出气**为最大快乐的人**进行报复**，那么这仍然是而且可能始终是一个**小**错误，但是代表大会以后发生的事件，恰恰造成了这样的情况：在新《火星报》上我们确实看到机会主义在死灰复燃，阿基莫夫们和布鲁凯尔们在进行报复（见沃罗涅日委员会的传单①），马尔丁诺夫们兴高采烈，因为他们终于（终于啊！）能够把可恨的《火星报》这可恨的"敌人"踢上几脚，以报复过去受的所有一切委屈了。这特别明显地告诉我们，多么需要"恢复《火星报》旧编辑部"（摘自斯塔罗韦尔同志1903年11月3日的最后通牒），以保持《火星报》的"继承性"……

代表大会（以及党）划分为左派和右派，划分为革命派和机会主义派的事实本身，不仅没有什么可怕，没有什么危险，而且甚至也没有什么不正常的。恰恰相反，俄国（而且不仅是俄国）社会民主主义运动最近十年的历史，必然地、不可避免地导致这样的划

① 见本书第224—225页。——编者注

分。至于形成这种划分的根据是右派所犯的许多很**小的**错误,很次要的(比较来说)意见分歧,这个情况(这个使从表面看问题的人和头脑庸俗的人感到惊奇的情况)却表明**我们全党向前迈进了一大步**。从前我们往往因为大问题而发生分离,这些大问题有时甚至可以造成分裂;现在我们在一切重大问题上都已经趋于一致了,现在我们只有**色彩上**的区别,为了这些色彩可以**而且应当**进行争论,但是,因此而发生分离,就未免荒谬和幼稚了(正如普列汉诺夫同志在《不该这么办》这篇很有意义的文章中完全正确地指出的那样,这篇文章我们下面还要谈)。**现在**,当少数派**在代表大会以后的无政府主义行为**几乎使党陷于分裂时,经常可以看到这样一些聪明人,他们说:为了组委会事件、“南方工人”社或《工人事业》杂志的解散、党章第1条、旧编辑部的解散等等这一类小事情,究竟是不是值得在代表大会上进行斗争呢?谁这样说①,谁就是把小组观点带到党的事业中,因为党内**各种色彩**之间的斗争,当它还没有导致无政府状态和造成分裂的时候,当它还是在全体同志和全体党员一致承认的**范围内**进行的时候,**是不可避免的而且**

---

① 说到这里,我不能不想起我在代表大会上同“中派”某一个代表的谈话。他向我抱怨说:“我们的代表大会充满了多么沉重的气氛啊!这是残酷的斗争,这是鼓动互相反对,这是激烈的论战,这是非同志式的态度啊!……”我回答他说:“我们的代表大会太好了!公开地、自由地进行斗争。各种意见都得到发表。各种色彩都暴露出来。各种集团都显现出来。手举过了,决议通过了。一个阶段度过了。前进吧!——这一切太好了。这才是生活。这并不是知识分子那种无休无止的讨厌的无谓口角,他们停止这种无谓口角,并不是因为他们已经解决了问题,而只是因为他们说得疲倦了……”

这位“中派”同志用大惑不解的目光看着我,耸了耸肩膀。我们没有共同的语言。

是必要的。而**我们在代表大会上**同党的右派，同阿基莫夫和阿克雪里罗得，同马尔丁诺夫和马尔托夫进行的**斗争，是绝对没有超出这个范围的**。只要列举两件事就可以确凿地证明这一点：（1）当马尔丁诺夫同志和阿基莫夫同志要退出代表大会时，**我们大家都决心**尽力排除所谓“侮辱”的想法，**我们大家通过了**（以32票通过）托洛茨基提出的决议案，这个决议案劝这两位同志对所作的解释表示满意而收回他们的声明。（2）当后来进行中央机关的选举时，我们允许代表大会的少数派（或机会主义派）**在两个中央机关中占有少数席位**：让马尔托夫加入中央机关报，让波波夫加入中央委员会。既然我们还在代表大会以前就决定选举两个三人小组，从党的观点来看，我们也就**不能**有别的做法了。**如果说代表大会上暴露出来的色彩上的区别不大**，那么我们从这些色彩斗争中作出的**实际**结论也是**不大**的，因为这个结论**只不过**是说两个三人小组中**三分之二**的席位应当给党代表大会的**多数派**。

只是由于党代表大会上的少数派**不同意**成为**中央机关中的少数**，那些遭到失败的知识分子才始则发出“颓丧的啜泣”，随后又从事**无政府主义的空谈**和无政府主义的行动。

最后，我们要再一次从中央机关组成问题的角度看一看图表。很自然，**除了**色彩问题**以外**，代表们在进行选举时还要考虑某某人**是不是适当**、工作能力强不强等问题。现在少数派总想把这两个问题混为一谈。这两个问题各不相同，这是不言而喻的，从一件简单的事实也可以看出这一点：选举中央机关报**最初的**三人小组的计划，**在代表大会以前**，即当马尔托夫和阿克雪里罗得同马尔丁诺夫和阿基莫夫的联盟还是谁都料想不到的时候就已经拟定好了。对于不同的问题，应当用不同的方法来回答。对于色彩问题，应当在**代表大会的记录**中,在所有一切问题的**公开**讨论和表决情况中去找答案。关于**某人**是不是适当的问题,大家在代表大会上一致决定用**秘密投票**来解决。为什么**整个代表大会一致**通过了这样的决定呢?——这是一个十分浅显、无须多谈的问题。但是,少数派(当他们在选举中遭到失败以后)甚至连浅显的道理也开始忘记了。我们听到无数激昂慷慨、兴奋欲狂的拥护旧编辑部的话,但是关于**代表大会上**那些同拥护六人小组和拥护三人小组的斗争有关的不同色彩,我们却**丝毫**也没有听到什么。我们从各个角落听到所谓选入中央委员会的人没有工作能力、不适当、心怀叵测等等流言蜚语,但是关于**代表大会上**那些为取得中央委员会中的优势而斗争的不同色彩,我们却**丝毫也**没有听到什么。我觉得,**在代表大会外面**散布关于个人品质和行动的流言蜚语,是不体面的和卑鄙的(因为这些行动百分之九十九都是只能向党的最高机关宣布的组织秘密)。用**这种流言蜚语在代表大会以外**进行斗争,我认为,这就是**诽谤行为**。对于这些流言蜚语,我能给予公众的唯一回答就是指出代表大会上的斗争情况。你们说,中央委员会是由不大的多数派选举出来的。这是事实。但是这个不大的多数派是由一切不是口头上而是事实上最彻底地为实现火星派计划而斗争的人组成的。因此,这个多数派**道义上的**威信比它**形式上的**威信要高得多,——对于那些把《火星报》**方针**的继承性看得比《火星报》某个小组的继承性更重要的人说来要高得多。谁**更有资格判断**某人是不是适于实行《火星报》的政策呢?是那些在代表大会上贯彻这种政策的人呢,还是那些往往反对这种政策而维护一切落后性、一切无用的东西以及一切小组习气的人?

（十五）代表大会以后。两种斗争方法

以上我们已经把代表大会上的讨论情况和表决情况分析完毕，这种分析对于**代表大会以后发生的一切情况**，已经作了溯本求源(in nuce)的说明，所以对于我们党内危机的以后各个阶段也就可以谈得简短一些了。

马尔托夫和波波夫拒绝选举，立刻就使党内各种色彩之间的党的斗争掺进一种**无谓争吵的**气氛。格列博夫同志不相信落选的编辑真想**转到**阿基莫夫和马尔丁诺夫方面去，认为问题主要是由于激动情绪造成的，所以他在代表大会闭幕以后第二天就向我和普列汉诺夫提议和平了结，把所有四个人都“增补”进去，条件是保证编辑部有代表参加总委员会（即两个代表中一定有一个代表属于**党的**多数派）。这个条件在普列汉诺夫和我看来是合理的，因为如果他们同意这个条件，就等于说他们**默认自己在代表大会上犯了错误**，就等于说他们愿意和平而不愿意战争，愿意同我和普列汉诺夫接近，而不去同阿基莫夫和马尔丁诺夫接近，不去同叶戈罗夫和马霍夫接近。于是，“增补”方面的让步就带有**个人的**性质，而为平息激动情绪和恢复和平作出个人性质的让步，是不应当拒绝的。因此我和普列汉诺夫就表示同意了。但是编辑部的多数拒绝这个条件。**格列博夫离开了**。于是我们就等着看事情究竟如何发展:是马尔托夫坚持他在代表大会上(在**反对**中派代表波波夫同志时)所采取的忠诚立场,还是他所追随的那些不坚定的、倾向分裂的分子占上风。

二者必居其一:或者是马尔托夫同志想把自己在代表大会上的“联盟”当做个别的政治事实(正像倍倍尔在1895年同福尔马尔的联盟是个别事实一样——如果可以以小比大的话),或者是他想把这个联盟**巩固起来**,竭力证明**我和普列汉诺夫**在代表大会上犯了错误,因而使他自己成为我们党内机会主义派的真正首领。换句话说就是:是无谓争吵还是进行党的政治斗争?我们三个人中间(代表大会闭幕以后第二天,中央机关的成员只有我们三个人在),格列博夫倾向于前一种,并且尽一切力量给吵架的儿童调解。倾向于后一种的是普列汉诺夫同志,他的态度称得上是十分坚决。我这一次扮演了“中派”或“泥潭派”的角色,力图采取说服方法。现在如果企图把口头上的说服重述一遍,那就等于干一件糊涂透顶的事情,所以我也就不去重蹈马尔托夫和普列汉诺夫两位同志的覆辙。但是我认为有必要从我给一位火星派“少数派”分子写的一份书面劝告中引证几段话:

“马尔托夫拒绝参加编辑部,他和党内的其他一些著作家拒绝撰稿,许多人拒绝为中央委员会工作,宣传抵制或消极反抗的思想,——所有这一切都必然会,甚至违反马尔托夫和他的朋友们的本意,造成党的分裂。即使马尔托夫会坚持忠诚的立场(他在代表大会上十分坚决地采取了这一立场),其他人也不会坚持,——而我所指出的结局将是不可避免的……

因此我常常问自己:究竟为什么我们要各奔东西呢?……我反复回想代表大会上的所有事件和印象,感到自己的行动常常过于激动，‘狂热’。如果说应当把当时的气氛、反应、责备和斗争等等自然引起的那些东西叫做过错，那我愿意向任何人认错。但是，现在当我冷静地观察已经达到的结果，观察通过狂热的斗争所实现的东西时，我根本看不出它们对党有任何危害的地方，对少数派有一丝一毫委屈或侮辱的地方。

当然，处于少数派的地位本身就不能不使人感到委屈，但是我坚决反对认为我们‘诋毁’了某某人，认为我们**想**侮辱或者贬低某某人这种看法。绝对没有这样的事。决不容许把政治上的分歧变成给对方加上所谓居心不良、行为卑鄙、要弄阴谋以及在日益明显的分裂气氛中越来越流行的各种美妙的罪名，用这些来说明发生的事情。决不容许这样做，因为这至少，说到底，是毫无道理的。

正像我同马尔托夫发生过几十次分歧一样，我在政治上（和组织上）同他发生了分歧。既然我在党章第1条问题上遭到失败，就不能不极力设法利用我（以及代表大会）所剩下的机会来取得补偿。一方面，我不能不设法争取有一个完全是火星派的中央委员会，另一方面，我不能不设法争取有一个三人编辑小组……　我认为**只有**这个三人小组才能成为负责的机关而不是一个充满小圈子习气的、散漫的小团体，才能成为唯一真正的中央机关，其中每个人可以随时从党的角度提出并坚持自己的观点，丝毫不掺杂其他成分，不考虑任何个人意气，任何委屈、退出等等。

在代表大会的种种事件以后，这个三人小组无疑把在一个方面反对马尔托夫的政治和组织路线合法化了。这是毫无疑问的。因此就要破裂吗？因此就要破坏党吗？？在游行示威问题上，马尔托夫和普列汉诺夫不是反对过我吗？在党纲问题上，我和马尔托夫不是反对过普列汉诺夫吗？任何三人小组中不总是有一方反对另一方的情况吗？如果火星派多数派无论在《火星报》组织内还是在代表大会上都认为马尔托夫的路线这一特别色彩在组织方面和政治方面是错误的,那么,企图用什么‘暗算’和‘挑唆’等等来解释这一点,岂不是愚蠢吗？用‘恶棍’来**辱骂**这个多数派而回避这一事实,岂不是愚蠢吗？

我再说一遍:我也同代表大会上的火星派多数派一样,深信马尔托夫采取了不正确的路线,认为必须予以纠正。由于这种纠正而觉得委屈,从而作出结论说受了侮辱等等,那是没有道理的。我们无论过去还是现在在任何问题上都没有‘诋毁’任何人,都没有解除任何人的**工作**。由于**没有进入中央机关**而搞分裂,这在我看来是一种不可思议的愚蠢行为。”①

我认为现在必须把我这个书面声明重复一遍,因为这个声明**确切地**表明,多数派极力想**一下子**划清一条界限,分清什么是由于抨击的激烈和“狂热”等等可能产生的(在激烈斗争中也是必然产生的)个人委屈和个人意气用事,什么是一定的政治错误、政治路线(同右派的联盟)。

从这个声明中可以看出,少数派的**消极反抗在代表大会闭幕以后就立即开始了**,因此我们马上警告说:这是**一个使党走向分裂的步骤**;这是根本同**在代表大会上表示忠诚的声明**相矛盾的;这只是**由于没有进入中央机关**(就是说由于落选)而要搞分裂,因为任

① 这封信是早在**9月间**(公历)写的(见《列宁全集》第2版增订版第44卷第217号文献。——编者注)。这里删掉了我认为与问题无关的一些话。如果收信人认为删掉的话恰恰是重要的,那他可以很容易地把删掉的地方补上去。顺便说一下。我要趁此机会讲清楚,我允许我所有的论敌公布我所有的私人信件,只要他们认为这样做对事业有好处。

何人在任何时候都没有想过要解除任何一个党员的**工作**；我们之间的政治分歧（这种分歧是不可避免的，因为究竟是马尔托夫在代表大会上的路线错误，还是我们在代表大会上的路线错误这个问题还没有弄清楚，还没有解决）开始**愈来愈变成**夹杂着谩骂、猜疑等等的**无谓争吵**了。

但是警告并没有起作用。少数派的行为表明，最不坚定和**最不重视党**的分子在他们中间占了上风。于是我和普列汉诺夫只好收回我们对于格列博夫的建议所表示的同意。既然少数派用自己的**行动**证明他们不仅在原则方面而且在**起码的党员忠诚态度**方面都是政治上不坚定的，那么所谓“继承性”的**话**又能有什么意义呢？普列汉诺夫比谁都更巧妙地嘲笑了那种十分荒唐的要求，即要求把公开说自己有愈来愈多的分歧意见的人“增补”到党的编辑部中去，让这些人占多数！在**新的**分歧还没有在刊物上向全党**讲清楚以前**，中央机关的党的多数派竟会自动把自己变成少数，世界上哪里有这样的事？让人们先把分歧谈出来吧，让党去讨论这些分歧的深度和意义吧，让党自己纠正自己在第二次代表大会上犯的错误吧，如果它确实犯了什么错误的话！**为了**一些尚未说明的分歧就提出这种要求，这本身就表明提出要求的人是十分不坚定的，表明他们是用无谓争吵来完全压倒政治分歧，表明他们既根本不尊重整个党，又根本不尊重本人的信念。世界上还没有过而且永远也不会有这样一种**有原则性信念的**人，他们在自己打算使之改变信念的机关里取得（**用非正式手续**）多数以前，竟然拒绝**进行**改变信念的**说服工作**。

最后，10月4日，普列汉诺夫同志宣称他要作**最后的**尝试来结束这种荒唐现象。召集了旧编辑部所有六个成员在一起开会，有一个新中央委员参加①。普列汉诺夫同志费了足足三个钟头证明,要求“增补”“少数派”四个人而“多数派”只两个人的做法是没有道理的。他提议**增补两个人**,以便一方面排除怕我们要“驱策”、压制、围困、处死、埋葬什么人的种种顾虑,另一方面则保障党的“多数派”的权利和阵地。**增补两个人的提议也被否决了**。

10月6日,我和普列汉诺夫给《火星报》全体原来的编辑以及撰稿人托洛茨基同志写了一封正式的信件,内容如下:

“尊敬的同志们:中央机关报编辑部对你们拒绝参加《火星报》和《曙光》杂志的工作不得不正式表示遗憾。虽然我们在党的第二次代表大会刚闭幕就邀请你们撰稿,之后又多次敦促,可是我们始终没有收到过你们任何一篇稿件。中央机关报编辑部声明,它认为你们拒绝撰稿不是由编辑部方面引起的。任何一种个人意气用事,当然都不应该成为你们参加党中央机关报工作的障碍。如果你们拒绝参加工作是由于你们和我们之间在观点上有某种分歧,那我们认为把这种分歧详细地说清楚对党是非常有益的。此外,我们还认为最好是尽快地在我们编辑的刊物上向全党讲清楚这些分歧的性质和深度。”②

读者可以看出,我们当时还完全不了解,“少数派”的行为主要是由于他们个人意气用事,还是由于他们希望给机关报(以及

① 除此以外,这个中央委员[21]还专门同少数派举行过几次个别谈话和集体谈话,驳斥过荒诞的谰言,并规劝他们不要忘记党员的义务。

② 在给马尔托夫同志的信中,还补充了一段关于一本小册子问题的话以及如下的话:“最后,为了事业的利益,我们再一次通知您,我们现在仍然准备增补您为中央机关报的成员,以便您有充分可能在党的最高机关正式申述和坚持自己的一切观点。”(见《列宁全集》第2版增订版第44卷第223号文献。——编者注)

党）提供**新的方针**，这新方针究竟是什么样的，内容究竟如何。我想，直到现在，即使指定70个学识渊博的注释专家根据无论多少文件和无论多少证据来阐明这个问题，他们也是永远弄不清这笔糊涂账的。无谓争吵的结子恐怕是永远也解不开的。要么把它斩断，要么把它撇开。①

接到我们10月6日的信以后，阿克雪里罗得、查苏利奇、斯塔罗韦尔、托洛茨基以及柯尔佐夫给我们写了一个两三行字的答复，说自从《火星报》转入新编辑部手里，他们就不参加《火星报》的任何工作了。马尔托夫同志比较爱说话，他赏赐了我们这样一封回信：

"致俄国社会民主工党中央机关报编辑部。尊敬的同志们：为了回答你们10月6日的来信，我特声明如下：你们曾向我们建议，让阿克雪里罗得、查苏利奇、斯塔罗韦尔和我参加编辑部，条件是我们要保证把列宁同志作为自己的'代表'选入总委员会。后来是什么原因促使你们收回这个建议的，对于这个问题，你们在10月4日由一名中央委员参加的会议上拒绝给予答复，因此我认为，在这次会议以后，我们之间已经用不着再来讨论在一个机关报内共同工作的问题了。既然你们在这次会议上一再拒绝说明你们自己当着见证人发表的声明，那我也认为不需要在给你们的信里说明在目前情况下我拒绝参加《火星报》工作的理由。如果必要的话，我将向全党详细说出这方面的意见；党已经可以从第二次代表大会的记录中看出，为什么我拒绝了你们现在又提出来的要我在编辑部和总委员会里占一个席位的建议……②

尔·马尔托夫"

这封信连同上述几个文件，对马尔托夫同志在他的《戒严状

---

① 普列汉诺夫同志大概会在这里补充说：要么就满足那些制造无谓争吵的人的**一切奢望**。下面我们可以看到，为什么这样做不行。

② 接下去是马尔托夫对他那本当时已经再版的小册子问题的回答，这里从略了。

态》中竭力(用感叹号和省略号)回避的关于抵制、瓦解组织、无政府状态、制造分裂的问题,即关于用正当的斗争手段和不正当的斗争手段的问题,作了不容反驳的说明。

人们向马尔托夫等同志**提议**,要他们说明意见分歧,**请求**他们直爽地说出问题的底细以及他们的意图,**劝**他们不要再耍脾气而要平心静气地分析他们在党章第1条上犯的错误(这同他们向右转的错误有密切联系),——但是马尔托夫同志及其伙伴们却**拒绝交谈**,并叫喊说:我被围困了,我受驱策了!人们对于这些"吓人的字眼"的嘲笑,也未能使这些可笑的叫喊的热度有所降低。

怎么能**围困**一个**拒绝共同工作**的人呢?——我们这样问马尔托夫同志。既然少数派**拒绝当少数派**,那怎么能委屈、"驱策"和压迫他们呢??要知道,处于少数地位,总是会也必然会对处于少数地位的人有某些不利。这种不利就是,要么必须加入在某些问题上实行少数服从多数原则的委员会,要么必须站在委员会之外攻击委员会,因而也就要受到从坚固的炮台中射出来的炮火的攻击。

马尔托夫同志叫喊"戒严状态",是不是想说人们用不公平不正当的手段对他们这些处于少数地位的人进行斗争或者说进行统治呢?**只有**这样的论点(在马尔托夫心目中)也许还包含一点点合理的影子,因为——我再说一遍——处于少数地位是一定和必然会有某些不利的。但可笑的是,既然马尔托夫同志还拒绝交谈,**无论怎样**也不可能对他**进行斗争**!既然少数派还拒绝当少数派,**无论如何**也不可能对他们**进行统治**!

在我和普列汉诺夫两人在编辑部工作期间,马尔托夫同志**找不出任何一件事实**可以证明中央机关报编辑部有越权或者滥用权力的地方。少数派的实际工作者也**找不出任何一件事实**可以证明中央委员会有越权或者滥用权力的地方。不管马尔托夫同志现在在他的《戒严状态》一文里如何兜圈子，一个完全不容反驳的事实是：**在关于戒严状态的叫喊声中，除了“颓丧的啜泣”以外，没有任何其他东西**。

马尔托夫同志及其伙伴们反对代表大会所任命的编辑部是根本没有任何**正当的**理由的，他们自己所说的“我们不是农奴！”（《戒严状态》第34页）一语就最好地说明了这一点。这里非常明显地暴露出资产阶级知识分子的心理。他们把自己看成超乎群众组织和群众纪律之上的“上等人物”。用“我们不是农奴”作为**说明**拒绝在党内工作的**理由**，就等于**彻底暴露了自己**，就等于承认自己根本没有理由，根本说不出道理，根本没有什么应该表示不满的正当原因。我和普列汉诺夫两个人声明，我们认为他们拒绝工作完全不是由我们这方面引起的，我们请他们说出分歧意见，可是他们回答说：“我们不是农奴”（还应加上一句：我们在增补问题上还没有讲好价钱）。

对于那种在争论党章第1条时就已经暴露出机会主义思想和无政府主义空谈倾向的知识分子个人主义来说，**任何**无产阶级的组织和纪律都好像是**农奴制**。广大读者很快就会知道，新的**党代表大会**，在这些“党员”和党的“负责人”看来，也是“上等人物”觉得可怕和忍受不了的农奴制机关…… 这个“机关”对于那些乐意利用党的招牌但是又觉得这个招牌**不符合**党的利益和党的意志的人看来，确实是可怕的。

我在给新《火星报》编辑部的信里列举的并由马尔托夫同志在《戒严状态》里刊印出来的那些委员会的决议，在事实上证明少数派的行为完全**违反**代表大会的决议，**打乱**正常的实际工作。由机会主义者和仇恨《火星报》的人组成的少数派竭力**分裂党**，损害并打乱工作，他们力图为自己在代表大会上遭到失败这件事进行报复，感到用**诚实的和正当的**手段（在刊物上或者在代表大会上说明问题）**永远**不能驳倒第二次代表大会上对他们的机会主义和知识分子动摇性的指责。他们意识到自己没有力量**说服**党，就采用**瓦解**党和**阻挠任何工作**的手段。大家责备他们（由于他们在代表大会上的错误）把我们的罐子弄裂了一条缝，而他们对这种责备的回答是**竭力**设法把已经有裂缝的罐子**完全打破**。

概念混淆到了极点，甚至把抵制和拒绝工作都说成是斗争的“**诚实的**①手段”。马尔托夫同志现在围绕这个棘手的问题竭力兜圈子。马尔托夫同志竟这么“有原则性”，当少数派实行抵制时……他支持抵制，当抵制威胁到偶尔处于多数地位的马尔托夫本人时，他就斥责抵制！

我想，这究竟是无谓争吵还是关于社会民主工党内斗争的诚实的手段的“原则性意见分歧”的问题，可以不必分析了。

在两次（10 月 4 日和 6 日）要求那些掀起“增补”问题纠纷的同志说明理由的尝试都失败以后，中央机关只好等着看一看那些口头上答应用正当手段进行斗争的同志实际上的表现。10 月 10 日，中央委员会给同盟发了一个通告（见同盟记录第 3—5 页），宣布它正在拟定章程并邀请同盟成员来协助。同盟领导机关当时否决了（以 2 票对 1 票，见同盟记录第 20 页）召开同盟代表大会的建议。少数派对这个通告所作的答复立刻表明，所谓正当手段和承认代表大会的决议只不过是空话罢了；少数派事实上是下决心绝

① 矿区委员会的决议（《戒严状态》第 38 页）。

对**不服从**党的中央机关，他们对中央机关提出的一起工作的号召所作的回答，就是以十足的诡辩和**无政府主义**空谈来**敷衍塞责**。我和普列汉诺夫以及其他多数派对同盟领导机关成员捷依奇的有名的公开信（第10页）作出了回答，坚决表示“抗议同盟的负责人用粗暴地违反党纪的手段阻碍党机关的组织活动和号召其他同志也违反纪律和章程的行为。所谓‘我认为自己没有权利应中央委员会的邀请参加这项工作’，所谓‘同志们！我们无论如何不应当让它〈中央委员会〉给同盟制定新章程’等等一类的话，是一种鼓动手法，它只能引起每一个稍微懂得什么是党、什么是组织、什么是党纪的人的愤懑。这种手法尤其令人气愤，是因为他们用这种手法来对付刚刚成立的党机关，显然是想以此破坏党员同志对这个党机关的信任，而且采用这种手法时是打着同盟领导机关成员的旗号，背着中央委员会”（第17页）。

在这种情况下，同盟代表大会当然只能是一场闹剧。

马尔托夫同志从一开始就继续使用他在代表大会上使用过的“笼络人心”的策略，这一次是针对着普列汉诺夫同志，用的方法是歪曲私人谈话的内容。普列汉诺夫同志提出抗议，因而马尔托夫同志只得收回（同盟记录第39页和第134页）他那种轻率的或者说由于气愤而提出的非难。

接下去是作报告。我是代表同盟参加党代表大会的。读者只要把我的报告纪要（第43页及以下几页）①拿来参照一下，就知道我当时已经大致分析了代表大会上的历次表决情况，而本书内容就是对这种分析的进一步发挥。报告的全部重心就是要证明马尔托

---

①　见《列宁全集》第2版增订版第8卷第38—48页。——编者注

夫及其伙伴由于犯了错误而成为我们党内的机会主义派。虽然这个报告是当着大多数最激烈的论敌的面作的,他们也不能从这个报告中找到有任何一个地方不符合党内斗争和辩论的正当方法。

相反,马尔托夫的报告,除了对我的叙述作了微不足道的局部的“修正”以外(我们在上面已经指出这些修正是不正确的),却是……一种神经失常的产物。

所以难怪多数派拒绝在这样的气氛下进行斗争。普列汉诺夫同志对“**吵闹**”(第 68 页)——这确实是一场名副其实的“吵闹”!——提出抗议,并退出了代表大会,不愿意宣读他已经准备好了的对于该报告作的实质性的反驳。其余的多数派分子,也差不多都对马尔托夫同志那种“不体面行为”提出了书面抗议(同盟记录第 75 页),接着也退出了代表大会。

少数派的斗争方法大家已经都看得十分明白了。我们责备少数派在代表大会上犯了政治错误,责备他们转向机会主义,同崩得分子、阿基莫夫们、布鲁凯尔们、叶戈罗夫们和马霍夫们结成联盟。少数派在代表大会上遭到了失败,现在“制定了”**两种**斗争方法,其中包括多种多样的袭击、攻击和进攻等等。

第一种方法就是打乱全部党的工作,败坏事业,力图阻挠一切而“不说明理由”。

第二种方法就是“吵闹”等等。①

① 我已经指出,把国外生活和流放生活的气氛中经常见到的无谓争吵的这些最低劣的表现形式,都归结为动机卑劣,那是愚蠢的。这是在一定的不正常的生活条件下,在一定的神经失常等情况下像传染病一样流行的一种毛病。我所以**不得不**在这里把这种斗争方式的实质重提一下,是因为马尔托夫同志**在他的《戒严状态》里完全重复了这种斗争方式**。

这个“第二种斗争方法”在同盟的有名的“原则”决议中也有所表现，“多数派”当然没有参加对于这些决议的讨论。让我们仔细看一看马尔托夫同志现在在他的《戒严状态》里转载的这些决议案吧。

第一个决议案由托洛茨基、佛敏、捷依奇等同志署名，其中有两个论点，是针对党代表大会“多数派”的：(1)“同盟深表遗憾的是，由于代表大会上出现了实际上同《火星报》原先的政策背道而驰的倾向，所以在制定党章时对于建立充分的保障来维护中央委员会的独立性和威信没有予以应有的注意。”(同盟记录第83页)

正如我们所看到的，这个“原则”论点完全是**阿基莫夫式的**空话，**连**波波夫同志也在党代表大会上揭露了这些话的**机会主义**性质！其实，那些硬说“多数派”不想维护中央委员会的独立性和威信的断语，始终不过是**诽谤**罢了。只要指出一点就够了：当我和普列汉诺夫在编辑部工作的时候，**在总委员会内并没有**造成中央机关报对于中央委员会的优势；而当马尔托夫分子加入编辑部的时候，在总委员会内**才造成了**中央机关报对于中央委员会的优势！当我们两个人在编辑部工作的时候，在总委员会内是**国内实际工作者多于**国外著作家，而当马尔托夫分子加入编辑部的时候，情况却相反了。当我们两个人在编辑部工作的时候，总委员会**一次也**没有企图干涉任何一个**实际工作**问题；自从按一致意见实行增补的时候起，**就开始进行这种干涉了**。这一点读者很快就会详细知道的。

该决议案的另一个论点说：“代表大会在成立党的正式中央机关时，忽略了同事实上已经形成的中央机关的继承关系……”

这个论点可以完全归结为中央机关**人选**问题。“少数派”宁愿回避旧中央机关在代表大会上已经证明自己不中用并且犯了许多错误的事实。但是最可笑的是谈论组委会方面的“继承性”。

正如我们已经看到的,在代表大会上任何人也没有提到批准组委会的全体委员。马尔托夫在代表大会上甚至气得发狂地叫嚷,说包括三名组委会委员在内的名单使他感到可耻。“少数派”在代表大会上提出了一个包括**一名**组委会委员在内的**最后名单**(**波波夫**、格列博夫或佛敏和托洛茨基),而“多数派”提出了一个包括**两名**组委会委员在内的三人名单(**特拉温斯基**、**瓦西里耶夫**和格列博夫)。试问,难道这样谈论“继承性”可以叫做“原则性的意见分歧”吗?

我们现在来谈另一个决议案,即由旧编辑部以阿克雪里罗得同志为首的四个成员署名的决议案。这里我们看到对“多数派”提出的、后来又在报刊上一再提起的全部主要指责。这些指责最好就按编辑小组成员的说法来加以考察。这些指责反对的是“专制的官僚主义的治党方式”,即“官僚主义的集中制”,这种集中制跟“真正社会民主主义的集中制”的区别在于它“放在首位的不是内部的统一,而是用纯粹机械手段,用一贯压制个人首创性和社会主动性的办法实现和保持的外表的、形式上的一致”;所以,这种集中制“根本不能把社会的各个组成成分有机地联合起来”。

阿克雪里罗得同志及其伙伴在这里说的是什么样的“社会”呢,只有上帝才知道。大概,阿克雪里罗得同志自己也不大明白,他是在写地方自治派申请实行符合愿望的行政改革的呈文呢,还是在那里发泄“少数派”的怨气。心怀不满的“编辑们”所叫喊的党内“专制”**究竟是指什么**呢?所谓专制,就是一个人拥有至高无上的、不受监督的、不对其他人负责的、不经过选举的权力。从“少数派”的出版物中可以很清楚地看出,他们认为这个专制君主就是**我**,而不是别的什么人。当该决议案起草和通过的时候,我是同普列汉诺夫一起在中央机关报工作的。因此，阿克雪里罗得同志及其伙伴们就是认为普列汉诺夫和全体中央委员都不是按照他们自己对于事业有利的观点，而是按照专制君主列宁的**意志**来"统治党"的。提出这种所谓专制统治的责难，必然地、不可避免地要认为其余一切参与这种统治的人，即除了专制君主一人以外，都不过是别人的工具，唯命是听的小卒，执行别人意志的差役罢了。我们要再问一下：难道这就是最值得尊敬的阿克雪里罗得同志的所谓"原则性的意见分歧"吗？

其次，我们的"党员"，这些刚刚从党代表大会回来的、曾郑重地承认代表大会决议的合法性的"党员"，在这里所说的究竟是什么样的外表的、形式上的一致呢？难道他们真的认为在一个根据比较牢固的原则组织起来的党内，除了党代表大会以外，还有什么另外可以达到一致的方法吗？如果真的认为是这样，那为什么他们没有勇气直截了当地说他们已经不承认第二次代表大会是合法的代表大会了呢？如果他们有什么能使一个根据假想组织起来的假想的党内部达到一致的新意见和新方法，为什么他们不大胆地向我们谈一谈呢？

再其次，我们的知识分子个人主义者在这里说的是什么样的"压制个人首创性"呢？党中央机关报刚刚在此以前还**规劝**他们说出自己的分歧意见，但是他们非但**不这样做**，反而对"增补"讲起价钱来了。我和普列汉诺夫或者中央委员会从根本上来说怎么可能压制拒绝同我们进行**任何**共同"活动"的人的首创性和主动性呢！怎么可能在某某人**拒绝参加**的机关或者团体里"压制"他呢？落选的编辑既然拒绝"**做被统治者**"，那么他们又怎能抱怨什么"统治制度"呢？我们**根本不可能**在领导我们这些同志方面犯

什么错误,原因很简单,这些同志根本就不曾在我们领导下工作。

看来很明显,叫喊所谓官僚主义,不过是对中央机关人选不满的一种掩饰,是掩盖他们违背自己在代表大会上郑重说过的诺言的一块遮羞布。你是官僚,因为代表大会委派你不是按照我的意志,而是违反我的意志;你是形式主义者,因为你所依据的是代表大会的形式上的决议,而不是我的同意;你做事粗暴而又机械,因为你只凭借党代表大会的"机械"多数,而不考虑到我想得到增补席位的愿望;你是专制君主,因为你不愿意把权力交给旧时的亲热伙伴。这些伙伴对代表大会直接斥责他们的小组习气愈是感到不愉快,就愈是竭力坚持他们的小组习气的"继承性"。

除了上面说的以外,这些关于官僚主义的叫喊中没有而且也不会有什么**实在的**内容。① 这样的斗争方式不过是再一次证明少数派的知识分子不坚定性罢了。少数派想使党相信中央机关的选举不恰当。用什么方法使党相信呢?是用批评我和普列汉诺夫所编辑的《火星报》的方法吗?不,他们没有力量这么做。他们想采用一部分党员拒绝在他们所仇视的中央机关领导下工作的手段。但是,世界上任何一个党的任何一个中央机关,都无法证明自己能够对那些不愿意服从领导的人进行领导。拒绝服从中央机关的领导,就等于拒绝留在党内,就等于破坏党,——这种办法不是说服,而是**破坏**。而用破坏来代替说服,这正表明自己没有坚定的原则性,对自己的思想缺乏信心。

人们在大谈官僚主义。官僚主义一词可以在俄语中译成地位

① 只要指出一点就够了:普列汉诺夫同志在实行了大有好处的增补以后,就不再被少数派看做"官僚主义集中制"的拥护者了。

观念。官僚主义就是使**事业**的利益服从于**向上爬**的需要，就是一味追求**地位**而忽视工作，为**增补**进行争吵而不进行**思想**斗争。这种官僚主义确实根本不是党所希望的，并且是对党有害的，因此我可以完全泰然地请读者自己来判断，现在我们党内斗争的双方究竟是哪一方犯了这种官僚主义毛病…… 人们在说什么粗暴的、机械的统一方法。粗暴的机械的方法当然是有害的，但是我又要请读者自己来判断，当新方针和旧方针斗争时，在未能使党相信新观点的正确以前，在尚未向党说明这些观点以前，就要把自己的人送进党机关中去，难道还有比这更粗暴、更机械的斗争方法吗？

但是，也许少数派爱用的字眼确实还有某种原则的意义，确实反映了某些与那种显然成了这方面"转变"起点的微不足道的局部理由无关的特殊思想吧？也许，撇开"增补"引起的争吵不谈，这些字眼毕竟反映了另一种观点体系吧？

我们就从这一方面来考察一下问题。这里我们首先要指出：在同盟中最初着手作这种考察的是普列汉诺夫同志，他指出了少数派转向**无政府主义**和**机会主义**，而马尔托夫同志（他现在最感到委屈的是，并非大家都愿意承认他的立场是原则的①立场）在他

① 新《火星报》由于列宁似乎不愿看到原则性的意见分歧或者否认这些分歧而感到**委屈**，是再可笑不过的了。如果你们比较有原则地对待问题，那你们就会比较快地看清楚我再三指出的你们转向机会主义去的问题。如果你们的立场比较有原则，那你们就不会这样把思想斗争降低为计较地位。既然你们自己竭力不让别人把你们当做有原则性的人看待，那就请你们埋怨自己吧。例如，马尔托夫同志在《戒严状态》里说到同盟代表大会时，隐讳了他和普列汉诺夫关于无政府主义的争论，而只是喋喋不休地说什么列宁凌驾于中央之上，说列宁只要使个眼色就能让中央下道命令，说中央委员会横暴地欺侮了同盟等等。我毫不怀疑，马尔托夫同志通过这样选择他的论题证明了他深刻的思想性和原则性。

的《戒严状态》里宁愿**完全回避**这一事件。

在同盟代表大会上提出的一个一般性的问题是:同盟或者某一委员会为自己制定的章程不经过中央委员会批准,或者中央委员会拒绝加以批准,是不是有效呢?其实,问题是再清楚不过的:章程是组织的形式表现,而组织各委员会的权利按照我们党章第6条的规定应该无条件地属于中央委员会;党章规定了委员会自治的范围,而规定这些范围的决定权在党的中央机关,而不在党的地方机关。**这是一个常识**,而那些说什么“组织”并不总是意味着只要“批准章程”的深奥论断实在是太幼稚了(好像同盟自己不曾主动表示过想成为一个根据正式章程组成的团体)。但是马尔托夫同志甚至忘记了(也许是暂时忘记了)社会民主党的常识。按照他的意见,要求章程经过批准,只能表明“过去革命的火星派的集中制已经被官僚主义的集中制所代替”(同盟记录第95页),同时马尔托夫同志在同一篇发言里又说,他认为这正是问题的“原则的方面”(第96页),而他在自己的《戒严状态》里却宁愿回避这个原则的方面!

普列汉诺夫同志立刻就回答马尔托夫,请他不要使用诸如官僚主义、彭帕杜尔作风等等“损害代表大会尊严”的字眼(第96页)。于是他同马尔托夫同志辩论起来,因为马尔托夫同志认为这些字眼是“对于一定方针的原则的表述”。**当时**普列汉诺夫同志也同所有的多数派分子一样,曾根据这些字眼的具体意思来加以考察,清楚地了解这些字眼没有什么原则的意义,而只有“增补的”意义(如果可以这么说的话)。但是他对马尔托夫和捷依奇们的坚持作了让步(第96—97页),同意对他们那些所谓的原则的观点进行**原则的**考察。他说:“如果真是这样〈就是说,如果各委员会在建立其组织方面、在制定其章程方面实行自治〉，那它们就会在对整体的关系上，对党的关系上实行自治了。这已经不是崩得派的观点，而简直是无政府主义的观点了。确实，无政府主义者就是这样看待问题的：个人的权利不受限制；他们可以彼此冲突；每个个人都可以自行确定自身的权利范围。自治的范围不应当由一个集团自己确定，而应当由它构成其一部分的那个整体来确定。崩得可以说就是违反这个原则的明显的例证。这就是说，自治的范围要由代表大会或者代表大会所建立的最高机构来确定。中央机关的权力应当以道义上的和精神上的威信为基础。这一点我当然是同意的。组织中的每一分子，都应当关心使机关有道义上的威信。但是决不能由此得出结论说，既然需要有威信，那就不需要有权力了……　把权力的威信同思想的威信对立起来，这是这里所不应当有的无政府主义言论。”（第 98 页）这些道理是再浅显不过的，都是不言自明的公理，根本用不着进行什么表决（第 102 页），至于人们不相信它们，那只是因为“目前概念都混淆了”（同上）。但是，知识分子个人主义必然使少数派企图破坏代表大会，不服从多数；而要为这种企图辩护，就只好用**无政府主义的言论**。非常可笑的是，少数派除了**埋怨**普列汉诺夫使用了机会主义、无政府主义等等一类过分厉害的字眼以外，无法向普列汉诺夫提出任何其他的责难。普列汉诺夫很公正地嘲笑了这种埋怨，他问道：为什么“饶勒斯主义和无政府主义这些词不可以使用，而亵渎君主和彭帕杜尔作风这些词却可以使用呢”？这个问题始终没有得到答复。这种特有的误解在马尔托夫同志和阿克雪里罗得同志及其伙伴们那里已经是屡见不鲜了：他们的新字眼带有鲜明的“火气”的迹象；当人家指出这一点时，他们感到委屈，——说什么我们是有原则性的人；但是，人家对他们说，如果你们**在原则上**否定局部服从整体，那么你们就是无政府主义者。他们又因人家使用了厉害的字眼而感到委屈。换句话说，他们准备同普列汉诺夫厮杀一场，但是又要普列汉诺夫手下留情！

马尔托夫同志及其他一切“孟什维克”也多次用同样幼稚的手段来揭露我的“矛盾”。他们从《怎么办？》或者从《给一位同志的信》里引证一些谈到思想影响、谈到争取影响的斗争等等的话，同经过党章施加“官僚主义”影响，以及依靠权力实行“专制”的倾向等等对立起来。多么幼稚啊！他们已经忘记了，**从前**，我们党还不是正式的有组织的整体，而只是各个集团的总和，所以在这些集团间除了思想影响以外，别的关系是不可能有的。**现在**，我们已经成为有组织的政党，这也就是说造成了一种权力，思想威信变成了权力威信，党的下级机关应当服从党的上级机关。说实在的，向自己的老同事们反复讲解这样一些起码的道理，真叫人不好意思，特别是当你感觉到，问题不过是在选举问题上少数不愿意服从多数！但是，**在原则上**，滔滔不绝地揭露我的矛盾的这些话，**完全**是无政府主义的言论。新《火星报》并不拒绝利用党机关的招牌和权利，但是却不愿意服从党的多数。

如果说这些谈论官僚主义的词句中真有什么原则的话，如果说这不是用无政府主义态度否认局部必须服从整体的话，那么这个原则就是**机会主义的原则**，因为机会主义就是力图削弱知识分子对于无产阶级政党的责任，削弱中央机关的影响，加强党内最不坚定分子的自治，把组织关系搞成只是在口头上抽象地加以承认。这一点我们在党代表大会上已经看见了，当时阿基莫夫们和李伯尔们就曾经大谈“可怕的”集中制，和后来马尔托夫及其伙伴们在同盟代表大会上讲的一模一样，机会主义导致马尔托夫式的和阿克雪里罗得式的组织“观点”，并不是偶然的，而是出自机会主义的本性，而且不仅在俄国，在全世界都是如此，这一点我们在下面分析新《火星报》所刊载的阿克雪里罗得同志的文章时就可以看出来。

（十六）勿因小别扭而妨碍大快事

同盟否决了关于同盟章程必须经中央批准的决议案（同盟记录第105页），正如党代表大会的整个多数派立刻指出的，这是“**根本违反党章的行为**”。这种违反党章的行为，如果把它看成是一些有原则的人的行为，那就是十足的无政府主义，这种行为在代表大会以后的斗争环境中必然造成一种印象，即党的少数派在向党的多数派“进行报复”（同盟记录第112页），这种行为意味着党内的少数派不愿意服从党和不愿意留在党内。既然同盟拒绝根据中央关于必须修改章程的声明通过决议（第124—125页），这就势必导致其大会被认为是**非法的**，因为这个大会虽然想**算做**党组织的大会，却又不服从党中央机关，所以党内的多数派立刻离开了这个冒牌的党的大会，不参加这出不体面的滑稽剧。

于是，那种抽象地承认组织关系、在讨论党章第1条问题时暴露出思想动摇的知识分子个人主义，在实践上就走到了早在9月间即在一个半月以前我曾经预言过的那种合乎逻辑的结局——**破坏**党组织的地步。恰恰在这个时候，即在同盟代表大会闭幕的那天晚上，普列汉诺夫同志向两个党中央机关的同事声明，说他不忍“向自己人开枪”，说他“宁肯自杀，也不愿意分裂”，说为了避免更大的灾难必须作最大限度的个人让步。当时进行这场毁灭性的斗争实际上正是为了取得这种让步(这种成分比为了维护党章第1条上的不正确立场所暴露的原则要大得多)。为了确切说明普列汉诺夫同志的这种在一定程度上具有全党意义的转变,我认为最好不拿私人谈话作根据,也不拿私人信件(这只有在万不得已时才可以援引)作根据,而是拿普列汉诺夫自己在全党面前对情况所作的说明,即拿他发表在《火星报》第52号上的《不该这么办》一文作根据,这篇文章正是在同盟代表大会以后,在我退出中央机关报编辑部(1903年11月1日)以后,在增补马尔托夫分子(1903年11月26日)以前写成的。

《不该这么办》一文的基本思想是,在政治上不应当过于生硬、过分激烈和毫不让步:有时为了避免分裂,必须对修正主义者(那些同我们接近或者表现动摇的)和无政府个人主义者实行让步。这种抽象的笼统的论点自然使《火星报》的读者感到莫名其妙。普列汉诺夫同志那些堂皇的傲慢的声明(在以后一些文章中发表的),说人们没有懂得他的意思是由于不了解他的新思想和不懂得辩证法,这话听起来真是令人好笑。其实,当《不该这么办》一文写成时,能懂得的只有十来个住在日内瓦郊区两个地方(其地名的第一个字母相同)[22]的人。普列汉诺夫同志的不幸,就在于他把只是写给这十来个参与代表大会以后同少数派斗争全过程的人看的一大堆暗示、责备、代数符号和猜测,搬到了成千上万的读者面前来。普列汉诺夫同志所以陷入这种不幸,是因为他正好违背了他自己很不恰当地提到的一个辩证法的基本原理:没有抽象的真理,真理总是具体的。正因为如此,用抽象的形式把在同盟代表大会以后向马尔托夫分子让步的具体思想包起来,是不妥当的。

普列汉诺夫同志当做新的口号提出来的让步,只有在两种情况下才是正当的和必要的:或者是让步者深信要求让步者是正确的

(在这种情况下,正直的政治家总是公开坦率地承认自己的错误);或者是为了避免更大的灾难而向那不合理的、对事业有害的要求实行让步。从这篇文章完全可以清楚地看出作者指的是后一种情况:他直爽地说要向修正主义者和无政府个人主义者(现在全体党员已经从同盟代表大会记录中知道这就是马尔托夫分子)实行让步,说为了避免分裂而必须让步。可见,普列汉诺夫同志的所谓新思想完全可以归结为一句并不怎么新的处世格言:勿因小别扭而妨碍大快事,小的机会主义愚蠢行为和无政府主义言论总比党的大分裂好。普列汉诺夫同志写这篇文章时,清楚地知道少数派是我们党内的机会主义派,并知道它是用无政府主义手段进行斗争的。普列汉诺夫同志主张,要用个人让步的办法同这个少数派作斗争,正像(又是如果可以以小比大的话)德国社会民主党同伯恩施坦作斗争时那样。倍倍尔在他自己的党的几次代表大会上曾公开声明,说他不知道有什么人比伯恩施坦同志(不像普列汉诺夫同志以前那样喜欢把他称为伯恩施坦先生,而是称为伯恩施坦同志)更容易接受环境的影响,所以我们要把他放到我们这个环境中间,我们要选派他做国会议员,我们要进行反修正主义的斗争,但不是用过分激烈的手段(像索巴开维奇—帕尔乌斯那样)来反对这位修正主义者,我们要"用温和的手段杀死"(kill with kindness)这位修正主义者,正如麦·贝尔(M.Beer)同志(我记得似乎是他)在一次英国社会民主党人会议上称道德国人乐于让步、爱好和平、温和、灵活和审慎,而反对英国的索巴开维奇—海德门的攻击时所说的那样。同样,普列汉诺夫同志也想"用温和的手段杀死"阿克雪里罗得和马尔托夫两位同志的小无政府主义和小机会主义思想。诚然,普列汉诺夫同志一方面十分清楚地暗示到"无政府个人主义者",同时却有意把修正主义者说得含糊不清，好像他指的是从机会主义转向正统派方面的工人事业派分子，而不是开始**从正统派转向修正主义**的阿克雪里罗得和马尔托夫，但这种军事策略未免太幼稚了①，这种构筑得很不高明的工事根本挡不住全党公论的炮火。

所以，谁只要了解当时政治形势的具体情况，谁只要洞察普列汉诺夫同志的心理，谁就会懂得我当时不能有什么别的做法。我这样说是针对那些责怪我不应该让出编辑部的多数派分子的。普列汉诺夫同志在同盟代表大会以后转变了态度，由一个多数派变成了一个坚决的调和派，而我当时只能从最好的意义上解释他的这种转变。也许普列汉诺夫同志想在他的文章里提出一个达到善意的和真诚的和平的纲领？凡是这样的纲领都要求双方诚恳地承认自己的错误。普列汉诺夫同志指出了多数派的什么错误呢？——对修正主义者采取了索巴开维奇式的过分激烈的态度。不知普列汉诺夫同志在这里指的是什么：是他自己所说的关于驴子的那些挖苦话

---

① 在党代表大会以后根本就没有人谈到要对马尔丁诺夫、阿基莫夫、布鲁凯尔等同志实行让步。我没有听说过他们也要求"增补"。我甚至怀疑，斯塔罗韦尔同志或马尔托夫同志在他们两人以"党内半数"名义递给我们公文和"照会"时，是否和布鲁凯尔同志商量过…… 在同盟代表大会上，马尔托夫同志以坚强的政治战士十分气愤的心情提出抗议，说他根本没有想到要"同梁赞诺夫或马尔丁诺夫联合"，说他根本没有想到可能同他们"勾结"，甚至没有想到可能同他们一起（以编辑身份）"为党工作"（同盟记录第53页）。马尔托夫同志在同盟代表大会上严厉地谴责"马尔丁诺夫的倾向"（第88页），而当正统派同志巧妙地暗示说阿克雪里罗得和马尔托夫好像是"承认阿基莫夫、马尔丁诺夫以及其他同志同样有权随意召集会议，为自己制定章程并按照这个章程行事"（第99页）时，马尔托夫分子马上就来否认这一点，就像彼得否认他是耶稣的门徒一样[23]（第100页，"正统派同志担心""阿基莫夫们、马尔丁诺夫们，等等"，"是没有根据的"）。

呢？还是当阿克雪里罗得在场时十分轻率地讲的那些关于无政府主义和机会主义的话;普列汉诺夫同志宁愿使用“抽象”说法,并把罪过转嫁到别人头上。当然,各有各的爱好。但是,我无论在给一个火星派分子的信中还是在同盟代表大会上,都公开承认过我本人说话过于激烈;我怎么会不承认多数派方面的这种“错误”呢？至于讲到少数派,普列汉诺夫同志很清楚地指出了他们的错误是修正主义(参看他在党代表大会上关于机会主义和在同盟代表大会上关于饶勒斯主义的论述)和导致分裂的无政府主义。难道我能阻挠用个人让步以及种种“kindness”(亲切的、温和的手段)使人们承认这种错误并消除它的害处的尝试吗？既然普列汉诺夫同志在《不该这么办》一文中直率地劝告大家“**宽恕**”那些“只是由于某种程度的动摇”而成了修正主义者的“**对手**”,我又怎么能阻挠这样一种尝试呢？而既然我不相信这种尝试能有什么良好结果,那么我除了在中央机关报方面作出个人让步,并为维护多数派的立场而转移到中央委员会去以外,又有什么别的办法呢？① 当时我不能绝对否认这种尝试

① 关于这一点,马尔托夫同志很中肯地说我是带着武器和行囊转移的。马尔托夫同志喜欢使用军事比喻:向同盟进军、战役、治不好的枪伤,如此等等。老实说,我也有使用军事比喻的癖好,特别是现在从太平洋传来的消息很引人注意的时候。但是,马尔托夫同志,如果用军事术语来说明,那么事实就是:我们在党代表大会上占领了两座炮台。你们在同盟代表大会上攻击这两座炮台。在第一次小规模的相互射击以后,我的一位同事,一座炮台上的指挥官,敞开了大门迎接敌人。我当然就带着自己的一小队炮兵转到另外一座几乎还没有筑好工事的炮台上去,以便“抵挡”数量上占压倒优势的敌军。我甚至提议讲和:我为什么要同时和两个强敌作战呢？但是,新的联军对我的讲和建议的回答是,炮轰我这座“残存的”炮台。我只好开炮还击。这时,我过去的同事、那位指挥官却带着愤怒的神情一本正经地喊道:看哪,善良的人们,这个张伯伦多么不喜欢和平啊!

可能成功而独自对于可能发生的分裂负责，因为我自己在10月6日的信中也曾经想用“个人意气用事”来解释这种无谓争吵。至于维护多数派的立场，我过去和现在都认为是我自己的政治职责。在这方面指望普列汉诺夫同志是很困难和很危险的，因为所有的情况表明，普列汉诺夫同志是要把他所谓“一个无产阶级的领导人当自己的好战癖性同政治的考虑相抵触时没有权利迷恋这种癖性”这句话辩证地解释成：如果一定要射击，那就射击多数派更合算些（按日内瓦11月间的天气来说）……　当时所以必须维护多数派的立场，是因为普列汉诺夫同志公然违反了要求具体地全面地观察问题的辩证法，在说到革命家的善良的（？）愿望时谦虚地回避了**对一个革命家的信任**问题，即对一个领导了我们党内一定派别的“无产阶级领导人”的信任问题。普列汉诺夫同志讲到无政府个人主义，劝告大家“有时”应该对违反纪律的行为装做看不见，“有时”要向“同忠实于革命的思想毫无共同之处的感情所引起的”知识分子放肆行为让步，但是他显然忘记了也应该考虑到党内多数派的善良愿望，忘记了应该让**实际工作者**来确定对无政府个人主义者让步到**什么程度**。同幼稚的无政府主义谬论进行文字斗争是比较容易的，但是要在同一个组织内同无政府个人主义者进行实际工作就比较困难了。如果一个著作家竟然要自己来确定对于无政府主义在实际上可能让步到什么程度，那就只能暴露出他过分的、学究气十足的、文人的自命不凡。普列汉诺夫同志一方面堂皇地宣称（正如巴扎罗夫[24]所说的那样，为了显示自己了不起），一旦发生新的分裂，工人们就会不再理解我们，但同时他自己又着手在新《火星报》上登载许多文章，这些文章的真正的具体的含义，不仅工人必然不能了解，而且全世界的人都不能了解。怪不得有一个中央委员[25]读了《不该这么办》一文的校样,曾警告过普列汉诺夫同志,说他这篇文章恰巧破坏了他自己想把某些文件(党代表大会记录和同盟代表大会记录)公布范围稍微缩小的计划,因为这篇文章激起人们的好奇心,使一些带有刺激性而又完全暧昧不明的东西成为街谈巷议的资料①,必然使人们大惑不解,他们会问:“究竟发生了什么事?”怪不得普列汉诺夫同志的这一篇议论抽象和含义暧昧的文章使社会民主党的敌人拍手称快:《革命俄国报》为此跳起了康康舞[27],《解放》杂志方面的彻底的修正主义者对此也备加赞扬。所有这些后来普列汉诺夫同志很可笑而又很可悲地企图摆脱的可笑而又可悲的误解[28],其根源就在于他违背了具体问题应该根据问题的全部具体情况加以分析这一辩证法的基本原理。所以,司徒卢威先生感到高兴也是完全自然的,他对普列汉诺夫同志所追求的(但是不一定能够达到的)那些“良好的”目的(用温和的手段杀死)毫不关心;司徒卢威先生欢迎而且也不能不欢迎现在人人都看见的在新《火星报》上开始的**向我们党内机会主义派方面的转变**。各国资产阶级民主派——不仅俄国资产阶级民主派——都欢迎社会民主党内发生的每一次向机会主义的转变,哪怕

---

① 我们在一所门窗都关闭起来的屋子里进行非常热烈的争论。突然我们中间有一个人跳了起来,猛地打开了临街的窗子,开始大声叫喊反对什么索巴开维奇、无政府个人主义者、修正主义者等等。于是,街上自然就聚集了一群游手好闲、爱看热闹的人,而我们的敌人不禁幸灾乐祸起来。那时,其他参加争论的人也走到窗前,表示愿意把问题从头到尾说个清楚,而不要再作那些谁也不懂的暗示。这时窗子又被砰的一声关上了,说什么不值得谈论这些**无谓争吵**(《火星报》第 53 号第 8 版第 2 栏倒数第 24 行)。普列汉诺夫同志,本来就不值得**在《火星报》上开始**谈论这些“无谓争吵”[26],——这样说才对!

是最小的和暂时的转变。聪明的敌人所作的估计很少是纯粹的误会。告诉我，谁在赞扬你，我就能告诉你，你的错误在什么地方。普列汉诺夫同志希望读者粗心大意，企图把事情说成是多数派绝对反对在增补方面作个人让步，而不是反对从党内的左派转变为右派，但这是徒劳的。问题的实质不在于普列汉诺夫同志为了避免分裂而作了个人让步（这是很值得表扬的），而在于他虽然完全承认同那些态度不一贯的修正主义者和无政府个人主义者**进行争论**的必要性，却宁可同多数派进行争论，而他同多数派的分歧就在于对无政府主义实际上可能让步到**什么程度**。问题的实质完全不在于普列汉诺夫同志改变了编辑部的人选，而在于他背叛了他自己同修正主义和无政府主义争论的立场，不再在党的中央机关报上维护这个立场。

至于说到**当时**作为多数派的唯一有组织的代表机关的中央委员会，那么普列汉诺夫同志当时同中央委员会的分歧，**只是在于对无政府主义实际上可能让步到什么程度**。自从 11 月 1 日我退出编辑部而让"用温和的手段杀死"的政策自由实行的时候起，几乎已经一个月了。普列汉诺夫同志有充分可能通过各种交往来检验这个政策是不是行得通。普列汉诺夫同志在这个时期发表了他的《不该这么办》一文，这篇文章过去是，**而且现在仍然是**马尔托夫分子进入编辑部的唯一的入场券。有两个口号——修正主义（同它应该用宽恕对手的态度来进行争论）和无政府个人主义（对它应该加以安抚，用温和的手段杀死它），特别鲜明地印在这张入场券上。先生们，请进吧，我会用温和的手段杀死你们的，——这就是普列汉诺夫同志通过这个请帖对自己的编辑部新同事们说的话。当然，中央委员会只得说出自己的最后的话（最后通牒，也就是争取和平解决的最后的话），即从中央委员会的观点看来，容许对无政府个人主义实际上让步到什么程度。或者是你们愿意和平,那我们就会给你们一定数量的席位,以表明我们态度温和,爱好和平,愿意让步等等(我们为了保障党内和平不能给你们更多的东西了,和平并不意味着没有争论,而是意味着不许无政府个人主义破坏党)。请你们接受这些席位并逐渐从阿基莫夫方面转到普列汉诺夫方面吧。或者是你们想坚持并发展你们的观点,最终地转到(哪怕只是在组织问题上)阿基莫夫方面去,使党相信你们是正确的,而普列汉诺夫是错误的,那就请你们组织自己的著作家小组,派代表参加代表大会,并开始用诚实的斗争和公开论战的手段争取多数吧。中央委员会在 1903 年 11 月 25 日的最后通牒内(见《戒严状态》和《对同盟代表大会记录的述评》①)十分清楚地

① 至于马尔托夫在《戒严状态》中引用私人谈话等等歪曲中央委员会的最后通牒的把戏,我当然是不准备加以分析的。这套把戏就是我在前一节曾经说过的"第二种斗争方法",这套把戏只有神经病理学专家才有本事把它弄清楚。只要指出一点就够了,就是马尔托夫同志在那里硬说他们同中央订立过不发表谈判内容的协定,可是这种协定不管怎样去找,到现在也没有找到。当时代表中央进行谈判的特拉温斯基同志曾用书面通知我,说他认为我有权在《火星报》以外的刊物上发表我给编辑部的信。

不过马尔托夫同志那里有一个词是我特别喜欢的。这个词就是"最坏的波拿巴主义"。我觉得,马尔托夫同志提出的这个概念是非常恰当的。让我们冷静地看一看这个概念意味着什么吧。在我看来,这个概念意味着用**形式上**合法而**实质上**违反人民(或党)意志的手段来取得权力。马尔托夫同志,难道不是这样吗?如果是这样,我就可以放心地让公众来判断,是谁的所作所为应该被指责为"最坏的波拿巴主义":是本来可以根据第二次代表大会的意志行使自己的不让马尔托夫分子进来的**正式**权利而**没有行使**这种权利的列宁和伊格列克呢,还是那些**在形式上正当地**占据了编辑部("一致同意的增补")而明知这**在实质上不符合第二次代表大会的意志**并害怕第三次代表大会将来会检查这种意志的人们?

向马尔托夫分子提出的这个二者择一的问题，完全符合我和普列汉诺夫两个人在1903年10月6日给原来的编辑们写的那封信的内容：或者是个人意气用事（那就可以**在最坏的情况下**实行“增补”），或者是原则性的分歧（那就要**先**说服党，然后才谈得上改变中央机关的人选）。中央委员会有理由让马尔托夫分子自己来解决这个二者择一的难题，尤其是因为**正好在这时**马尔托夫同志在他的“宣言书”（《又一次处在少数地位》）里写过如下一段话。

“**少数派只要求得到一种荣誉**，即想在我们党的历史上作出第一个这样的范例：可以处在‘失败者’的地位而**不成立新党**。少数派的这种立场是出自他们对党组织发展过程的全部看法，出自他们对他们自己同以往的党的工作之间的牢固联系的认识。少数派不相信‘纸上革命’的神秘力量，认为自己的意愿有**深刻的十分重要的根据**，能保证**他们在党内用纯粹思想宣传手段使自己的组织原则取得胜利**。”（黑体是我用的）

多么漂亮、多么自负的言词啊！而当我们根据实际经历清楚看到这**仅仅是一些言词**时，又是多么痛苦啊……　马尔托夫同志，对不起，现在**我要代表多数派要求获得你们不配获得的**这种“荣誉”了。这种荣誉确实是一种很大的荣誉，值得为它一战，因为小组习气的传统给我们留下的就是过分轻率地进行分裂和过分热心地运用“要么飨以老拳，要么握手言欢”这一格言。

大快事（有一个统一的党）应当高于并且确实高于小别扭（指为增补进行的无谓争吵）。我退出了中央机关报，伊格列克同志（是我和普列汉诺夫推举他代表中央机关报编辑部参加总委员会的）退出了总委员会。马尔托夫分子用一封等于宣战的信（见我

们引用过的那本书)回答了中央委员会提议和平解决的最后的话。那时,并且直到那时,我才给编辑部写信(《火星报》第 53 号)说到公论问题①。我说,如果真要谈论修正主义,争论不彻底性和无政府个人主义,争论一些领导人的失败,先生们,那就让我们把一切都说出来,痛痛快快地说出全部事实真相吧,——这就是我那封谈到公论问题的信的内容。编辑部对这封信的回答是破口大骂,并冠冕堂皇地训诫说:不要挑起“**小组生活中的琐事和无谓争吵**”(见《火星报》第 53 号)。我暗自忖度:啊,原来是“小组生活中的琐事和无谓争吵”……es ist mir recht,这和我的想法一样,先生们,这我倒是同意的。这就是说,你们把“增补”问题上的纠纷公开叫做**小组的无谓争吵**了。这倒是真话。可是,同一个(似乎是同一个)编辑部在同一号(第 53 号)的社论中又谈起官僚主义、形式主义等等,那么这种杂音又是怎么回事呢?② 你不要提出为中央机关报编辑部成员的增补而斗争的问题,因为这是无谓争吵。我们却要提出中央委员会成员的增补的问题,这不是无谓争吵,而是关于“形式主义”问题的原则分歧。我想:不,亲爱的同志们,对不起,你们这么做可不行啊。你们要向我这座炮台开火,同时又要我把炮交给你们。真是开玩笑! 于是我就写了一封《给编辑部的信》(《我为什么退出了〈火星报〉编辑部?》)③,并且把它发表在《火星报》以外的地方;我在这封信中简略地说明了事实真相,并

---

① 见《列宁全集》第 2 版增订版第 8 卷第 86—90 页。——编者注

② 后来事实证明,这种“杂音”只是因为中央机关报编辑部成员中有杂音。“无谓争吵”是普列汉诺夫写的(见他在《可悲的误解》中的自白,第 57 号),而社论《我们的代表大会》是马尔托夫写的(《戒严状态》第 84 页)。真是各唱各的调。

③ 见《列宁全集》第 2 版增订版第 8 卷第 91—98 页。——编者注

且一再询问，可以不可以按照你们占有中央机关报而我们占有中央委员会这样一个分配原则讲和。任何一方面都不会觉得自己在党内是“外人”，至于向机会主义方面的转变问题，我们可以争论，首先在报刊上，以后也许还要在党的第三次代表大会上争论。

一听到我提起讲和，所有敌人的炮台，包括总委员会在内，都立刻开炮作为回答。真可谓弹如雨下。什么专制君主，施韦泽，官僚主义者，形式主义者，凌驾于中央之上，片面性，简单生硬，顽固不化，心胸狭隘，疑神疑鬼，生性乖僻……　好极了，我的朋友们！你们发射完了吗？你们的军火库里再没有什么存货了吗？你们的炮弹实在太不顶事了……

现在该我说话了。现在我们看一看新《火星报》的新组织观点的**内容**，以及这些观点同我们党内划分为“多数派”和“少数派”的关系，关于这种划分的实质，我们在分析第二次代表大会的讨论情况和表决情况时已经说过了。

（十七）新《火星报》。组织问题上的机会主义

在剖析新《火星报》的原则立场时，无疑应当把阿克雪里罗得同志的两篇小品文①当做基本材料。关于他爱用的那一套字眼的具体意义，我们在上面已经详细地指出来了，因此现在应当竭力撇开这种具体意义，来仔细考察一下迫使“少数派”（根据某种细小的琐碎的论据）得出正是这些而不是什么别的口号的思考过程，探讨一下这些口号的原则意义，而不管它们的来源如何，不管“增补”问题如何。目前我们正处在让步空气浓厚的时候，那就让我们对阿克雪里罗得同志让一下步，“认真地谈谈”他的“理论”吧。

阿克雪里罗得同志的一个基本论点（《火星报》第57号）是，“我们的运动一开始就包含着两种对立的倾向，这两种倾向的互相对抗，不能不随着运动本身的发展而发展，同时又不能不影响这个运动”。这就是说：“在原则上，运动的无产阶级目的〈在俄国〉同西方社会民主党的目的是一样的。”可是，我们这里影响工人群众的却是“对他们说来是异己的社会成分”，即激进知识分子。总

① 这两篇小品文已收入《〈火星报〉的两年》文集第2册第122页及以下几页（1906年圣彼得堡版）。（这是作者为1907年版加的注释。——编者注）

之，阿克雪里罗得同志认定，我们党内存在着无产阶级倾向和激进知识分子倾向之间的对抗。

阿克雪里罗得同志在这一点上无疑是正确的。这种对抗是确实存在的（并且不仅在俄国社会民主党一个党内）。而且，大家都知道，正是这种对抗在很大程度上说明为什么现代社会民主党已经划分成革命的（或正统的）和机会主义的（修正主义、内阁主义[29]、改良主义的）两派，而这种划分也在我们俄国近十年来的运动中充分地显露了出来。同时大家又知道，社会民主党正统派所代表的正是运动中的无产阶级倾向，社会民主党机会主义派所代表的则是民主知识分子倾向。

可是，阿克雪里罗得同志在多少触及这个尽人皆知的事实时，便胆怯地向后退缩了。他**没有作任何尝试**来认真分析一下，上述这种划分一般在俄国社会民主运动史上，尤其是在我们党代表大会上究竟是怎样表现出来的，虽然阿克雪里罗得同志所写的正是有关代表大会的问题！阿克雪里罗得同志也同新《火星报》整个编辑部一样，对这次代表大会的记录**怕得要死**。我们了解前面说过的一切之后不会对此表示惊奇，但是，这对一个仿佛在研究我们运动中各种倾向的"理论家"却是一件**害怕真相**的奇事。阿克雪里罗得同志由于自己的这种特性，避开了关于我们运动中各种倾向的最新最精确的材料，而求救于惬意的幻想。他说："既然合法马克思主义或半马克思主义给我国自由派提供了一个文坛上的领袖，为什么捉弄人的历史就不能从正统的革命的马克思主义学派中提供一个领袖给革命的资产阶级民主派呢？"[30]关于阿克雪里罗得同志的这种惬意的幻想，我们只能说，如果历史有时是在捉弄人，那么，这并不能替一个分析这种历史的人的**捉弄人的思想**作辩护。当那位半马克思主义的领袖显露出是一个自由派分子时,那些愿意(**和善于**)探讨他的"倾向"的人所引证的并不是什么可能有的历史捉弄,而是这位领袖数十种甚至数百种心理和逻辑的表现,是他全部著作的面貌特征,这些特征显出了马克思主义在资产阶级著作中的反映[31]。既然阿克雪里罗得同志在分析"我们运动中的一般革命倾向和无产阶级倾向"时,**丝毫——确实是丝毫**——不能证明并指出他所痛恨的党内正统派的某些代表人物的某些倾向,那他只不过是**郑重地证明**自己**思想贫乏**罢了。既然阿克雪里罗得同志只能引证什么可能有的历史捉弄,那么他的事情想必已经是十分不妙了!

阿克雪里罗得同志的另一引证,即关于"雅各宾派"的引证,是更有教益的。阿克雪里罗得同志大概不会不知道,现代社会民主党分成革命派和机会主义派,早已——并且不仅在俄国——使人有了运用"法国大革命时代的历史比拟"的借口。阿克雪里罗得同志大概不会不知道,**现代社会民主党中的吉伦特派**随时随地都在用"雅各宾主义"、"布朗基主义"之类的词来形容自己的对手。我们不会像阿克雪里罗得同志那样害怕真相,且让我们来翻阅一下我们代表大会的记录,看看这些记录究竟有没有什么材料可供我们分析和检查现在我们所考察的这些倾向和我们所剖析的这种比拟。

第一个例子。在党代表大会上关于党纲的争论。阿基莫夫同志(他"完全赞同"马尔丁诺夫同志的意见)声明:"关于夺取政权〈即关于无产阶级专政〉的一段条文写得跟所有其他各国社会民主党的纲领不同,这种写法有可能被解释成领导组织的作用一定会把受它领导的阶级推到后面去,并使前者同后者隔离开,而且普列汉诺夫就是这样解释的。因此，我们的政治任务也就表述得完全和‘民意党’的一样。”（记录第124页）普列汉诺夫同志和其他火星派分子反驳了阿基莫夫同志，指责他这是一种机会主义观点。阿克雪里罗得同志难道看不出，这次争论向我们表明了（是用事实，而不是用想象的历史捉弄）社会民主党内**现代雅各宾派**和现代**吉伦特派**的对抗吗？阿克雪里罗得同志所以谈起雅各宾派来，不正是因为他（由于他所犯的错误）已经与社会民主党内的**吉伦特派**为伍了吗？

第二个例子。波萨多夫斯基同志认为在“民主原则的绝对价值”这个“基本问题”上存在着“严重的意见分歧”（第169页）。他和普列汉诺夫一起否认民主原则的绝对价值。“中派”或泥潭派首领（叶戈罗夫）和反火星派首领（戈尔德布拉特）坚决反对这种看法，认为普列汉诺夫是在“仿效资产阶级的策略”（第170页），——**这正是阿克雪里罗得同志关于正统派同资产阶级倾向的联系的看法**，所不同的只是阿克雪里罗得没有把这种看法具体地说出来，而戈尔德布拉特则把它同一定的辩论联系了起来，我们不妨再问一次：阿克雪里罗得同志难道看不出这次争论也向我们**具体地**（在我们党代表大会上）表明了现代社会民主党内有雅各宾派和吉伦特派相对抗吗？阿克雪里罗得同志所以高喊反对雅各宾派，不正是因为他已经与吉伦特派为伍了吗？

第三个例子。关于党章第1条的争论。究竟是谁在捍卫“**我们运动中的无产阶级倾向**”，谁在强调说明工人不怕组织，无产者不同情无政府状态，无产者重视“组织起来！”的号召，谁在提醒人们防范那些浸透机会主义思想的资产阶级知识分子呢？**是社会民主党中的雅各宾派**。究竟是谁在把激进知识分子拉到党里来，谁在念念不忘大学教授和中学生、单干人物和激进青年呢?**是吉伦特派分子阿克雪里罗得伙同吉伦特派分子李伯尔**。

阿克雪里罗得同志为在我们党代表大会上公开散播的那个加给“劳动解放社”多数人的“莫须有的机会主义罪名”进行辩护,可是他辩护得多么笨拙啊!他不过是重弹伯恩施坦派的一些关于雅各宾主义、布朗基主义等等的陈词滥调,从而证实这个罪名有根有据罢了!他高喊什么激进知识分子的危险,无非是为了掩饰他自己在党代表大会上发表的那些念念不忘这种知识分子的言论。

使用雅各宾主义等等这些“吓人的字眼”,只是暴露出自己有**机会主义**思想罢了。同**已经意识到**本阶级利益的无产阶级的**组织**密切联系在一起的雅各宾派分子,就是**革命的社会民主党人**。留恋大学教授和中学生,害怕无产阶级专政,迷恋民主要求的绝对价值的吉伦特派分子,就是**机会主义者**。现在,把政治斗争缩小为密谋活动的思想已经在出版物上被驳斥过几千次了,它早就被实际生活驳倒和排挤掉了,群众性的政治鼓动的根本重要意义已经被阐明和反复地说明了,在这种情况下,只有机会主义者还会认为密谋组织是危险的东西。人们害怕密谋主义即布朗基主义的实际原因,并不是实际运动显露出来的某种特征(像伯恩施坦之流早就枉费心机地力图证明的那样),而是资产阶级知识分子那种在现代社会民主党人中间常常暴露出来的吉伦特派的怯懦心理。最滑稽不过的就是新《火星报》拼命想说出一种**新意见**(其实这种意见早已有人说过几百次了),即要人们防范40年代和60年代法国革命密谋家的策略(第62号上的社论)[32]。在即将出版的一号《火星报》上,现代社会民主党中的吉伦特派大概会给我们举出这样一批40年代的法国密谋家,对这些人来说,在工人群众中进行政治鼓动的作用，工人报纸作为党用来影响阶级的基本工具的作用，早已成了背得烂熟的起码常识。

可是，新《火星报》力图在发表新意见的幌子下重提旧事和反复咀嚼起码的常识，这决不是偶然的，而是已经陷到我党机会主义派中去的阿克雪里罗得和马尔托夫所处的地位的必然结果。处于什么样的地位，就得讲什么样的话。所以他们只好重复机会主义词句，只好**向后退**，以便从**遥远的过去**找到一点什么理由来替自己的立场辩护，但从代表大会上的斗争来看，从代表大会上形成的党内各种不同的色彩和派别划分来看，这个立场是无法辩护的。阿克雪里罗得同志除了谈一些阿基莫夫式的关于雅各宾主义和布朗基主义的深奥思想，还发了一些阿基莫夫式的怨言，说不仅“经济派”而且“政治派”也有“片面性”、过分“迷恋”的毛病等等。当你在妄自尊大、自以为比有上述一切片面性和迷恋毛病的人高明的新《火星报》上读到有关这个题目的高谈阔论时，你就会惶惑莫解地自问道：他们在描画什么人的肖像？他们从哪里听过这种对话？[33]谁不知道俄国社会民主党人分成经济派和政治派的时期早已过去了呢？你们看看党代表大会以前一两年的《火星报》就会知道，反对“经济主义”的斗争还在1902年就平息下去了，完全停止了；就会知道，例如，在1903年7月（第43号），人们就认为“经济主义时代”“已经完全过去了”，经济主义“已经被彻底埋葬了”，认为政治派的迷恋是一种明显的返祖现象。《火星报》新编辑部究竟根据什么理由重新提起这个已经被彻底埋葬了的划分呢？难道我们在代表大会上同阿基莫夫们进行斗争，是因为他们两年以前在《工人事业》杂志上犯的那些错误吗？如果是这样，那我们就成了十足的白痴了。可是，谁都知道我们并没有这样做，我们在代表大会上同阿基莫夫们进行斗争，不是因为他们在《工人事业》杂志上所犯的旧的、已经被彻底埋葬了的错误，而是因为他们在代表大会上发言和表决时犯了**新的错误**。我们并不是根据他们在《工人事业》杂志上的立场，而是根据他们在代表大会上的立场来判断究竟哪些错误已经真正消除，哪些错误仍然存在，因而有争论的必要。到举行代表大会时，经济派和政治派这种旧的划分已不存在，但是各种机会主义倾向仍然存在，这些倾向曾经在讨论和表决许多问题时表现了出来，并且终于造成党的“多数派”和“少数派”的新划分。问题的全部实质在于，《火星报》新编辑部由于某些很明显的原因力图掩盖这种新的划分同我们党内**当前**机会主义的联系，因此也就不得不从新的划分退到旧的划分上去。既然不能说明新的划分的政治起源（或者说，为了表明肯于让步而想掩盖①这种起源），那就只好去反复咀嚼早已过时的旧划分。尽人皆知，新划分的根据是**组织**问题上的分歧，这种分歧是由组织原则（党章第1条）的争论开始，并以只有无政府主义者才干得出来的“实践”作为结束。经济派和政治派之间的旧划分的根据主要是**策略**问题上的分歧。

---

① 见《火星报》第53号上普列汉诺夫关于“经济主义”的文章。在这篇文章的副题上，大概印错了几个字。“关于第二次党代表大会的几点公开意见”显然应该是“关于**同盟**代表大会”，也许是“关于**增补**”。虽然在一定条件下可以对个人的要求作些让步，然而决不容许——不是从庸人观点而是从党的观点来看——把党所关心的一些问题混淆起来，不能把已经开始由正统派方面转到机会主义方面去的马尔托夫和阿克雪里罗得所犯的新错误问题，偷换为今天在纲领和策略的许多问题上也许愿意由机会主义方面转到正统派方面来的马尔丁诺夫们和阿基莫夫们所犯的旧错误（即现在只有新《火星报》才会想起的错误）问题。

这种从党内生活的真正是当前迫切的更为复杂的问题退回到早已解决而现在又故意翻腾出来的问题上去的行为，新《火星报》正在竭力用一种只能称为尾巴主义的可笑的深奥思想加以辩护。阿克雪里罗得同志首创的那个贯穿在新《火星报》一切言论中的深奥“思想”，就是认为内容比形式重要，纲领和策略比组织重要，认为“组织的生命力同它所灌输给运动的那种内容的范围和意义成正比”，认为集中制不是“独立自在的东西”，不是“万应灵丹”等等，等等。这是多么深奥而伟大的真理啊！纲领的确比策略重要，策略比组织重要。识字课本比词法重要，词法比句法重要，——可是，对于那些在考试句法时没有及格而现在居然因留级而骄傲和自夸的人，又能说些什么呢？阿克雪里罗得同志在组织原则问题上的议论像一个机会主义者（党章第1条），而在组织中的行动像一个无政府主义者（在同盟代表大会上）。而现在，他又在加深社会民主主义了——他说：葡萄是酸的！[34]其实，什么是组织呢？它不过是一种形式罢了；什么是集中制呢？它并不是万应灵丹；什么是句法呢？它并不像词法那样重要，它不过是把各个单词联结起来的一种形式罢了…… 《火星报》新编辑部得意地问道：“如果我们说，代表大会制定党纲要比它通过一个无论怎样完善的党章更能促进党的工作的集中化，难道亚历山德罗夫同志会不同意我们的说法？”（第56号的附刊）可以设想，这个经典性的名言将要博得的广泛而持久的历史名声，不会亚于克里切夫斯基同志所说的那句名言：社会民主党也和人类一样，永远只给自己提出可以实现的任务。新《火星报》的这个深奥思想真是与此如出一辙。为什么克里切夫斯基同志的这句话遭到讥笑呢？这是因为他用了一种冒充哲学的庸俗议论来替某一部分社会民主党人在策略问题上的错误辩护,替他们不能正确地提出政治任务辩护。同样,新《火星报》也是用一种所谓党纲比党章重要、党纲问题比组织问题重要的庸俗议论,来替某一部分社会民主党人在组织问题上的错误辩护,替某些同志的那种导致无政府主义空话的知识分子的不坚定性辩护!这难道不是尾巴主义吗?这难道不是因留级而自夸吗?

通过党纲要比通过党章更能促进工作的集中化。这种冒充哲学的庸俗议论散发着多么浓厚的激进知识分子的气味,这种知识分子对资产阶级颓废思想比对社会民主主义要亲近得多!要知道,集中化这个词在这句名言里完全是从**象征的**意义上理解的。如果说这句话的人不善于或者不愿意思索,那么他们至少也应当回忆一下这个简单的事实:我们和崩得分子共同通过党纲,不仅没有使我们共同的工作集中化,而且也没有使我们避免分裂。在党纲问题上和在策略问题上的一致是保证党内团结,保证党的工作集中化的必要条件,但只有这个条件还是不够的(天啊!在今天一切概念都弄得混淆不清的时候,一个多么浅显的道理也要人翻来覆去地讲!)。为了保证党内团结,为了保证党的工作集中化,还需要有组织上的统一,而这种统一在一个已经多少超出了家庭式小组范围的党里面,如果没有正式规定的党章,没有少数服从多数,没有部分服从整体,那是不可想象的。当我们在纲领和策略的基本问题上还没有一致时,我们曾直截了当地说,我们是处在一个涣散状态和小组习气盛行的时代,我们曾直截了当地声明,在统一之前必须划清界限,我们当时还没有说到共同组织的形式,只是谈到在纲领和策略方面同机会主义斗争的那些新问题(这在当时确实是些新问题)。现在我们大家都认为,这个斗争已经保证了表述在党纲和党关于策略的决议中的充分的一致；现在我们必须采取下一个步骤，于是我们就在我们大家的同意下采取了这个步骤：我们制定了把一切小组融为一体的统一组织的**形式**。现在却有人把这些形式破坏了一半，把我们拉向后退，退到无政府主义的行为，退到无政府主义的空话，退到恢复小组来代替党的编辑部，而现在又用什么识字课本比句法更能促使文理通顺来替这种倒退辩护！

三年前在策略问题上盛行一时的尾巴主义哲学，现在又在组织问题上复活了。我们不妨看看新编辑部发表的这样一段议论。亚历山德罗夫同志说："战斗的社会民主主义方针，在党内应当不单单通过思想斗争，而且通过一定的组织形式来实行。"编辑部教训我们说："把思想斗争和组织形式这样相提并论，的确不坏。思想斗争是一种过程，而组织形式不过是……形式〈在第56号的附刊第4版第1栏下面确实就是这样说的！〉，这些形式应当包着一种流动的、发展着的内容，即发展着的党的实际工作。"这种说法和那种说铁弹是铁弹，炸弹是炸弹[35]的笑话毫无二致。思想斗争是一种过程，而组织形式不过是包着内容的形式！问题在于我们的思想斗争是由**较高级的**形式，即对大家都有约束力的党组织的形式包着呢，还是由过去的涣散状态和小组习气的形式包着。人们把我们从较高级的形式拉回到较原始的形式上去，并且还为此辩护，说什么思想斗争是一种过程，而形式不过是形式。这和克里切夫斯基同志很久以前把我们从策略-计划拉回到策略-过程上去是一模一样的。

我们不妨看一看新《火星报》为了反对那些似乎只顾形式却忽略了内容的人而说的这些关于"无产阶级的自我教育"的大话

(第 58 号的社论)。难道这不是第二号阿基莫夫主义吗?头号阿基莫夫主义常拿“无产阶级斗争”的更“深刻”内容,拿无产阶级的自我教育,来替社会民主党内某一部分知识分子在策略任务的提法上的落后辩护。第二号阿基莫夫主义,现在也用组织不过是形式而整个实质在于无产阶级的自我教育这种同样深奥的理由,来替社会民主党内某一部分知识分子在组织的理论和实践问题上的落后辩护。替小兄弟操心的先生们,无产阶级是不怕组织和纪律的!无产阶级是不会去操心让那些不愿加入组织的大学教授先生和中学生先生因为在党组织的监督下工作,就被承认为党员的。无产阶级由它的全部生活养成的组织性,要比许多知识分子彻底得多。对我们的纲领和我们的策略已经有所认识的无产阶级,是不会用形式不如内容重要的口实来替组织上的落后辩护的。并不是无产阶级,而是我们党内**某些知识分子**,在组织和纪律方面缺乏**自我教育**,在敌视和鄙视无政府主义空话方面缺乏**自我教育**。正如头号阿基莫夫们从前诬蔑无产阶级,说它还没有成熟到进行政治斗争的地步一样,现在第二号阿基莫夫们也在诬蔑无产阶级,说它还没有成熟到组织起来的地步。已经成为自觉的社会民主主义者并感到自己是党的一员的无产者,也一定会像他从前用十分鄙视的态度斥责策略问题上的尾巴主义那样来斥责组织问题上的尾巴主义。

最后,请看一看新《火星报》的那位“实际工作者”的深奥思想吧。他说:“建立一个能将革命家的**活动**〈用黑体是为了加深意思〉统一集中起来的‘战斗的’集中组织的思想,即使被人正确理解,也只有在**有了**这种活动的时候才会自然实现〈真是既新颖又聪明〉;组织本身作为一种形式〈注意,听着!〉,只能**随着**〈这里以及这段引文里其他各处的黑体，都是原作者用的〉构成其内容的革命工作的开展而成长起来。”（第57号）这岂不又一次使我们想起民间故事里的那个看到人家送葬时高喊“但愿你们拉也拉不完”的人物吗?[36]大概，我们党内没有哪一个实际工作者（不带引号的）不了解：我们活动的形式（即组织）老早就落在内容的后面了，并且落后得太远了；只有党内的伊万努什卡才会向落在后面的人们喊：齐步前进！不要抢先！不妨拿我们党和崩得比较一下。毫无疑义，我们党的工作**内容**①要比崩得的工作内容丰富、多样、广泛、深入得多。理论规模更巨大，纲领更成熟，对工人群众（不仅对有组织的手工业者）的影响更广泛更深刻，宣传鼓动工作更多样，在先进分子和普通分子那里的政治工作的脉搏更活跃，在游行示威和总罢工时开展的**人民**运动更壮阔，在非无产者阶层中进行的活动更有力。可是“形式”怎样呢？我们工作的“形式”同崩得工作的形式比起来竟落后到不能容忍的地步，落后得使每一个对自己党内事务不“袖手旁观”的人都感到痛心和羞愧。工作的组织比工作的内容落后，是我们的一个弱点，并且远在召开代表大会以前，远在组委会成立以前，就已经是我们的一个弱点了。由于形式不成熟、不牢固，我们无法采取继续前进的重大步骤来发展内容，因而造成了可耻的停滞，力量的浪费，言行的不一。大家都为这种言行不一而大伤脑筋，可是阿克雪里罗得们和新《火星报》的

① 且不必说，我们党的工作**内容**在代表大会上是按革命社会民主党的精神确定的（在纲领等等中），这只是**用斗争的代价**换来的，是我们同那些反火星派分子以及在“少数派”内占大多数的泥潭派分子斗争的结果。关于“内容”问题，如把旧《火星报》所出版的6号（第46—51号）同新《火星报》所出版的12号（第52—63号）比较一下，那也是很有趣的。但这只好另外有机会再说了。

“实际工作者们”,却在这时来鼓吹他们的深奥思想:形式只应当随着内容自然地成长起来!

请看,如果有人想**加深**谬论并从哲学上替机会主义词句找根据,那么在组织问题(党章第1条)上所犯的小错误就会导致什么样的结果吧。要慢慢地走,要小心翼翼地曲折前进![37]——从前我们就听见有人在策略问题上唱这个调子;现在我们又听见有人在组织问题上唱这个调子。**组织问题上的尾巴主义**是**无政府个人主义者**的心理的自然的和必然的产物,只要他开始把自己的(起初也许是偶然的)无政府主义倾向上升为**观点的体系**,上升为一种特别的**原则意见分歧**,就会是这种情况。在同盟代表大会上,我们看见了这种无政府主义的开端;在新《火星报》上,我们又看见有人企图把它上升为观点的体系。这种企图十分明显地证实了我们在党代表大会上已经表示过的意见:参加社会民主主义运动的资产阶级知识分子的观点跟意识到本阶级利益的无产者的观点是不同的。例如,新《火星报》的那位“实际工作者”(他的深奥思想我们已经领教过了)揭发我,说我把党想象成一个“大工厂”,厂长就是中央委员会(第57号的附刊)。这位“实际工作者”根本没有料到,他提出来的这个吓人的字眼一下子就暴露出既不了解无产阶级组织的实际工作又不了解无产阶级组织的理论的资产阶级知识分子的心理。工厂在某些人看来不过是一个可怕的怪物,其实工厂是资本主义协作的最高形式,它把无产阶级联合了起来,使它纪律化,教它学会组织,使它成为其余一切被剥削劳动群众的首脑。马克思主义是由资本主义训练出来的无产阶级的意识形态,正是马克思主义一贯教导那些不坚定的知识分子把工厂的剥削作用(建筑在饿死的威胁上面的纪律)和工厂的组织作用(建筑在由技术高度发达的生产条件联合起来的共同劳动上面的纪律）区别开来。正因为无产阶级在这种工厂“学校”里受过训练，所以它特别容易接受资产阶级知识分子难以接受的纪律和组织。对这种学校怕得要死，对这种学校的组织作用一无所知，这正是那些反映小资产阶级生存条件的思想方法的特点，这种思想方法产生了德国社会民主党人叫做 Edelanarchismus 的无政府主义，即“贵族式的”无政府主义，我说也可以把它称做老爷式的无政府主义。这种老爷式的无政府主义在俄国虚无主义者身上是特别突出的。党的组织在他们看来是可怕的“工厂”；部分服从整体和少数服从多数在他们看来是“农奴制”（见阿克雪里罗得的小品文），他们一听见在中央领导下实行分工，就发出可悲又可笑的号叫，反对把人们变成“小轮子和小螺丝钉”（在这方面他们认为特别可怕的，就是把编辑变成撰稿人），他们一听见别人提起党的组织章程，就作出一副不屑一顾的样子，轻蔑地说（对“形式主义者”），完全不要章程也可以。

这是难以置信的，但这是事实。马尔托夫同志在《火星报》第58号上就是这样教训我的，并且为了更加使人信服，还从《给一位同志的信》里引了我本人的话。举一些涣散时代的例子，小组时代的例子，来替在党性时代保持和赞美小组习气、无政府状态**辩护**，这难道不是“老爷式的无政府主义”，这难道不是尾巴主义吗？

为什么从前我们不需要章程呢？因为当时党是由一些彼此没有任何组织联系的单个小组组成的。当时由这一小组转到另一小组，只是个人“自愿”的事情，并没有任何正式规定的整体意志作为他的行动的准绳。各个小组内部的争论问题不是按照章程，“**而是用斗争和退出相威胁**”来解决，正如我在《给一位同志的信》

里根据许多小组特别是我们六人编辑小组的经验所说的那样。① 在小组时代，这种现象是自然的和不可避免的，可是谁都没有想到要赞美它，没有认为它是理想的；大家都埋怨过这种涣散状态，大家都为此感到苦恼，渴望把各个零星小组融为一个正式的党组织。现在，这种融合实现了，却有人把我们拉向后退，用冒充最高组织观点的无政府主义的空话来款待我们！在那些过惯了穿着宽大睡衣、趿拉着拖鞋的奥勃洛摩夫[38]式的家庭式小组生活的人们看来，正式章程是太狭隘、太狭窄、太累赘、太低级了，太官僚主义化、太农奴制度化了，太约束思想斗争的自由"过程"了。老爷式的无政府主义不了解，正式章程所以必要，正是为了用广泛的党的联系来代替狭隘的小组联系。一个小组内部或各个小组之间的联系，在过去是不需要规定的，也是无法规定的，因为这种联系是靠朋友关系或盲目的、没有根据的"信任"来维持的。党的联系不能而且也不应当靠这两种东西来维持。党的联系一定要以**正式的**，即所谓"用官僚主义态度"（在自由散漫的知识分子看来）制定的章程为基础，也只有严格遵守这个章程，才能保证我们摆脱小组的刚愎自用，摆脱小组的任意胡闹，摆脱美其名为思想斗争的自由"过程"的小组争吵。

新《火星报》编辑部打出的一张反对亚历山德罗夫的王牌，就是用教训的口吻指出："信任是一种微妙的东西，决不能把它钉到人心和脑袋里去。"（第 56 号的附刊）编辑部不了解，正是提出信任——**单纯的**信任——这一范畴本身，再一次把它那种老爷式的无政府主义和组织上的尾巴主义暴露了出来。当我还只是一个小

① 见《列宁全集》第 2 版增订版第 7 卷第 18 页。——编者注

组——无论《火星报》六人编辑小组或《火星报》组织——的成员时，譬如我为了说明我不愿意同某某人在一起工作，我有权拿那种盲目的、没有根据的不信任当做唯一的借口。当我成了一个党员时，我**就没有权利**只凭感情来表示不信任了，因为我这样做，便给以前小组习气盛行时代的一切任意胡闹和刚愎自用的现象大开方便之门；我**有责任**用正式的理由，即根据我们的纲领、我们的策略、我们党章中某一项正式规定的原则来说明我为什么“信任”或“不信任”；我就不能只限于盲目的“信任”或“不信任”，而必须承认我自己的决定以及党内任何一部分的一切决定都要对全党**负责**；我必须遵照**正式规定的**手续来表示自己的“不信任”，来实现根据这种不信任所得出的观点和愿望。我们已经从盲目“信任”的**小组**观点，提高到**党的**观点。党的观点要求我们按照受监督的和正式规定的手续，来表示和**检查**信任，可是编辑部却把我们拉向后退，并把自己的尾巴主义叫做新的组织观点！

请看，我们的所谓党的编辑部是怎样议论那些可能要求派代表参加编辑部的著作家小组的。时时处处都藐视纪律的老爷式的无政府主义者教训我们说：“我们不会发怒，我们不会叫起纪律来。”假如提出这种要求的是一个明白事理的集团，我们就同它“达成协议”（原文如此！）；不然我们就对它的要求置之一笑。

你看，这该是一种多么高贵的与庸俗的“工厂式的”形式主义针锋相对的态度呀！其实，这只是编辑部赠给党的一套略加修饰的、充满小组习气的辞令，编辑部感到它不是一个党的机关，而是旧时小组的残余。这种立场的内在的虚伪性，必然会产生**无政府主义的**深奥思想，这种深奥思想把涣散状态推崇为社会民主党组织的**原则**，同时在口头上又伪善地把这种涣散状态说成是早已过去了的事情。根本不需要什么由上下各级党机关构成的体系,因为在老爷式的无政府主义看来,这种体系不过是办公室里拟制的司厅科股等等的玩意(见阿克雪里罗得的小品文);根本不需要什么部分服从整体的原则,根本不需要对**党的**“达成协议”或划清界限的办法作出“形式主义和官僚主义的”规定,还是让人们去空谈“真正社会民主主义的”组织方法,崇尚旧时的小组争吵吧。

正是在这方面,受过“工厂”训练的无产者可以而且应当来教训无政府个人主义。觉悟的工人早已脱离了害怕同知识分子打交道的幼稚状态。觉悟的工人善于尊重他在知识分子社会民主党人那里发现的比较丰富的知识、比较广阔的政治视野。可是,随着我们**真正的**政党的形成,觉悟的工人应当学会辨别无产阶级军队的战士的心理和爱说无政府主义空话的资产阶级知识分子的心理,应当学会不仅**要求**普通党员,而且**要求**“上层人物”履行党员的义务,应当学会像他很久以前蔑视策略问题上的尾巴主义那样,来蔑视组织问题上的尾巴主义!

新《火星报》在组织问题上的立场的最后一个特点,是同吉伦特主义[39]和老爷式的无政府主义密切联系在一起的:这就是维护**自治制**,反对集中制。关于官僚主义和专制的号叫,关于“非火星派分子〈在代表大会上维护自治制的非火星派分子〉受到不应有的忽视”的惋惜,关于有人要求别人“唯命是从”的滑稽喊叫,关于“彭帕杜尔作风”的伤心抱怨等等,正是含有这样的原则的意思(如果有的话①)。任何一个党的机会主义派总是维护任何一种落

---

① 这里我也和在本节其他地方一样,把这些号叫的“增补”的意思撇开不谈。

后表现，为它辩护，无论在纲领方面、策略方面或组织方面都是如此。新《火星报》维护组织方面的落后表现（尾巴主义），是同维护**自治制**密切联系着的。诚然，一般说来，经过旧《火星报》三年来的宣传揭露，自治制已经名声很坏了，因此新《火星报》公开维护自治制未免**还**有些害羞；它还硬要我们相信它喜欢集中制，不过它用来证明这一点的，只是集中制这个词用了黑体罢了。其实，只要稍微考察一下新《火星报》的“真正社会民主主义的”（不是无政府主义的吗？）所谓集中制的“原则”，处处都会发现自治制的观点。难道现在不是所有的人都清楚看到阿克雪里罗得和马尔托夫在组织问题上已经转到阿基莫夫那里去了吗？难道他们自己不是用所谓“非火星派分子受到不应有的忽视”这句名言郑重地承认了这一点吗？难道阿基莫夫和他的朋友们在我们党的代表大会上所维护的不是自治制吗？

马尔托夫和阿克雪里罗得在同盟代表大会上所维护的正是自治制（如果不是无政府主义的话），当时他们令人可笑地竭力证明：部分不应当服从整体，部分在决定自己对整体的关系时可以有自治权，确定这种关系的国外同盟章程可以在违反党内多数的意志、违反党中央机关的意志的情况下生效。现在马尔托夫同志在新《火星报》（第60号）上说到中央委员会指定地方委员会委员问题时公开维护的也正是自治制[40]。我不来谈马尔托夫同志在同盟代表大会和现在在新《火星报》上用来维护自治制的那些幼稚的诡辩①，

① 马尔托夫同志列举党章各项条文时，恰巧**遗漏了**说明整体对部分的关系的一条：中央委员会“分配全党人力”（第6条）。如果不能把工作人员从一个委员会调到另一个委员会，那还怎么分配人力呢？这样一个浅显的道理还需要加以说明，真叫人感到难为情。

我认为这里重要的是,应当指出他有**维护自治制**、**反对集中制**的明显倾向,这种倾向是组织问题上的机会主义所固有的根本特征。

在新《火星报》(第53号)上拿“形式主义和**民主主义的**原则”(黑体是原作者用的)同“形式主义和**官僚主义的**原则”相对照,要算是**分析**官僚主义这个概念的唯一尝试了。这种对照(可惜,这种对照也像提到非火星派分子时那样没有加以发挥,没有加以阐明),也多少有些道理。官僚主义对民主主义,这也就是集中制对自治制,也就是革命社会民主党的组织原则对社会民主党机会主义派的组织原则。后者力求自下而上地来行动,因此在凡是可能的地方和凡是可能的程度内,都坚决主张实行自治制,主张实行达到(在那些狂热坚持这点的人们那里)无政府主义地步的“民主主义”。前者力求由上层出发,坚决主张扩大中央对于部分的权利和权限。在涣散状态和小组习气盛行的时代,这种上层机关(革命社会民主党力求在组织上由它出发)必然是一个由于自己的活动和自己的革命彻底性而享有极大威信的小组(在我们这里就是《火星报》组织)。在恢复党的真正统一并在这个统一的基础上解散各个过了时的小组的时代,这种上层机关必然是**党的代表大会**,即党的最高机关;代表大会尽可能把各个积极组织的所有代表团结起来,任命中央机关(它的成分往往使党内的先进分子而不是落后分子比较满意,让党内的革命派而不是机会主义派比较喜欢),使它们成为党的最高机关,直到召开下届代表大会为止。至少在欧洲社会民主党人那里情况是如此,而且这种为无政府主义者所深恶痛绝的惯例在亚洲社会民主党人中间也开始流行起来,虽然流行得很慢,不免要遇到困难,不免要遇到斗争,不免要遇到无谓争吵。

非常值得指出的是，我在上面所谈到的组织问题上的机会主义的这些根本特征（自治制、老爷式的或知识分子的无政府主义、尾巴主义和吉伦特主义），在世界各国社会民主党内，凡是划分为革命派和机会主义派的（试问在什么地方没有这种划分呢？），都可以看到，只是作相应的改变（mutatis mutandis）罢了。这种情形最近在德国社会民主党内暴露得特别明显，因为第20号萨克森选区竞选的失败（所谓格雷事件①）把党的组织**原则**提到日程上来了。由这一事件引起了原则问题，这主要是德国机会主义者推波助澜的结果。格雷（他从前是一个牧师，又是一本不无名气的书《三个月的工人生活》的作者，是德累斯顿代表大会上的"主角"之一）本人是一个顽固的机会主义者，于是彻底的德国机会主义者的机关刊物《社会主义月刊》[42]就立刻来为他"鸣不平"。

纲领上的机会主义，自然是同策略上的机会主义和组织问题上的机会主义相联系的。当时出面陈述"新"观点的是沃尔弗冈·海涅同志。为了向读者说明这个参加社会民主党并带来机会主义思想习气的典型知识分子的面目，只要指出沃尔弗冈·海涅同志是一个比德国的阿基莫夫同志小一点而比德国的叶戈罗夫同志大一点的人物就够了。

沃尔弗冈·海涅同志在《社会主义月刊》上，也像阿克雪里罗

---

① 格雷1903年6月16日曾在第15号萨克森选区里被选为国会议员，但他在德累斯顿代表大会[41]以后辞去了议员职务。第20号选区在议员罗森诺死后出现空缺，该区选民又想推举格雷为候选人。党中央执行委员会和萨克森中央鼓动委员会对此表示反对，虽然它们没有权利正式禁止推举格雷为候选人，但是它们终于使格雷放弃了候选人的资格。在这次选举中，社会民主党人遭到了失败。

得同志在新《火星报》上那样大举进攻。单是文章的标题《对格雷事件的几点民主意见》(《社会主义月刊》4 月第 4 期)，就已经很了不起。内容也同样非比寻常。沃·海涅同志反对“侵犯选区自治权”，捍卫“民主原则”，抗议“委任的上司”(即党中央执行委员会)干涉人民自由选举议员。沃·海涅同志教训我们说，问题并不在于一次偶然事件，而在于一种总的倾向，即“**党内的官僚主义和集中制倾向**”，对这种倾向，据说过去人们就有所觉察，但是现在变得特别危险了。必须“在原则上承认：党的地方机关是党的生活的体现者”(这是从马尔托夫同志所写的《又一次处在少数地位》这本小册子中抄来的)。不要“习惯于让一切重要政治决定都出自一个中央机关”，党要防备“脱离实际生活的教条政策”(这是从马尔托夫同志在党代表大会上大谈“实际生活一定会显示自己的力量”那篇发言中借用来的)。沃·海涅同志加深自己的论据说：“如果细心观察事物的根源，如果把这次也和任何时候一样起过不小作用的种种个人冲突撇开不谈，那么我们就会看到，这种激烈反对**修正主义者**的斗争〈黑体是原作者用的，大概是暗示“对修正主义的斗争”和“对修正主义者的斗争”这两个概念的区别吧〉，主要是党内的官方人士对‘**局外人**’〈沃·海涅显然还没有读过那本论反对戒严状态的小册子，因此只好借用一个英国习惯用语：Outsidertum〉不信任，传统对一切异乎寻常的现象不信任，没有个性的机关对一切有个性的东西不信任〈见阿克雪里罗得在同盟代表大会上提出的关于反对压制个人主动性的决议案〉，一句话，就是我们在前面所说明的那种倾向，即党内的官僚主义和集中制倾向。”

“纪律”这个概念在沃·海涅同志的心里所引起的高尚愤怒，并不亚于阿克雪里罗得同志。他写道："有人指责修正主义者缺乏纪律，是因为他们给《社会主义月刊》写过文章，有人甚至不愿承认这个刊物是社会民主主义的，因为它不受**党的监督**。单是这种试图缩小'社会民主主义'这一概念的做法，单是这种让人们在应当普遍实行绝对自由的思想生产方面**遵守纪律**的要求〈请回忆一下所谓思想斗争是一个过程，而组织形式不过是形式的说法〉，就足以证明官僚主义和压制个性的倾向了。"接着沃·海涅又滔滔不绝地百般攻击这种创造"**一个**包罗万象的、尽量集中化的巨大组织，**一个**策略，**一个**理论"的可恨倾向，攻击"绝对服从"、"盲目服从"的要求，攻击"简单化的集中制"等等，真是一字不差地"模仿阿克雪里罗得"。

沃·海涅所挑起的争论激烈起来了，因为在德国党内这个争论没有掺杂什么由增补问题引起的无谓争吵，因为德国的阿基莫夫们不仅在代表大会上而且经常在专门的机关刊物上暴露自己的面目，所以这次争论很快就变成了对正统思想和修正主义在组织问题上的原则倾向的分析。以革命派（它当然也和我们这里一样被人加上"独裁"和"宗教裁判"等等的可怕罪名）代表之一的资格出面说话的，是卡·考茨基（《新时代》杂志1904年第28期的《选区和党》——«Wahlkreis und Partei»一文）。他说，沃·海涅的论文"表明整个修正主义派的思想进程"。不仅在德国，而且在法国，在意大利，机会主义者都在竭力维护自治制，力图削弱党的纪律，力图把党的纪律化为乌有，他们的倾向到处都在导向**瓦解组织**，导向把"民主原则"歪曲为**无政府主义**。卡·考茨基教训组织问题上的机会主义者说："民主并不是没有权力，民主并不是无政府状态，民主是群众对他们委任的代表的统治，它不同于冒充人民公仆而实际上是人民统治者的其他权力形式。"卡·考茨基在详细考察了各国机会主义的自治制所起的瓦解组织的作用后指出,正是由于“**大批资产阶级分子**”①参加社会民主党,才使机会主义、自治制和违反纪律的倾向严重起来,并且一再提醒说,“组织是无产阶级解放自己的武器”,“组织是无产阶级所特有的阶级斗争的武器”。

德国的机会主义比法意两国的弱些,所以德国的“自治制倾向,暂时还只表现为唱一些反对独裁者和大宗教裁判者,反对开除教籍②和追究异端的相当动听的高调,表现为无休止的吹毛求疵和无谓争吵,而对这种吹毛求疵和无谓争吵加以分析,又只会引起无休止的口角”。

俄国党内的机会主义比德国的更弱,所以俄国的自治制倾向所产生的东西,其思想成分更少,“动听的高调”和无谓争吵的成分更多,这原是不足为奇的。

难怪考茨基要作出结论说:“也许,世界各国修正主义在任何其他问题上,都不像在组织问题上表现得那样性质一致,虽然其形态各不相同,色彩互有差异。”在谈到正统思想和修正主义在这方面的基本倾向时,卡·考茨基也用了“吓人的字眼”:官僚主义对(Versus)民主主义。卡·考茨基写道:据说,给党的执行委员会一种权利,让它对各地方选区选择候选人(国会议员候选人)施加影响,就是“无耻地侵犯民主原则,因为民主原则要求全部政治活动自下而上地由群众独立自主地进行,而不是自上而下地用官僚主义的办法进行……　但是,如果说有什么真正民主的原则,那它就

① 卡·考茨基把**饶勒斯**拿来作例子。这种人愈是倾向于机会主义,他们也就“必然觉得党的纪律对于他们的自由个性是一种不可容许的约束”。

② 德语 Bannstrahl(开除教籍)这个词,可以说是俄语的“戒严状态”和“非常法”的同义语。这是德国机会主义者的“吓人的字眼”。

是多数应比少数占优势，而不是相反……” 任何一个选区选举国会议员都是关系全党的一个重要问题，所以党至少应当经过党所信任的人（Vertrauensmänner）对指定候选人施加影响。“如果谁觉得这太官僚主义化或太集中化，他不妨提出由全体党员（Sämtliche Parteigenossen）来直接表决候选人。既然这办不到，那就不必抱怨说，这项职能也同其他许多有关全党的职能一样由党的一个或几个机关来执行，就是缺乏民主精神。”按照德国党的“习惯法”，从前各个选区也是就提出某某人为候选人的问题同党的执行委员会进行“同志式的商议”的。“可是党现在已经太大了，这个不言而喻的习惯法已经不够了。当人们不再承认习惯法为不言而喻的东西时，当这个习惯法规定的内容以及这个习惯法本身的存在都引起争议时，那它就不成其为法了。因而绝对需要精确地规定这个法，把它明文规定下来……”作更加“精确的章程性的规定（statutarische Festlegung）①，从而加强组织的严格性（größere Straffheit）”。

这样你们就看到：在另一个环境中也有同样的斗争，即党内机会主义派和革命派在组织问题上的斗争，有同样的冲突，即自治制同集中制的冲突，民主主义同“官僚主义”的冲突，削弱组织和纪律严格性的倾向同加强组织和纪律严格性的倾向的冲突，不坚定的知识分子的心理同坚定的无产者的心理的冲突，知识分子的个人主义同无产阶级的团结精神的冲突。试问，**资产阶级民主**

---

① 把卡·考茨基这些关于用正式规定的章程性法规代替不言而喻的习惯法的意见，拿来和我们党尤其是编辑部从党代表大会以来所经历的全部“变更”对照一下，是很有教益的。参看维·伊·查苏利奇的发言（在同盟代表大会上，见第66页及以下各页），她未必能领会现在发生的这种变更的全部意义。**43**

派——不是捉弄人的历史仅仅私下里许诺有朝一日会指给阿克雪里罗得同志看的那个资产阶级民主派，而是实实在在的资产阶级民主派，它在德国也有一些聪明敏锐的代表人物，并不亚于我国的解放派先生们，——当时是怎样对待这种冲突的呢？德国的资产阶级民主派马上起来对这个新的争论作出反应，并且也和俄国的资产阶级民主派一样，也和任何时候任何地方的资产阶级民主派一样，竭力支持社会民主党内的机会主义派。德国交易所资本家的著名的《**法兰克福报**》[44]发表了一篇气势汹汹的社论（1904 年 4 月 7 日《法兰克福报》第 97 号晚上版），它表明肆无忌惮地抄袭阿克雪里罗得的言论简直已经成了德国报刊的一种流行病。法兰克福交易所的威风凛凛的民主派分子大肆攻击社会民主党内的“专制”、“党内独裁”、“党内首长的专制统治”，攻击打算用来“惩罚整个修正主义”（请回忆一下“莫须有的机会主义罪名”这句话）的“开除教籍”的做法，攻击“盲目服从”、遵守“死板纪律”的要求，攻击“唯命是从”、把党员变成“政治僵尸”（这比讲小螺丝钉和小轮子厉害得多！）的要求。交易所的骑士们看到了社会民主党内的反民主的制度，不禁愤愤不平地说：“请看，任何个人特性，任何个性都要加以取缔，因为它们有产生法国那样的情况，即产生饶勒斯主义和米勒兰主义的危险，辛德曼〈在萨克森社会民主党人代表大会上〉叙述这个问题时就直截了当地这样说过。”

总之，如果说新《火星报》关于组织问题的新字眼有什么原则含义，那么毫无疑问，这就是机会主义的含义。证实这个结论的，既有对我们那次分成革命派和机会主义派的党代表大会的全部分析，又有欧洲**各国**社会民主党的实例，在这些社会民主党内，组织

问题上的机会主义也是用同样的倾向和同样的责难表现出来的，并且往往用的是同样的字眼。当然，各国党的民族特点和各国政治条件的不同都会发生相当的影响，因而使得德国机会主义完全不同于法国机会主义，法国机会主义完全不同于意大利机会主义，意大利机会主义完全不同于俄国机会主义。但是，虽然有上述种种条件的差别，所有这些党内的革命派和机会主义派之间的基本划分显然是相同的，机会主义在组织问题上的思想过程和倾向显然是相同的。① 由于在我国马克思主义者和我国社会民主党人中间有许多激进知识分子的代表人物，所以由这种知识分子心理产生的机会主义不论过去或现在都必然在各个不同的方面用各种不同的形式表现出来。我们曾经在我们世界观的基本问题上，即在纲领问题上，同机会主义进行了斗争，目的方面的根本分歧不可避免地使那些把我国合法马克思主义弄得声名狼藉的自由派同社会民主党人完全分道扬镳。后来我们在策略问题上同机会主义进行了斗争，我们同克里切夫斯基和阿基莫夫两位同志在这个比较次要问题上的分歧自然只是暂时的，并没有弄到各自成立政党的地步。现在我们应当克服马尔托夫和阿克雪里罗得在组织问题上的机会主义，这些问题同纲领问题和策略问题相比当然更少具有根

---

① 现在谁也不会怀疑，俄国社会民主党人过去在策略问题上分成经济派和政治派，同整个国际社会民主党分为机会主义派和革命派是一样的，尽管马尔丁诺夫和阿基莫夫同志同冯·福尔马尔和冯·埃尔姆同志，或同饶勒斯和米勒兰有很大的区别。同样，在组织问题上的基本划分也毫无疑义是相同的，尽管没有政治权利的国家和有政治自由的国家之间的条件大不相同。极其值得注意的是，讲原则的新《火星报》编辑部稍稍涉及了一下考茨基和海涅的争论（第 64 号），便畏缩地**避开了一切**机会主义派和一切正统派在组织问题上的**原则**倾向问题。

本意义,但是它们在目前却出现在我们党的生活的前台。

谈到同机会主义作斗争,任何时候都不应当忘记整个现代机会主义在各个方面表现出来的特征:模棱两可,含糊不清,不可捉摸。机会主义者按其本性来说总是回避明确地肯定地提出问题,谋求不偏不倚,在两种互相排斥的观点之间像游蛇一样蜿蜒爬行,力图既"同意"这一观点,又"同意"另一观点,把自己的不同意见归结为小小的修正、怀疑、天真善良的愿望等等。纲领问题上的机会主义者爱德·伯恩施坦同志是"同意"党的革命纲领的,虽然他本来显然想"根本改良"这个纲领,但是他认为这样做是不合时宜的,是不适当的,还不如阐明"批判"的"一般原则"(主要是用无批判的态度抄袭资产阶级民主派的原则和字眼)来得重要。策略问题上的机会主义者冯·福尔马尔同志也是同意革命社会民主党的老的策略的,也是多半只限于唱唱高调,提出小小的修正,讲几句风凉话,而根本不提出任何明确的"内阁主义的"策略。组织问题上的机会主义者马尔托夫同志和阿克雪里罗得同志,也是直到现在并没有提出什么可以"用章程确定下来的"明确的原则论点,尽管人们一再公开提醒他们这样做;他们本来也愿意,非常愿意"根本改良"我们的组织章程(《火星报》第 58 号第 2 版第 3 栏),但是他们宁愿先来讲"一般组织问题"(因为如果按新《火星报》精神把我们这个不管第 1 条如何但毕竟是集中制的章程实行一番真正根本的改良,那就必然会导致自治制,可是马尔托夫同志当然甚至在自己面前也不愿意承认自己**在原则上**是倾向自治制的)。因此,他们在组织问题上的"原则"立场,也就来得五花八门:多半是唱一些所谓专制和官僚主义、所谓盲目服从、小螺丝钉和小轮子等等幼稚的动听的高调,——这种高调是如此幼稚,以致使人很难确定其中所包含的哪些真正是原则的意思，哪些真正是增补问题的意思。可是他们愈陷愈深：他们企图对他们所仇恨的“官僚主义”加以分析并下一个确切的定义，就不可避免地要导向自治制；他们企图“加深”和论证自己的观点，就不可避免地要为落后现象辩护，走向尾巴主义，陷入吉伦特主义的空谈。最后，就出现了**无政府主义**原则，它是作为唯一的、真正明确的、因而在实践上表现得特别明显的（实践总是走在理论前面的）原则表现出来的。藐视纪律——自治制——无政府主义，这就是我们那个组织上的机会主义时而爬上时而爬下的梯子，它从一个梯级跳到另一个梯级，巧妙地回避明确说出自己的原则。① 在纲领和策略上的机会主义那

① 现在，回想一下党章第1条的争论，就会清楚地看到，马尔托夫同志和阿克雪里罗得同志在党章第1条问题上的错误的发展和加深，**必然**导向组织上的机会主义。马尔托夫同志的基本思想，即自行列名入党，正是虚伪的“民主主义”，是自下而上建立党的思想。相反，我的思想所以是“官僚主义化的”，就是因为我主张自上而下，由党代表大会到各个党组织来建立党。无论是资产阶级知识分子的心理也好，无论是无政府主义的词句也好，无论是机会主义的、尾巴主义的深奥思想也好，都是在对党章第1条的争论中就显露了出来。马尔托夫同志在《戒严状态》这本小册子（第20页）中说新《火星报》上“开始了思想工作”。这种说法在某种意义上是正确的，因为他和阿克雪里罗得确实是从党章第1条开始把思想按新方向推进的。只是不幸这个新方向是机会主义的方向。他们愈顺着**这个**方向“工作”下去，他们的这种工作愈脱离增补问题的无谓争吵，他们也就愈陷到泥潭里去。普列汉诺夫同志在党代表大会上已经清楚地看出了这一点，并且他在《不该这么办》一文中又再次警告他们说：我甚至情愿把你们增补进来，只是希望你们不要顺着这条只会走到机会主义和无政府主义去的道路走下去。——但马尔托夫和阿克雪里罗得两人并没有接受这个忠告，他们说：怎么？不顺着这条路走？要赞同列宁所说增补不过是一种无谓争吵的意见吗？绝对不行！我们要向他表明我们是些讲原则的人！——果然表明了。他们已经向大家具体地表明了，如果说他们有什么新的原则，那就是机会主义的原则。

里,也可以看到同样的阶梯:藐视“正统思想”、虔诚信仰、狭隘死板——修正主义的“批评”和内阁主义——资产阶级民主。

在一切现代机会主义者尤其是我国少数派的一切著作中发出的那种绵延不断的**委屈**声调,都是同仇恨纪律的心理有密切联系的。据说,有人在迫害他们,排挤他们,驱逐他们,围困他们,驱策他们。在这些字眼里流露出来的真实心理和政治真相,大概要比编造被驱策者和驱策者[45]这种诙谐而动听的笑话的人自己所预料的多得多。的确,拿我们党代表大会的记录来看,就可以看到少数派都是一些在某个时候和因为某件事情在革命社会民主党那儿受到委屈的人。这中间有崩得分子和工人事业派分子,我们让他们“委屈”得退出了代表大会;这中间有南方工人派分子,他们因为一切组织尤其是他们自己的组织被取消而受到极大的委屈;这中间有马霍夫同志,他每次发言的时候都受到了委屈(因为他每次总要出丑);最后,这中间还有马尔托夫同志和阿克雪里罗得同志,他们受到的委屈,就是他们因为党章第1条而被加上了“莫须有的机会主义罪名”,就是他们在选举中遭到了失败。所有这些令人伤心的委屈,都不像许多庸人至今想象的那样,是由于什么人说了不可容许的挖苦话,作了激烈的攻讦,进行了狂热的论战,由于什么人粗野地甩门,什么人挥舞拳头进行威胁等等偶然引起的结果,而是由于《火星报》整个三年思想工作必然产生的政治结果。既然我们在这三年中不是光耍耍嘴皮子,而是表示了一种应该转变成行动的信念,所以,我们在代表大会上也就不能不对反火星派和“泥潭派”进行斗争。在我们同站在前列勇敢地进行过斗争的马尔托夫同志一起把这样一大堆人再三地委屈过以后,我们只是稍微把阿克雪里罗得同志和马尔托夫同志委屈一下,他们就受不了了。量转变成了质。发生了否定的否定。所有受到委屈的人忘记了相互间的嫌隙，痛哭流涕地彼此拥抱在一起，并扯起了旗帜，举行“反对列宁主义的起义”①。

当先进分子起义反对反动分子时，起义是一件大好事。革命派举行起义反对机会主义派，这是很好的。机会主义派举行起义反对革命派，那就是坏事了。

普列汉诺夫同志只得以可以说是战俘的身份参加到这种坏事中去。他抓住起草支持“多数派”的某些决议的人的个别不恰当的词句，竭力“泄愤出气”，并高声叹息道：“穷得可怜的列宁同志啊！他的正统派拥护者们真是太妙了！”（《火星报》第 63 号的附刊）

可是，普列汉诺夫同志，如果说我穷得可怜，那么，新《火星报》编辑部就应该是十足的叫花子了。无论我怎样穷，我总还没有落到如此绝对贫困的地步，以致只好闭起眼来不看党代表大会，而到某些地方委员会委员的决议中找材料来锻炼自己的机智。无论我怎样穷，我总比某些人富千百倍，他们的拥护者不是偶尔说出一两句不恰当的话，而是在一切问题上，不论在组织问题上也好，在策略问题或纲领问题上也好，都死死抓住同革命社会民主党原则相反的原则不放。无论我怎样穷，我总还没有穷到只好把这样一些拥护者赠给我的颂词**向公众隐瞒起来**的地步。可是新《火星报》编辑部却不得不这样做。

---

① 这种惊人之语是马尔托夫同志创造的（《戒严状态》第 68 页）。马尔托夫同志一直想等到他那方面凑够五个人时举行“起义”来反对我一个人。马尔托夫同志所采用的论战手法并不高明，他想用拼命恭维对手的办法来消灭对手。

读者们，你们知道俄国社会民主工党沃罗涅日委员会是个什么样的组织吗？如果你们不知道，可以读一读党代表大会的记录。你们从那里可以看出，这个委员会的方向完全由阿基莫夫和布鲁凯尔两同志表现了出来，这两位同志在代表大会上对我们党的革命派进行过全面的斗争，并且多次被大家——从普列汉诺夫同志起到波波夫同志止——列为机会主义者。正是这个沃罗涅日委员会在它的一月份的传单（1904 年 1 月第 12 号）上声明说：

“去年在我们不断发展的党内，发生了一件对于党有重要意义的大事件：举行了俄国社会民主工党第二次代表大会，即由党的组织的代表参加的大会。召集党代表大会本是一件很复杂的事情，而在君主制的条件下更是一件很冒险很困难的事情，因此难怪召集这次代表大会的工作做得**很不完善**；代表大会本身虽然完全顺利地举行过了，可是并没有满足党对它提出的一切要求。受 1902 年代表会议委托负责召开代表大会的那些同志被逮捕了，**召开代表大会的工作只是由俄国社会民主党内一个派别——火星派——指派的人担任的**。**许多**不属于火星派的社会民主党人组织，都没有被吸收参加代表大会的工作。**在某种程度上正是由于这个原因**，代表大会制定**党纲和党章**的任务执行得**极不完善**，连参加代表大会的人自己也承认，党章里含有‘可能引起危险的误解’的重大缺陷。在代表大会上，火星派本身分裂了，我们俄国社会民主工党内许多从前似乎完全接受《火星报》的行动纲领的重要人物，也都意识到该报许多**主要由列宁和普列汉诺夫**两人所主张的观点不切合实际。虽然他们两个人在代表大会上也占过上风，可是实际生活的力量，实际工作（一切非火星派分子也参加了的实际工作）的要求，很快就纠正了理论家的错误，并且在代表大会以后就作了重大的修正。**《火星报》大大地改变了，并且答应**细心听取社会民主党一切活动家的要求。这样，虽然**代表大会的工作应当**由下届代表大会**加以审查**，而且这些工作连代表大会参加者也认为显然不能令人满意，**因此也就不能作为不可改变的决议要党接受**，可是代表大会澄清了党内状况，对于党今后的理论工作和组织工作提供了大量的材料，因而对全党的工作来说也是一个大有教益的经验。代表大会通过的决议和制定的党章，将受到一切组织的**注意**，但是**由于**它们具有显而易见的不足之处，许多组织都**反对只以它们为指南**。

沃罗涅日委员会充分理解全党工作的重要性，对有关组织代表大会的一切问题**作出了**积极的**反应**。它充分意识到代表大会上发生的事情的重要性，**欢迎**已经成了中央机关报（主要机关报）的《**火星报**》**所发生的转变**。虽然党内和中央委员会内的状况**还**不能令我们满意，但是我们相信，困难的建党工作经过共同的努力是会日益改进的。鉴于有许多谣传，沃罗涅日委员会特向同志们声明，根本不存在沃罗涅日委员会退党的问题。沃罗涅日委员会十分了解，像沃罗涅日委员会这样一个工人组织退出俄国社会民主工党，会是一个多么危险的先例，**会多么有损于党的声誉**，这对那些可能仿效这种先例的工人组织是多么的不利。我们不应当制造新的分裂，而应当坚决努力使一切觉悟的工人和社会主义者统一成一个党。何况第二次代表大会是一个例行的大会，而不是一个成立大会。开除出党只能根据党的裁决来进行，任何一个组织，甚至连中央委员会也没有权利把某一个社会民主党组织开除出党。况且在第二次代表大会上通过的党章第 8 条已经规定，任何一个组织都在本地的事务方面享有自治权（自主权），因此**沃罗涅日委员会有充分的权利把自己的组织观点贯彻到实际生活中去，贯彻到党内来**。”

新《火星报》编辑部在第 61 号上引证这个传单时，转载了上面这一大段文字的后一部分，即用大号字排印的这一部分；至于前一部分，即用小号字排印的那一部分，编辑部**宁愿删去不要**。

大概是有些不好意思吧。

（十八）稍微谈谈辩证法。两个变革

只要大体上看一看我们党内危机的发展经过，我们就不难看出，斗争双方的基本成分，除了小小的例外，始终没有改变。这是我们党内革命派和机会主义派之间的斗争。可是，这个斗争经过了各种不同的阶段，而每个想透彻了解在这方面堆积如山的大量文字材料的人，每个想透彻了解那许许多多片断的例证、孤立的引文、个别的责难等等的人，都必须对每个斗争阶段的特点有一确切的认识。

我们可以把彼此显然不同的一些主要阶段列举如下：(1)关于党章第 1 条问题的争论。这是关于基本组织原则问题的纯思想斗争。我和普列汉诺夫处在少数地位。马尔托夫和阿克雪里罗得提出机会主义条文，投到机会主义者怀抱中去。(2)《火星报》组织由于中央委员会候选人名单问题——是佛敏还是瓦西里耶夫参加五人小组，是托洛茨基还是特拉温斯基参加三人小组——发生了分裂。我和普列汉诺夫争得了多数(9 票对 7 票)，这在某种程度上正是由于我们在党章第 1 条的问题上占少数。马尔托夫同机会主义者的联盟，用事实证明了组委会事件使我产生的种种担心。(3)继续就党章细节进行争论。机会主义者又来援救马尔托夫。我们又处于少数地位，并为少数在中央机关内的权利而斗争。

(4)七个极端机会主义者退出代表大会。我们成了多数并在选举中战胜了联盟(火星派少数派、"泥潭派"以及反火星派的联盟)。马尔托夫和波波夫拒绝接受我们所提出的两个三人小组中的席位。(5)代表大会闭会以后因增补问题而发生无谓争吵。无政府主义行为和无政府主义词句猖獗。"少数派"中最不彻底和最不坚定的分子占上风。(6)普列汉诺夫为了避免分裂而采取了"用温和的手段杀死"的政策。"少数派"占领中央机关报编辑部和总委员会,并且竭力攻击中央委员会。无谓争吵继续充斥一切。(7)对中央委员会的第一次攻击被打退。无谓争吵似乎开始稍微平息下来,这样便有可能比较心平气和地讨论两个纯系思想性质而又使全党极为关心的问题:(一)我们党在第二次代表大会上分成"多数派"和"少数派"从而代替了一切旧的划分这个事实的政治意义和原因何在?(二)新《火星报》在组织问题上的新立场的原则意义何在?

每个阶段都有其完全独特的斗争情势和直接的攻击目标;每个阶段都可以说是一个总的战役中的一次战斗。不研究每次战斗的具体情况,就丝毫不能了解我们的斗争。研究了这一点,我们就会明显地看出,发展确实是按着辩证的道路、矛盾的道路行进的:少数变成多数,多数变成少数;各方时而转守为攻,时而转攻为守;思想斗争的出发点(党章第1条)"被否定",让位给充斥一切的无谓争吵①,但以后就开始"否定的否定",我们在各占一个中央机关

① 如何把无谓争吵和原则分歧区分开来这个难题,现在已经自行解决:凡是涉及增补问题的都是无谓争吵;凡是涉及分析代表大会上的斗争,涉及党章第1条问题以及关于向机会主义和无政府主义转变问题的争论的都是原则分歧。

的情况下勉强同上帝赐予的妻子“和睦相处”,又回到纯思想斗争的出发点上来,但是这个“正题”已由“反题”的一切成果所充实,变成了高一级的合题,这时在党章第1条问题上的孤立的偶然的错误已经发展成为组织问题上的机会主义观点的所谓体系,这时这种现象同我们党的分成革命派和机会主义派这种根本划分的联系已经愈来愈清晰地呈现在大家面前。总而言之,不仅燕麦是按照黑格尔的规律生长的,而且俄国社会民主党人也是按照黑格尔的规律互相斗争的。

可是,无论什么时候都不应当把马克思主义使之用脚立地后接受过来的伟大的黑格尔辩证法,同那种为某些从我党革命派滚向机会主义派的政治活动家的曲折路线进行辩护的庸俗手法混为一谈,不应当把它同那种将各种特定的声明,将同一过程中不同阶段发展的各种特定的因素搅成一团的庸俗态度混为一谈。真正的辩证法并不为个人错误辩护,而是研究不可避免的转变,根据对发展过程的全部具体情况的详尽研究来证明这种转变的不可避免性。辩证法的基本原理是:没有抽象的真理,真理总是具体的…… 同时也不应当把这个伟大的黑格尔辩证法同那种可以用“脑袋钻不进,就把尾巴塞进去”(mettere la coda dove non va il capo)这句意大利谚语来形容的庸俗的处世秘诀混为一谈。

我们党内斗争的辩证发展总起来说可归结为两个变革。党代表大会是一个真正的变革,如马尔托夫同志在他的《又一次处在少数地位》中所正确指出的那样。少数派里爱说俏皮话的人也说得对,他们说:世界是由革命推动的,所以我们就进行了一次革命!他们在代表大会以后确实进行了一次革命;一般来讲,说世界是由革命推动的,这也是正确的。可是,每次具体革命的具体意义,还不能用这句一般的名言来断定，如果把令人难忘的马霍夫同志的令人难忘的说法换个样子，那么可以说：有的革命类似反动。为了断定一次具体的革命究竟是向前还是向后推动了“世界”（我们党），就必须知道实行变革的实际力量究竟是党内的革命派还是机会主义派，就必须知道鼓舞战士的究竟是革命原则还是机会主义原则。

我们的党代表大会在全部俄国革命运动史上是独一无二的，空前未有的。秘密的革命党第一次从黑暗的地下状态走到光天化日之下，向大家表明了我们党内斗争的整个进程和结局，表明了我们党以及它的每个比较重要的部分在纲领、策略和组织问题上的全部面貌。我们第一次摆脱了小组自由散漫和革命庸俗观念的传统，把几十个极不相同的集团结合在一起，这些集团过去往往是彼此极端敌对，彼此只是由思想力量联系起来的，它们准备（在原则上准备）为了我们第一次实际创立起来的伟大整体——**党**而牺牲所有一切集团的特点和集团的独立性。可是，在政治上，牺牲并不是轻易作出的，而是经过战斗作出的。由于取消组织而引起的战斗，不可避免地成了异常残酷的战斗。公开的自由斗争的清风变成了狂风。这阵狂风扫除了——扫除得太好了！——所有一切小组的利益、情感和传统的残余，第一次创立了真正党的领导机构。

然而，称呼什么是一回事，而实际上是什么又是一回事。在原则上为了党牺牲小组习气是一回事，而放弃自己的小组又是一回事。清风对那些习惯于腐败的庸俗观念的人，还是太新鲜了。“党没有经得住它自己的第一次代表大会的考验”，像马尔托夫同志在他的《又一次处在少数地位》中正确地（偶然正确地）指出的那样。为组织被取消而感到的委屈实在太大了。狂风使我们党的巨流底下的全部渣滓重新泛起,这些渣滓为过去的失败进行报复。旧的顽固的小组习气压倒了还很年轻的党性。党内被击溃的机会主义派,由于偶然得到阿基莫夫这一猎获物而加强了自己的力量,又对革命派占了——当然是暂时的——优势。

结果就产生了新《火星报》,这个新《火星报》不得不发展和加深它的编辑们在党的代表大会上所犯的错误。旧《火星报》曾教人学会革命斗争的真理。新《火星报》却教人去学处世秘诀:忍让与和睦相处。旧《火星报》是战斗的正统派的机关报。新《火星报》却使机会主义死灰复燃——主要是在组织问题上。旧《火星报》光荣地遭到了俄国机会主义者和西欧机会主义者的憎恶。新《火星报》“变聪明了”,它很快就会不再以极端机会主义者对它的赞扬为耻了。旧《火星报》一往直前地朝着自己的目标前进,言行一致。新《火星报》,它的立场的内在的虚伪性,必然产生——甚至不以任何人的意志和意识为转移——政治上的伪善。它大骂小组习气,是为了掩护小组习气对党性的胜利。它假惺惺地斥责分裂,似乎除了少数服从多数,可以设想用什么其他手段来防止一个多少有组织的、多少名副其实的党发生分裂。它声明必须考虑革命舆论,同时却隐瞒阿基莫夫们的赞扬,并制造一些卑鄙的谣言来诬蔑我们党内革命派的委员会①。这是多么可耻啊!他们把我们的旧《火星报》糟蹋到了何等地步啊!

进一步,退两步…… 在个人的生活中,在民族的历史上,在政党的发展中,都有这种现象。革命的社会民主党的原则,无产阶

① 为了进行这项可爱的事业,甚至已经制定了一种固定不变的格式:据我们的某某通讯员报告,多数派的某某委员会虐待少数派的某某同志。

级的组织和党的纪律，必定获得完全的胜利，怀疑这一点，即使是片刻怀疑，也是一种行同严重犯罪的意志薄弱的表现。我们已经取得了许多成就，我们应当继续努力奋斗，不因遭到挫折而灰心丧气；我们应当坚持斗争，鄙弃那些庸俗的小组争吵的方法，尽一切可能来保卫用极大精力建立起来的全俄一切社会民主党人的统一的党内联系，力求通过顽强而有步骤的工作使全体党员特别是工人充分地自觉地了解党员义务，了解第二次党代表大会上的斗争，了解我们的分歧的一切原因和演变，了解机会主义的严重危害性：机会主义在组织工作方面也像在我们的纲领和我们的策略方面一样无能为力地屈从于资产阶级心理，一样不加批判地接受资产阶级民主派的观点，一样削弱无产阶级的阶级斗争的武器。

无产阶级在争取政权的斗争中，除了组织，没有别的武器。无产阶级被资产阶级世界中居于统治地位的无政府竞争所分散，被那种为资本的强迫劳动所压抑，总是被抛到赤贫、粗野和退化的“底层”，它所以能够成为而且必然会成为不可战胜的力量，就是因为它根据马克思主义原则形成的思想一致是用组织的物质统一来巩固的，这个组织把千百万劳动者团结成一支工人阶级的大军。在这支大军面前，无论是已经衰败的俄国专制政权还是正在衰败的国际资本政权，都是支持不住的。不管有什么曲折和退步，不管现代社会民主党的吉伦特派讲些什么机会主义的空话，不管人们怎样得意地赞美落后的小组习气，不管他们怎样炫耀和喧嚷**知识分子的**无政府主义，这支大军一定会把自己的队伍日益紧密地团结起来。

附　　录

古谢夫同志和捷依奇同志的冲突事件

这个事件和第10节所引用的马尔托夫和斯塔罗韦尔两同志的那封信里提到的所谓“伪造的”（马尔托夫同志的说法）名单有密切联系。事件的实际情况如下。古谢夫同志曾经通知巴甫洛维奇同志，说这份包含施泰因、叶戈罗夫、波波夫、托洛茨基、佛敏五同志的名单，是捷依奇同志转交给他（古谢夫）的（巴甫洛维奇同志的《信》第12页）。捷依奇同志责备古谢夫同志这个通知是“蓄意诬蔑”，同志仲裁法庭也认定古谢夫同志的“通知”“**不正确**”（见《火星报》第62号刊载的法庭判决词）。当《火星报》**编辑部**把法庭的判决词登出来以后，**马尔托夫同志**（这次已经不是编辑部）印发了一个题为《同志仲裁法庭的判决词》的传单，他在这个传单中不仅转载了法庭的判决词全文，并且转载了关于此案整个审理经过的报告全文以及他**自己的后记**。在这个后记里，马尔托夫同志谈到“为了进行派别斗争而假造名单这件事”是“可耻的”。为了回答这张传单，第二次代表大会的代表利亚多夫同志和哥林同志印发了一张题为《仲裁法庭中的第四者》的传单，他们在这个传单中“坚决反对马尔托夫同志，因为他比法庭判决词走得更远，硬说古谢夫同志居心不良”，而法庭并没有认为这里有什么蓄意诬蔑，而只是认定古谢夫同志的通知不正确。哥林和利亚多夫两同志详细地解释说，古谢夫同志的通知可能是出于一种完全自然的误会，认为马尔托夫同志的行为是“**不体面的**”，因为他自己发表过（而且现在又在自己的传单中发表）许多错误声明，随心所欲地硬说古谢夫同志怀有不良的动机。他们说，这里根本不可能有什么不良的动机。如果我没有记错的话，以上就是关于这个问题，即我认为自己有责任帮助加以说明的问题的全部“文献”。

首先必须使读者对产生这个名单（中央委员会候选人名单）的时间和条件有一个确切的了解。我在本书正文里已经指出，《火星报》组织在代表大会期间曾开会商量过中央委员会候选人的名单，以便共同向代表大会提出。这次会议由于意见分歧而告终，《火星报》组织中的多数派通过了包含特拉温斯基、格列博夫、瓦西里耶夫、波波夫、托洛茨基五人的名单，但是少数派不愿让步，而坚持包含特拉温斯基、格列博夫、佛敏、波波夫、托洛茨基五人的名单。《火星报》组织中的两派在提出和表决这两个名单的那次会议以后，就再没有在一起开过会。双方都在代表大会上进行自由鼓动，想通过整个党代表大会的表决来解决这一引起他们分歧的争论问题，并且双方都极力想把尽量多的代表吸引到自己方面。在代表大会上进行的这种自由鼓动，立刻就暴露了我在本书里十分详细分析过的一件政治事实，即火星派少数派（以马尔托夫为首）为了战胜我们，不得不依靠“中派”（泥潭派）和反火星派的支持。他们之所以不得不这样做，是因为绝大多数一贯维护《火星报》的纲领、策略和组织计划而反对反火星派和“中派”攻击的代表，都很快很坚决地站到我们方面来了。从既不属于反火星派，又不属于“中派”的 33 个代表（确切些说是 33 票）中，我们很快就争取到了24个，并和他们订立了“直接协定”，形成了“紧密的多数派”。而马尔托夫同志方面只剩下了9票；要取得胜利，他就必须得到反火星派和“中派”的全部票数，然而他和这两派虽然能够一同行进（如在党章第1条问题上），虽然能够实行“联盟”，即能取得他们的赞助，但是并**不能**同他们订立直接协定，其所以不能，是因为他在整个代表大会期间始终都和我们一样激烈地进行过反对这两派的斗争。这也就是马尔托夫同志处境可悲而又可笑的原因！马尔托夫同志在他的《戒严状态》中想用一个极端恶毒的问题置我于死地，说什么“我们恭敬地请求列宁同志爽快地回答一个问题：‘南方工人’社在代表大会上究竟对于**谁**是局外人呢？”（第23页附注）。我恭敬地爽快地回答说：对于马尔托夫同志是局外人。证据是：我很快就同火星派分子订立了直接协定，而马尔托夫同志当时却无论是同“南方工人”社，无论是同马霍夫同志，无论是同布鲁凯尔同志，都没有订立并且也无法订立直接协定。

只有把这一政治形势弄清楚以后，才有可能了解所谓“伪造”名单这一麻烦问题的“关键”。当时的具体情况是：《火星报》组织分裂了，我们双方都为维护各自提出的名单在代表大会上进行自由鼓动。在这一过程中，通过大量个别的私人交谈产生了许许多多方案，提出了以三人小组代替五人小组，更换这个或那个候选人的建议层出不穷。例如，我很清楚地记得，在多数派的私人交谈中曾经提出过鲁索夫、奥西波夫、巴甫洛维奇、杰多夫等同志为候选人，但是后来，经过讨论和争论又把他们取消了。很可能还提出过其他我所不知道的候选人。大会的每一个代表都在交谈中表示过自己的意见，提出过修正，进行过争论等等。很难设想这种情形只是在多数派中间发生。甚至可以肯定，在少数派中间也发生过同样的情形，因为我们从马尔托夫和斯塔罗韦尔两同志的信中可以看出，他们原定的那个五人小组（波波夫、托洛茨基、佛敏、格列博夫、特拉温斯基）后来用三人小组（格列博夫、托洛茨基、波波夫）代替了，并且格列博夫也不中他们的意，他们宁愿用佛敏来代替他（见利亚多夫和哥林两同志的传单）。不要忘记，我在本书内把大会代表分成各个集团，是根据事后所作的分析划分的。实际上，这些集团在进行竞选鼓动时才刚刚开始形成，因而各个代表之间交换意见是非常自由的；我们彼此之间并没有什么"壁垒"，每个人只要想同哪个代表私下交谈，就可以同他交谈。当时，在出现各种各样的方案和名单的情况下，除了《火星报》组织的少数派的名单（波波夫、托洛茨基、佛敏、格列博夫、特拉温斯基）之外，还产生了一个与它没有很大区别的名单，即包含波波夫、托洛茨基、佛敏、施泰因、叶戈罗夫五人的名单，这也就毫不足怪了。产生这样一个候选人名单本来是极其自然的，因为我们的候选人——格列博夫和特拉温斯基，显然是不中《火星报》组织的少数派的意的（见他们那封载于本书第 10 节的信，在这封信里他们把特拉温斯基从三人小组名单中取消了，而关于格列博夫，干脆说这是一种妥协办法）。用组委会委员施泰因和叶戈罗夫两人来代替格列博夫和特拉温斯基，原是完全自然的事；如果党的少数派代表中未曾有过一个人想要实行这样一种代替，那才是一件怪事。

现在我们就来考察以下两个问题：（1）包含叶戈罗夫、施泰因、波波夫、托洛茨基、佛敏五人的名单，究竟是谁提出来的呢？（2）为什么马尔托夫同志听到有人把这样一个名单推到他头上就大发雷霆呢？为了**准确地**回答第一个问题，必须向全体大会代表询问一番。这在目前是办不到的。特别是必须弄清楚究竟党的少数派（不要把党的少数派和《火星报》组织的少数派混为一谈）有哪些代表在大会上听见过引起《火星报》组织分裂的名单？他们究竟是怎样对待《火星报》组织的多数派和少数派提出的这两个名单的呢？他们没有提出过也没有听见过关于适当改变《火星报》组织少数派的名单的任何设想或意见吗？可惜，这些问题在仲裁法庭上看来也没有提出过，仲裁法庭（根据法庭判决词来看）甚至始终不知道《火星报》组织究竟是因为什么样的两个"五人小组"发生分裂的。例如，别洛夫同志（我认为他是"中派"的一分子）"曾经作证说，他和捷依奇有很好的同志关系，捷依奇同他说过自己对代表大会工作的感想，所以如果捷依奇进行过什么鼓动来支持某个名单的话，那他会把这件事告诉别洛夫"。可惜始终没有弄清楚，捷依奇同志在代表大会上是不是和别洛夫同志说过他对于《火星报》组织的那些名单的感想？如果说过，那么别洛夫同志对《火星报》组织的少数派提出的五人名单抱什么态度呢？他没有提出过或没有听见过关于对这个名单作某种适当改变的意见吗？既然这个情节没有弄清楚，所以别洛夫和捷依奇两同志的证词中也就含有哥林和利亚多夫两同志所指出的那个矛盾，即捷依奇同志和他自己的说法相反，"曾经进行鼓动来支持"《火星报》组织提出的"某些中央委员会候选人"。别洛夫同志还进一步作证说，"关于在代表大会上传阅的那个名单，他是在代表大会闭幕前一两天遇见叶戈罗夫同志、波波夫同志和哈尔科夫委员会的代表时私下听到的。当时，叶戈罗夫曾经表示惊奇，为什么竟把他列入中央委员会候选人名单，因为在他看来，把他推举为候选人是不可能得到大会代表的赞同的，——无论是多数派还是少数派的代表都不会赞同"。十分值得注意的是，这里显然是指《**火星报**》组

织的少数派，因为在党代表大会的其余的少数派中间，叶戈罗夫同志这位组委会委员和“中派”的杰出演说家被推举为候选人，不仅能够而且一定会得到赞同。可惜，恰恰是关于党的少数派内不属于《火星报》组织的那些分子是否赞同的问题，别洛夫同志却只字未提，而这个问题正是重要问题，因为使捷依奇同志感到气愤的是，人们把这个名单推到《火星报》组织的少数派头上，而这个名单可能出自不属于这个组织的少数派！

当然，现在很难回想起，究竟是谁第一个提出这样一个候选人名单的，我们中间每个人都是从谁的口中听见这个名单的。例如，我就不仅不记得这一点，而且也不记得多数派中间究竟是谁第一个提出我在前面谈到过的那个包括鲁索夫、杰多夫等人的候选名单的；从许多关于各种候选名单的谈话、设想和传闻中，我只记得那些直接在《火星报》组织中或在多数派的非正式会议上提过的“名单”。这些“名单”多半是用口头传达的（在我的《给〈火星报〉编辑部的信》第4页倒数第5行里所说的那个“名单”，就是我用口头方式在会议上提出的五个候选人），但是往往也记在字条上，这些字条一般是在代表大会的会议上在一些代表之间传递，通常在散会以后就销毁了。

既然没有确切的材料能够说明这个人人都知道的名单的来源，那我们只好假定：或者是一个为《火星报》组织的少数派所不知道的党内少数派的代表提出了这样一个候选人名单，然后就经过口头和书面方式在代表大会上传开了；或者是《火星报》组织的少数派的某一个人在代表大会上曾经提出这样一个名单，但是后来他把这一点忘掉了。我觉得后一种可能性更大一些，因为提施泰因同志为候选人在代表大会上**显然**得到了《火星报》组织的少数派的赞同(见我的小册子),而提叶戈罗夫同志为候选人的想法显然是**这个**少数派在代表大会闭会后产生的(因为在同盟代表大会上和《戒严状态》中都对组委会没有被批准为中央委员会一事表示惋惜,而叶戈罗夫同志就是组委会的一个委员)。当时这种要把组委会委员变为中央委员的想法是比较普遍的,既然如此,设想少数派的某一个人在私人谈话中和在党代表大会上提出了这种主张,不是很自然的吗?

可是,马尔托夫同志和捷依奇同志不愿意考虑这种理所当然的解释,却认为这里面有**肮脏的**打算,有人蓄意陷害,有不诚实的成分,有人散布"**明明**虚假的、**目的**在于中伤的传闻",有人"**为了派别斗争而进行假造**"等等。这种不正常的倾向只能用不健康的流亡生活条件或神经不正常来解释,如果事情没有弄到无理伤害同志信誉的地步,那我根本不会谈这个问题。请你们想一想,捷依奇同志和马尔托夫同志能有什么理由追查不正确的通知或不正确的传闻含有的肮脏的不良动机呢?他们显然是由于神经失常,才觉得多数派"中伤了"他们,不是指出少数派的政治错误(党章第1条以及同机会主义者联盟),而是把一个"明明虚假的""假造的"名单推到少数派身上。少数派宁愿说问题不是由于自己的错误,而是由于多数派采取了什么肮脏的不诚实的可耻手段!要追查"不正确的通知"的不良动机是多么不理智,这一点我们在上面叙述当时情况时已经指出了;同志仲裁法庭也清楚地看到了这一点,它并没有认定这里有什么诬蔑、恶意和可耻的东西。最后,还有一个事实也非常明显地证实了这一点,即早在党代表大会上,在还没有进行选举以前,《火星报》组织的少数派就向多数派谈到过这种谣传,而马尔托夫同志甚至在他那封在多数派所有24个代表的会议上宣读过的信里谈到过这种谣传！多数派根本就没有想在《火星报》组织的少数派面前隐瞒在代表大会上流传过这样一个名单的事实：连斯基同志曾将此事告诉过捷依奇同志（见法庭判决词），普列汉诺夫同志对查苏利奇同志谈过这一点（“同她是不能谈话的，她仿佛把我看成特列波夫[46]了”——普列汉诺夫同志曾经这样告诉过我，这句后来重复过许多次的笑话再次证明少数派神经不正常）。我曾经向马尔托夫同志说，他的声明（说这个名单不是他马尔托夫提出的）在我看来已经够了（同盟记录第 64 页）。当时，马尔托夫同志（我记得他是同斯塔罗韦尔同志一起）向我们主席团递了一个内容大致如下的字条：“《火星报》编辑部的多数派请求允许他们参加多数派的非正式会议，以便驳斥那些对他们散布的可耻谣言。”当时我和普列汉诺夫两人就在这张字条上答复说：“我们并没有听见过什么可耻的谣言，如需召集编辑部会议，则应另行安排。列宁、普列汉诺夫”。我们晚上出席多数派会议时，曾把这件事告诉过所有 24 个代表。当时为了避免产生任何误会，决定由我们 24 个人共同推选代表去向马尔托夫和斯塔罗韦尔两同志解释一下。被选出来的两个代表，即索罗金同志和萨布林娜同志，就去向他们解释了一番，说谁也没有把这个名单一定要推到马尔托夫同志或斯塔罗韦尔同志身上，特别是听过他们两个人的声明以后；说这个名单究竟是出自《火星报》组织的少数派还是出自不属于这个组织的代表大会的少数派，这根本不重要。要知道，事实上根本不能在代表大会上普遍查问！根本不能向每个代表查问这个名单！可是，马尔托夫和斯塔罗韦尔两位同志又向我们写了一封正式辟谣的信件（见第 10 节）。这封信由我们的代表索罗金和萨布林娜两位同志在 24 人会议上宣读过。看来，这件事情已经可以告一段落了，——我说已经可以告一段落，并不是说已经确定了名单的来源（如果什么人对此有兴趣的话），而是说完全排除了任何以为有人故意“危害少数派”或“中伤”某一个人，或故意“为了派别斗争而进行假造”的看法。可是马尔托夫同志在同盟大会上（记录第63—64页）又搬出这个由病态心理臆造出来的肮脏货色，并且作出了许多**不正确的介绍**（显然这是他自己神经过敏的结果）。他说，名单里有一个崩得分子。这是不对的。仲裁法庭的一切见证人——包括施泰因和别洛夫两位同志在内——都证实这个名单上有叶戈罗夫同志。马尔托夫同志说，这个名单就意味着签订了直接协定的联盟。这是不对的，这一点我在上面已经作了说明。马尔托夫同志说，由《火星报》组织的少数派提出的（会使代表大会多数抛弃这个少数的）其他名单“是没有的，甚至连假造的也没有”。这是不对的，因为党代表大会多数派全体都知道，由马尔托夫同志及其伙伴提出的但没有得到多数赞同的至少有三个名单（见利亚多夫和哥林的传单）。

究竟为什么这个名单使马尔托夫同志这样气愤呢？因为这个名单说明他们转到我们党的右翼方面去了。当时马尔托夫同志大喊大叫，反对“莫须有的机会主义罪名”，痛恨人家“把他的政治立场估计得不正确”，但是现在谁都看见：关于某个名单是不是由马尔托夫同志和捷依奇同志提出来的问题并不能起任何政治作用；**其实**这个罪名**无论同这个名单或其他什么名单都是无关的**，这个罪名不是诬加的而是真实的，对政治立场的估计是完全正确的。

从这个令人不快的、人为地造成的关于人人都知道的假名单的事件，应当作出的总结如下：

（1）马尔托夫同志高喊“为了派别斗争而假造名单是可耻

的”，并以此损害古谢夫同志的名誉，我们不能不与哥林和利亚多夫两位同志一样认为这样做是不体面的。

（2）为了改善气氛并且使党员不必认真对待每一次病态的放肆行为，看来应当在第三次代表大会上像德国社会民主工党组织章程那样确定一条规则。这个章程第 2 条说：“凡是严重违背党纲原则或犯有可耻行为者，都不能留在党内。关于他们的党籍问题，应当由党的执行委员会召集的仲裁法庭来处理。审判员由提议开除者和被提议开除者各指定半数，主审员由党的执行委员会指定。对于仲裁法庭的判决，可向监察委员会或党代表大会上诉。”这样一条规则可以成为对付那些轻易控告他人犯有什么不名誉行为（或散布此类谣言）者的有力武器。有了这样一条规则，凡是这样的控告，如果提出控告者不敢理直气壮地以控告者的资格**在党面前**说话并且力求得到相应的党机关的裁决，就会被永远地确定为算做不体面的诽谤。

1904 年在日内瓦印成单行本

选自《列宁全集》第 2 版增订版
第 8 卷第 197—425 页

注　释

1　1902年的代表会议是指1902年3月23—28日(4月5—10日)在波兰比亚韦斯托克举行的俄国社会民主工党各委员会和组织代表会议。这次代表会议是经济派筹办的。派代表出席这次代表会议的有俄国社会民主工党彼得堡委员会、叶卡捷琳诺斯拉夫委员会、俄国社会民主工党南方各委员会和组织联合会、崩得中央委员会及其国外委员会、国外俄国社会民主党人联合会和《火星报》编辑部。经济派和支持他们的崩得分子起初打算把这次代表会议改为俄国社会民主工党第二次代表大会,指望这样来巩固自己在党内的地位并抑制《火星报》日益增长的影响。但是,由于代表会议的代表面太窄(只有4个在俄国国内有活动的社会民主工党组织派代表出席,比第一次代表大会还少),而代表会议上暴露出来的原则性意见分歧又很大,尤其是《火星报》代表对此表示坚决反对,这一企图没有得逞。代表会议通过了关于确定会议性质的决议,通过了崩得中央委员会代表提出的原则决议案以及俄国社会民主工党南方各委员会和组织联合会代表提出的修正案(《火星报》代表提出了自己的原则决议草案,因而投了反对票),批准了以《火星报》编辑部拟定的草案为基础的五一传单,选出了筹备召开党的第二次代表大会的组织委员会。代表会议后不久,大多数代表和组织委员会委员遭到了逮捕,所以1902年11月在普斯科夫会议上又成立了新的组织委员会。——8。

2　见俄国作家米·叶·萨尔蒂科夫-谢德林的随笔《在国外》。其中写道,1876年春他在法国听到一些法国自由派人士在热烈地谈论大赦巴黎公社战士的问题。他们一致认为大赦是公正而有益的措施,但在结束这个话题时，不约而同地都把食指伸到鼻子前，说了一声“mais”（即“但是”），就再也不说了。于是谢德林恍然大悟：原来法国人所说的“但是”就相当于俄国人所说的“耳朵不会高过额头”，意思是根本不可能有这样的事情。——17。

3 《工人思想报》集团即工人思想派，是俄国的经济派团体，以出版《工人思想报》得名。该报于1897年10月—1902年12月先后在彼得堡、柏林、华沙和日内瓦等地出版，共出了16号。工人思想派宣传机会主义观点，反对工人阶级的政治斗争，把工人阶级的任务局限于经济性质的改良。工人思想派反对建立马克思主义的无产阶级政党，主张成立工联主义的合法组织。它贬低革命理论的意义，认为社会主义意识可以从自发运动中产生。列宁在《俄国社会民主党中的倒退倾向》和《怎么办?》（见《列宁全集》第2版第4卷和第6卷）等著作中批判了工人思想派的观点。——27。

4 孟什维克的《火星报》编辑部在1904年1月15日的第57号《火星报》附刊上登载了亚·马尔丁诺夫的一篇反对布尔什维主义的组织原则和攻击列宁的文章。《火星报》编辑部在给该文加的注释中表示赞同马尔丁诺夫的一个观点，这就是所谓“新型的组织上的空想主义（指多数派的组织原则）忽视**党员的政治自我教育**的任务，而这种忽视乃是对‘经济主义’及其崇尚组织中的‘民主主义’作了剧烈反应的结果”。这个注释还说，“组织上的空想主义的这个缺陷如何同关于‘自发性’和‘自觉性’之间的关系问题的不正确提法相关联，以及列宁同志对这种不正确提法负何责任，本报将会不止一次地予以论述”。随后，格·瓦·普列汉诺夫就在《火星报》第70、71号上发表了《工人阶级和社会民主主义知识分子》一文，公然反对他过去曾经赞同的列宁关于自觉性和自发性问题的提法。——30。

5 彭帕杜尔出自俄国作家米·叶·萨尔蒂科夫-谢德林的讽刺作品《彭帕杜尔先生们和彭帕杜尔女士们》。作家在这部作品中借用法国国王路易十五的情妇彭帕杜尔这个名字塑造了俄国官僚阶层的群像。“彭帕杜尔”一词后来成了沙皇政府昏庸横暴、刚愎自用的官吏的通称。——61。

6 土地和自由社是俄国民粹派的秘密革命组织，1876年在彼得堡成立，起初称为北方革命民粹主义小组、民粹派协会，1878年底改称土地和自由社（19世纪60年代初出现的一个俄国革命组织也叫土地和自由社）。该社著名活动家有：马·安·和奥·亚·纳坦松夫妇、亚·德·米哈伊洛夫、阿·费·米哈伊洛夫、阿·德·奥博列舍夫、格·瓦·普列汉诺夫、奥·瓦·阿普捷克曼、德·亚·克列缅茨、尼·亚·莫罗佐夫，索·李·佩罗夫斯卡娅等。土地自由派认为俄国可以走非资本主义的特殊发展道路，其基础就是农民村社。他们的纲领提出全部土地归"农村劳动等级"并加以"平均"分配、村社完全自治、"按地方意愿"把帝国分为几个部分等等。土地自由派认为俄国的主要革命力量是农民。他们在坦波夫、沃罗涅日等省进行革命工作，企图发动农民起义来反对沙皇政府。他们还出版和传播革命书刊，参加70年代末彼得堡的一些罢工和游行示威。他们的组织原则是遵守纪律、同志之间互相监督、集中制和保守秘密。由于对农村中革命运动日益感到失望，以及政府迫害的加剧，在土地和自由社内部逐渐形成了主张把恐怖活动作为同沙皇政府进行斗争的主要手段的一派。另一派主张继续采取原来的策略。1879年8月，土地和自由社最终分裂，前者成立了民意党，后者组织了土地平分社。——62。

7 民意党是俄国土地和自由社分裂后产生的革命民粹派组织，于1879年8月建立。主要领导人是安·伊·热里雅鲍夫、亚·德·米哈伊洛夫、米·费·弗罗连柯、尼·亚·莫罗佐夫、维·尼·菲格涅尔、亚·亚·克维亚特科夫斯基、索·李·佩罗夫斯卡娅等。该党主张推翻专制制度，在其纲领中提出了广泛的民主改革的要求，如召开立宪会议，实现普选权，设置常设人民代表机关，实行言论、信仰、出版、集会等自由和广泛的村社自治，给人民以土地，给被压迫民族以自决权，用人民武装代替常备军等。但是民意党人把民主革命的任务和社会主义革命的任务混为一谈，认为在俄国可以超越资本主义，经过农民革命走向社会主义，并且认为俄国主要革命力量不是工人阶级而是农民。民意党人从积极的"英雄"和消极的"群氓"的错误理论出发，采取个人恐怖方式，把暗杀沙皇政府的个别代表人物作为推翻沙皇专制制度的主要手段。他们在1881年3月1日（13日）刺杀了沙皇亚历山大二世。由于理论上、策略上和斗争方法上的错误，在沙皇政府的严重摧残下，民意党在1881年以后就瓦解了。——62。

8 这一事件发生在1900年。汉堡的122名泥瓦工组织了“泥瓦工自由工会”，在罢工期间违反泥瓦工工会中央联合会的禁令做包工活。泥瓦工工会汉堡分会向当地社会民主党组织提出了“泥瓦工自由工会”中的社会民主党党员的破坏罢工行为的问题。地方党组织把这一问题转交给社会民主党中央委员会处理。中央委员会指定党的仲裁法庭审理此案。仲裁法庭斥责了“泥瓦工自由工会”中的社会民主党党员的行为，但否决了把他们开除出党的建议。——69。

9 科斯季奇（米·索·兹博罗夫斯基）决议案所提出的党章第1条条文是：“凡承认党纲、在物质上帮助党并在党的一个组织领导下经常亲自协助党的人，可以作为该组织的党员。”（见《俄国社会民主工党第二次代表大会》1959年俄文版第281页）——73。

10 阿基里斯之踵意为致命弱点，出典于希腊神话。阿基里斯是希腊英雄珀琉斯和海洋女神西蒂斯所生的儿子。他的母亲为了使他和神一样永生不死，在他出生后曾捏着他的脚后跟把他放进冥河的圣水里浸过。他的脚后跟因为没有沾上圣水就成了他唯一可能受到伤害的部位。后来阿基里斯果然被暗箭射中脚后跟而死。——76。

11 参加俄国社会民主工党第二次代表大会的《火星报》组织成员共16人，其中以列宁为首的多数派9人，即列宁、格·瓦·普列汉诺夫、娜·康·克鲁普斯卡娅、罗·萨·捷姆利亚奇卡、莉·米·克尼波维奇、尼·埃·鲍曼、德·伊·乌里扬诺夫、彼·阿·克拉西科夫和弗·亚·诺斯科夫；以尔·马尔托夫为首的少数派7人，即马尔托夫、帕·波·阿克雪里罗得、亚·尼·波特列索夫、维·伊·查苏利奇、列·格·捷依奇、列·达·托洛茨基和维·尼·克罗赫马尔。——85。

12 奥吉亚斯的牛圈出典于希腊神话。据说古希腊西部厄利斯的国王奥吉亚斯养牛3 000头，30年来牛圈从未打扫，粪便堆积如山。奥吉亚斯的牛圈常被用来比喻藏垢纳污的地方。——87。

13 指在1895年10月6—12日德国社会民主党布雷斯劳代表大会上威·李卜克内西和奥·倍倍尔支持有严重错误的土地纲领草案一事。根据1894年法兰克福代表大会的决议成立的土地委员会在这次代表大会上提出了这个土地纲领草案,草案的主要错误在于它有把无产阶级政党变为"全民党"的倾向。倍倍尔和李卜克内西由于同机会主义者一起支持这个草案受到了党内同志的谴责。卡·考茨基、克·蔡特金等在代表大会上严厉地批判了这个土地纲领草案。最后,代表大会以158票对63票否决了这个草案。——92。

14 这是德国诗人约·沃·歌德的诗剧《浮士德》中的诗句,是浮士德的情人玛加雷特责备浮士德和靡菲斯特斐勒司为友时说的(见该剧第16场)。克·蔡特金在德国社会民主党代表大会上发言时引用了这句诗。——93。

15 指帕·波·阿克雪里罗得写的反对布尔什维主义组织原则的文章《俄国社会民主党的统一及其任务》,载于1903年12月15日《火星报》第55号。这篇文章说:"同经济主义时代遗产斗争的时期为我们培养了具有神权政治性质的组织上的空想主义:世俗社会要服从一个小小的宗教团体的统治,而且这个宗教团体由于地理的和其他的原因,甚至不能待在它所管理的臣民的土地上。"这里说的"宗教团体"就是指旧《火星报》编辑部。——100。

16 指格·马·克尔日扎诺夫斯基。——119。

17 指经济派分子弗·彼·阿基莫夫在俄国社会民主工党第二次代表大会第9次会议(1903年7月22日(8月4日))上的发言。阿基莫夫在发言中批评《火星报》编辑部提出的党纲草案说:在讲党的任务的段落里"党和无产阶级这两个概念是完全分离和对立的,前者是积极活动的主体,后者则是党施加影响的消极人群。因此在草案的句子中党一词总是以主语出现,而无产阶级一词则以补语出现。"(见《俄国社会民主工党第二次代表大会。记录》1959年俄文版第127页)阿基莫夫认为,这就表现出了一种使党脱离无产阶级利益的倾向。——145。

18 山岳派和吉伦特派是18世纪末法国资产阶级革命时期的两个政治派

别。山岳派又称雅各宾派，是法国国民公会中的左翼民主主义集团，以其席位在会场的最高处而得名。该派代表中小资产阶级的利益，主张铲除专制制度和封建主义，其领袖是马·罗伯斯比尔、让·保·马拉、若·雅·丹东、安·路·圣茹斯特等。吉伦特派代表共和派的大工商业资产阶级和农业资产阶级的利益，主要是外省资产阶级的利益。该派许多领导人在立法议会和国民公会中代表吉伦特省，因此而得名。吉伦特派的领袖是雅·皮·布里索、皮·维·维尼奥、罗兰夫妇、让·安·孔多塞等。该派主张各省自治，成立联邦。吉伦特派动摇于革命和反革命之间，走同王党勾结的道路。列宁称革命的社会民主党人为山岳派，即无产阶级的雅各宾派，而把社会民主党内的机会主义派别称为社会民主党的吉伦特派。在俄国社会民主工党分裂为布尔什维克和孟什维克之后，列宁经常强调指出，孟什维克是工人运动中的吉伦特派。——155。

19　沃罗涅日委员会是在以弗·彼·阿基莫夫和莉·彼·马赫诺韦茨为首的经济派影响下的一个俄国社会民主党组织。该委员会对在1902年11月普斯科夫会议上成立的组织委员会持敌对立场，不承认它有召开党的第二次代表大会的权力。该委员会散发诽谤性信件，辱骂组织委员会，并把在建立组织委员会中起了主要作用的《火星报》称为“社会民主党的鹰犬”，指责它实行分裂政策。由于这些原因，组织委员会认为不宜邀请该委员会参加代表大会。第二次代表大会批准了组织委员会的决定，指出：“鉴于沃罗涅日委员会不承认组织委员会以及召开代表大会的章程，俄国社会民主工党第二次代表大会认为组织委员会无疑有权不邀请该委员会参加代表大会。”——156。

20　彼得堡“工人组织”是经济派的组织，于1900年夏建立，1900年秋同被承认是俄国社会民主工党彼得堡委员会的彼得堡工人阶级解放斗争协会合并。火星派在彼得堡党组织中取得胜利后，受经济派影响的一部分彼得堡社会民主党人于1902年秋从彼得堡委员会分离出去，重新建立了独立的“工人组织”。“工人组织”委员会对列宁的《火星报》及其建立马克思主义政党的组织计划持反对态度，鼓吹工人阶级的主动性是开展工人运动和取得斗争成功的最重要条件。1904年初，在党的第二次代表大会以后，彼得堡“工人组织”加入全党的组织，不复独立存在。——156。

21 指1903年9月从俄国来到日内瓦的弗·威·林格尼克。——166。

22 可能是指日内瓦郊区的Carouge和Cluse，这两个地名的第一个字母都是C。当时这里住着俄国社会民主工党多数派和少数派的成员。——183。

23 彼得否认他是耶稣的门徒出典于圣经《新约全书·路加福音》。彼得是耶稣的十二门徒之一，在耶稣被捕前曾向耶稣表示要舍生忘死地效忠于他。但当耶稣果真被捕时，他却不敢出面为耶稣申辩。甚至在有人认出他是耶稣的门徒后，三次盘问他，他都加以否认，说他根本不认识耶稣。——185。

24 巴扎罗夫是俄国作家伊·谢·屠格涅夫的长篇小说《父与子》中的主人公。作为俄国19世纪60年代的民主主义知识分子，巴扎罗夫痛恨贵族的风尚和习俗。他戳穿了贵族富孀阿金佐娃夫人的虚伪做作，指出她对她根本瞧不起的贵族姨妈——一个地位很高的贵族老处女——礼数周到，殷勤备至，只是要抬高自己的身价，“为了显示自己了不起”。——187。

25 指弗·威·林格尼克。——188。

26 在1903年11月25日《火星报》第53号上同时发表了列宁《给〈火星报〉编辑部的信》（见《列宁全集》第2版第8卷第86—90页）和普列汉诺夫写的编辑部的答复信。列宁在信中建议在该报上讨论布尔什维克和孟什维克之间的原则分歧。普列汉诺夫在答复中拒绝了这个建议，称这种分歧是“小组生活内的无谓争吵”。——188。

27 康康舞是19世纪30年代出现在法国巴黎的大众舞会上的一种轻快低俗的舞蹈，后来流行于咖啡馆舞台。20世纪初该舞曲的明快节奏被搬上了某些歌剧。——188。

28 指格·瓦·普列汉诺夫的两篇文章：《可笑的误解》（1903年12月15日《火星报》第55号）和《可悲的误解》（1904年1月15日《火星报》第57号）。它们是对《解放》杂志评论普列汉诺夫《不该这么办》一文的文章

《意义重大的转折》和《革命俄国报》评论俄国社会民主工党第二次代表大会和会后多数派和少数派的论战的文章《大代表大会的小缺点》的答复。——188。

29 内阁主义即米勒兰主义，是社会党人参加资产阶级政府的一种机会主义策略，因法国社会党人亚·埃·米勒兰于1899年参加瓦尔德克-卢梭的资产阶级政府而得名。

1900年9月23—27日在巴黎举行的第二国际第五次代表大会讨论了米勒兰主义问题。大会通过了卡·考茨基提出的调和主义决议。这个决议虽谴责社会党人参加资产阶级政府，但却认为在“非常”情况下可以这样做。法国社会党人和其他国家的社会党人就利用这项附带条件为他们在第一次世界大战期间参加帝国主义资产阶级政府的行为辩护。列宁认为米勒兰主义是一种修正主义和叛卖行为，社会改良主义者参加资产阶级政府必定会充当资本家的傀儡，成为这个政府欺骗群众的工具。——195。

30 帕·波·阿克雪里罗得的这些话出自他的《俄国社会民主党的统一及其任务》一文，其中自由派的文坛领袖是指彼·伯·司徒卢威，革命的资产阶级民主派的领袖是暗指列宁。——195。

31 这里说的是合法马克思主义的主要代表人物彼·伯·司徒卢威。1894年秋，列宁在彼得堡革命马克思主义者和合法马克思主义者代表参加的一次讨论会上，作了题为《马克思主义在资产阶级著作中的反映》的报告，批评了司徒卢威及其他合法马克思主义者的观点。这个报告后来成为他1894年底至1895年初撰写的《民粹主义的经济内容及其在司徒卢威先生的书中受到的批评（马克思主义在资产阶级著作中的反映）》一文（本版全集第1卷）的基础。——196。

32 列宁指尔·马尔托夫在《火星报》第62号上发表的《我们能这样去准备吗?》一文。该文与拥护多数派的三个乌拉尔委员会论战，反对它们坚持的必须建立严格保守秘密的组织以准备全俄武装起义的观点，认为这是空想和搞密谋活动，是19世纪40年代和60年代法国革命家的策略。——198。

33 他们在描画什么人的肖像？他们从哪里听过这种对话？出自俄国诗人米·尤·莱蒙托夫的对话体诗《编辑、读者与作家》。诗人通过读者对编辑的批评，表达了对当时一些文学作品的不满。列宁借用这句话来嘲讽新《火星报》。——199。

34 葡萄是酸的！一语出自俄国作家伊·安·克雷洛夫的寓言《狐狸和葡萄》。狐狸想吃葡萄够不着，就宽慰自己说："这葡萄看上去挺好，其实都没熟，全是酸的！"——201。

35 铁弹是铁弹，炸弹是炸弹出自俄国说书艺人伊·费·哥尔布诺夫讲的故事《在大炮旁》。故事说，两个士兵在大炮旁边议论炮弹。士兵甲认为这门大炮要是装上铁弹就好了，士兵乙却认为要是装上炸弹就更好。两人争论起来，但谁也说不出一个所以然来，其实他们根本不懂得他们谈论的东西。——203。

36 指俄罗斯民间故事《十足的傻瓜》中的主人公傻瓜伊万努什卡。这个傻瓜经常说些不合时宜的话，因此而挨揍。一次，他看到农民在脱粒，叫喊道："你们脱三天，只能脱三粒！"为此他挨了一顿打。傻瓜回家向母亲哭诉，母亲告诉他："你应该说，但愿你们打也打不完，运也运不完，拉也拉不完！"第二天，傻瓜看到人家送葬，就叫喊道："但愿你们运也运不完，拉也拉不完！"结果又挨了一顿打。——205。

37 这两句话引自尔·马尔托夫的一首讽刺诗《现代俄国社会党人之歌》。该诗用纳尔苏修斯·土波雷洛夫（意为骄矜的蠢猪）这一笔名发表于1901年4月《曙光》杂志第1期。诗中嘲笑了经济派的观点及其对自发性的盲目崇拜。——206。

38 奥勃洛摩夫是俄国作家伊·亚·冈察洛夫的长篇小说《奥勃洛摩夫》的主人公，他是一个怠惰成性、害怕变动、终日耽于幻想、对生活抱消极态度的地主。——208。

39 吉伦特主义即法国资产阶级革命时期的吉伦特派在国家体制问题上关于各省自治、成立联邦的主张。——210。

40 1904年2月25日《火星报》第60号上刊载的尔·马尔托夫的文章《当

务之急》。他在这篇文章中鼓吹党的地方委员会在决定自己的人选的问题上对中央委员会保持“独立性”，并且攻击莫斯科委员会在讨论这个问题时通过的决议：该委员会根据党章第 9 条服从中央委员会一切命令。——211。

41 指德国社会民主党德累斯顿代表大会。

德国社会民主党德累斯顿代表大会于 1903 年 9 月 13—20 日在德累斯顿举行。出席大会的有代表 263 人，党的执行委员会委员、帝国国会党团成员、监察委员会委员和党报编辑 57 人，外国来宾 12 人。大会议程：执行委员会工作报告；关于议会活动的报告；党的策略，包括帝国国会选举、关于担任副议长的问题和关于修正主义的倾向问题。会议的中心议题是党的策略和同修正主义作斗争的问题。大会批评了爱·伯恩施坦、保·格雷、爱·大卫、沃·海涅等人的修正主义观点，并以绝大多数票（288 票对 11 票）通过了谴责修正主义者企图改变党的以阶级斗争为基础的策略的决议。但是代表大会没有把修正主义分子开除出党，他们在大会后继续宣传自己的修正主义观点。——213。

42 《社会主义月刊》（«Sozialistische Monatshefte»）是德国机会主义者的主要刊物，也是国际修正主义者的刊物之一，1897—1933 年在柏林出版。编辑和出版者为右翼社会民主党人约·布洛赫。撰稿人有爱·伯恩施坦、康·施米特、弗·赫茨、爱·大卫、沃·海涅、麦·席佩耳等。第一次世界大战期间，该刊持社会沙文主义立场。——213。

43 指维·伊·查苏利奇在 1903 年 10 月 28 日同盟代表大会第 3 次会议上的发言。在谈到党的第二次代表大会选举中央机关报编辑部的问题时，她认为，即使编辑部内部有分歧，由党的代表大会来改变编辑部的组成也是不必要的。——217。

44 《法兰克福报》（«Frankfurter Zeitung»）是德国交易所经纪人的报纸（日报），1856—1943 年在美因河畔法兰克福出版。——218。

45 指尔·马尔托夫攻击多数派的诙谐性文章《俄国社会民主工党简明宪法（“坚定派”最高章程）》。这个《宪法》作为他的《当务之急》一文的附录发表于 1904 年 1 月 25 日《火星报》第 58 号。马尔托夫在这个《宪法》中歪曲多数派的组织原则，说什么“党分为驱策者和被驱策者”；“为了利于集中制，驱策者有不同的信任级别，而被驱策者的权利都是平等的”等等。——222。

46 看来是指曾任警察总监和彼得堡市长的费·费·特列波夫。1878 年 1 月 24 日，他因下令鞭打被监禁的革命者而被维·伊·查苏利奇开枪击伤。——239。

人 名 索 引

A

阿布拉姆松——见波尔特诺伊,K.Я.。

阿基莫夫(**马赫诺韦茨**),弗拉基米尔·彼得罗维奇(Акимов(Махновец),Владимир Петрович 1872—1921)——俄国社会民主党人,经济派代表人物。19世纪90年代中期加入彼得堡民意社,1897年被捕,1898年流放叶尼塞斯克省,同年9月逃往国外,成为国外俄国社会民主党人联合会领导人之一;为经济主义思想辩护,反对劳动解放社,后又反对《火星报》。1903年代表联合会出席俄国社会民主工党第二次代表大会,是反火星派分子,会后成为孟什维克极右翼代表。1905—1907年革命期间支持主张建立"全俄工人阶级组织"(社会民主党仅是该组织中的一种思想派别)的取消主义思想。作为有发言权的代表参加了俄国社会民主工党第四次(统一)代表大会的工作,维护孟什维克的机会主义策略,呼吁同立宪民主党人联合。斯托雷平反动时期脱党。——12、13、16、18、21、29、36、40、55、56—58、66—67、71、72、73、77、80、81、84、91、92、95、97—100、104—106、112、113、115、116、121、131、133、136、138、139、140、145、150、152—155、156—157、159、161、172、185、190、197、199、200、211、213、219、224、230。

阿克雪里罗得,柳博芙·伊萨科夫娜(正统派)(Аксельрод,Любовь Исааковна(Ортодокс)1868—1946)——俄国哲学家和文艺学家,社会民主主义运动参加者。1887—1906年先后侨居法国和瑞士;曾加入国外俄国社会民主党人联合会。1903年俄国社会民主工党第二次代表大会后,起初加入布尔什维克,后转向孟什维克。在著作中批判经济主义、新康德主义和经验批判主义,同时又赞同普列汉诺夫的孟什维主义观点,重复他在哲学上的错误,

反对列宁的哲学观点。第一次世界大战期间持社会沙文主义立场。1917年初是孟什维克中央委员会委员,后为普列汉诺夫统一派分子。1918年起不再积极参加政治活动,在一些高等院校从事教学工作。20年代是用机械论修正马克思主义哲学的代表人物之一。晚年从事艺术社会学的研究。主要著作有《哲学论文集》(1906)、《哲学家卡尔·马克思》(1924)、《黑格尔的唯心主义辩证法和马克思的唯物主义辩证法》(1934)等。——185。

阿克雪里罗得,帕维尔·波里索维奇(Аксельрод,Павел Борисович 1850—1928)——俄国孟什维克领袖之一。19世纪70年代是民粹派分子。1883年参与创建劳动解放社。1900年起是《火星报》和《曙光》杂志编辑部成员。这一时期在宣传马克思主义的同时,也在一系列著作中把资产阶级民主制和西欧社会民主党议会活动理想化。1903年在俄国社会民主工党第二次代表大会上是《火星报》编辑部有发言权的代表,属火星派少数派,会后是孟什维主义的思想家。1905年提出召开广泛的工人代表大会的取消主义观点。1906年在党的第四次(统一)代表大会上代表孟什维克作了关于国家杜马问题的报告,宣扬无产阶级同资产阶级实行政治合作的机会主义思想。斯托雷平反动时期和新的革命高涨年代是取消派的思想领袖,参加孟什维克取消派《社会民主党人呼声报》编辑部。1912年加入"八月联盟"。第一次世界大战期间表面上是中派,实际持社会沙文主义立场;曾参加齐美尔瓦尔德代表会议和昆塔尔代表会议,属于右翼。1917年二月革命后任彼得格勒苏维埃执行委员会委员,支持资产阶级临时政府。十月革命后侨居国外,反对苏维埃政权,鼓吹武装干涉苏维埃俄国。——4、20、44、46、52、56、57、60、61—65、67、69、73、74、77、82、98、100、101、124、128、143、152、156、157、159、167、174、175、179、181、184—186、194、195、196、198、199、200、201、207、210、211、213—214、215、218、219、220、221、222、226。

阿列克谢耶夫,彼得·阿列克谢耶维奇(Алексеев,Петр Алексеевич 1849—1891)——俄国早期工人革命家,织工。19世纪70年代初接近革命民粹派,1873年加入彼得堡涅瓦关卡外的革命工人小组,1874年11月起在莫斯科工人中进行革命宣传,是全俄社会革命组织的积极成员。1875年4月被捕。1877年3月在法庭上发表预言沙皇专制制度必然覆灭的著名演说。同年被判处十年苦役,1884年起在雅库特州的一个偏僻的乡服苦役,1891年8月在该地被盗匪杀害。——67。

埃尔姆,阿道夫(Elm,Adolf 1857—1916)——德国社会民主党人,合作社活动家和工会活动家,改良主义者,全德社会民主主义工会联合会(通称德国自由工会)领袖之一;职业是烟草工人。1894—1906 年为帝国国会议员。曾为德国机会主义者刊物《社会主义月刊》撰稿,攻击社会民主党的革命纲领和策略。1910 年出席哥本哈根国际社会党代表大会,是代表大会的合作社委员会委员及其小组委员会委员。——219。

艾森施塔特,伊赛·李沃维奇(尤金)(Айзенштандт,Исай Львович(Юдин)1867—1937)——崩得领袖之一。1886 年加入雅罗斯拉夫尔民意党小组,90 年代中期成为社会民主党人。1902 年起为崩得中央委员,在明斯克和敖德萨工作。曾代表崩得中央委员会出席俄国社会民主工党第二次代表大会,会上是反火星派分子,会后成为孟什维克骨干分子。敌视十月革命。1922 年侨居德国,领导诽谤苏联的崩得集团,为孟什维克的《社会主义通报》杂志撰稿。——23。

奥尔洛夫——见马赫林,拉扎尔·达维多维奇。

奥西波夫——见捷姆利亚奇卡,罗莎丽亚·萨莫伊洛夫娜。

B

巴甫洛维奇——见克拉西科夫,彼得·阿纳尼耶维奇。

鲍曼,尼古拉·埃内斯托维奇(索罗金)(Бауман,Николай Эрнестович(Сорокин)1873—1905)——19 世纪 90 年代前半期在俄国喀山开始革命活动,1896 年积极参加彼得堡工人阶级解放斗争协会的工作。1897 年被捕,后流放维亚特卡省。1899 年 10 月流亡瑞士,加入国外俄国社会民主党人联合会,积极参加反对经济主义的斗争。1900 年在创办《火星报》的工作中成为列宁的亲密助手。1901—1902 年作为《火星报》代办员在莫斯科工作,成为俄国社会民主工党莫斯科委员会委员。1902 年 2 月被捕,同年 8 月越狱逃往国外。在俄国社会民主工党第二次代表大会上是莫斯科委员会的代表,属火星派多数派。1903 年 12 月回到莫斯科,领导莫斯科党的布尔什维克组织,同时主持党中央委员会北方局,在自己的住宅创办了秘密印刷所。1904 年 6 月再次被捕,1905 年 10 月获释。1905 年 10 月 18 日参加莫斯科委员会

组织的示威游行时被黑帮分子杀害。鲍曼的葬礼成了一次大规模的政治示威。——18、88、125、126、239。

贝尔，麦克斯（Beer，Max 1864—1943）——德国社会主义史学家。19世纪80年代属德国社会民主党左翼（青年派）。因参加社会主义报刊工作被捕，1894年流亡伦敦，后去美国。1901年又回到伦敦，成为《前进报》通讯员。1915年回到德国，追随右派社会民主党人。在1917—1918年革命事件影响下又向左靠拢，写了一些较接近于马克思主义的著作，如《卡尔·马克思，他的生平和学说》（1923）等。——184。

倍倍尔，奥古斯特（Bebel，August 1840—1913）——德国工人运动和国际工人运动活动家，德国社会民主党和第二国际的创建人和领袖之一，马克思和恩格斯的朋友和战友；旋工出身。19世纪60年代前半期开始参加政治活动，1867年当选为德国工人协会联合会主席，1868年该联合会加入第一国际。1869年与威·李卜克内西共同创建了德国社会民主工党（爱森纳赫派），该党于1875年与拉萨尔派合并为德国社会主义工人党，后又改名为德国社会民主党。多次当选国会议员，利用国会讲坛揭露帝国政府反动的内外政策。1870—1871年普法战争期间持国际主义立场，在国会中投票反对军事拨款，支持巴黎公社，为此曾被捕和被控叛国，断断续续在狱中度过近六年时间。在反社会党人非常法施行时期，领导了党的地下活动和议会活动。90年代和20世纪初同党内的改良主义和修正主义进行斗争，反对伯恩施坦及其拥护者对马克思主义理论的歪曲和庸俗化。是出色的政论家和演说家，对德国和欧洲工人运动的发展有很大影响。马克思和恩格斯高度评价了他的活动。——93、162。

别洛夫——见策伊特林，列夫·索洛蒙诺维奇。

波波夫——见罗扎诺夫，弗拉基米尔·尼古拉耶维奇。

波尔特诺伊，К.Я.（阿布拉姆松）（Портной，К.Я.（Абрамсон）1872—1941）——崩得领袖之一。19世纪90年代中期参加社会民主主义运动，1896年被捕，后流放西伯利亚五年。1900年领导华沙的崩得组织。代表崩得参加负责召开俄国社会民主工党第二次代表大会的组织委员会，在代表大会上是崩得中央委员会的代表，反火星派分子。此后任在波兰的崩得中央委员会主

C

蔡特金,克拉拉(Zetkin,Clara 1857—1933)——德国工人运动和国际工人运动活动家,国际社会主义妇女运动领袖之一,德国共产党创建人之一。19世纪70年代末参加革命运动,1881年加入德国社会民主党。1882年流亡奥地利,后迁居瑞士苏黎世,为秘密发行的德国社会民主党机关报《社会民主党人报》撰稿。1889年积极参加第二国际成立大会的筹备工作。1890年回国。1892—1917年任德国社会民主党主办的女工运动机关刊物《平等》杂志的责任编辑。1907年参加国际社会党斯图加特代表大会,在由她发起的第一次国际妇女社会党人代表会议上当选为国际妇女联合会书记处书记。1910年在哥本哈根举行的第二次国际妇女社会党人代表会议上,根据她的倡议,通过了以3月8日为国际妇女节的决议。第一次世界大战期间持国际主义立场,反对社会沙文主义。曾积极参与组织1915年3月在伯尔尼召开的国际妇女社会党人代表会议。1916年参与组织国际派(后改称斯巴达克派和斯巴达克联盟)。1917年德国独立社会民主党成立后为党中央委员。1919年起为德国共产党党员,当选为中央委员。1920年起为国会议员。1921年起先后当选为共产国际执行委员会委员和主席团委员,领导国际妇女书记处。1925年起任国际支援革命战士协会主席。——93。

策伊特林,列夫·索洛蒙诺维奇(别洛夫)(Цейтлин,Лев Соломонович (Белов)生于1877年)——1898年起是俄国维捷布斯克社会民主主义工人小组的宣传员。1901年起在莫斯科工作,与南方工人社有联系。1902年11月莫斯科委员会遭破坏后,从事重建莫斯科党组织的工作,加入《火星报》组织。在俄国社会民主工党第二次代表大会上是莫斯科委员会的代表,持中派立场,会后成为孟什维克,在敖德萨、莫斯科、维捷布斯克工作。1907年起不再积极参加政治活动。1917年二月革命后领导莫斯科苏维埃编辑出版局。十月革命后从事编辑出版工作。——26、36、236、237、240。

查苏利奇,维拉·伊万诺夫娜(Засулич,Вера Ивановна 1849—1919)——俄国民粹主义运动和社会民主主义运动活动家。1868年在彼得堡参加革命小组。1878年1月24日开枪打伤下令鞭打在押革命学生的彼得堡市长费·费·特列波夫。1879年加入土地平分社。1880年侨居国外,逐步同民粹主义决裂,转到马克思主义立场。1883年参与创建劳动解放社。80—

90年代翻译了马克思的《哲学的贫困》和恩格斯的《社会主义从空想到科学的发展》,写了《国际工人协会史纲要》等著作;为劳动解放社的出版物以及《新言论》和《科学评论》等杂志撰稿,发表过一系列文艺批评文章。1900年起是《火星报》和《曙光》杂志编辑部成员。在俄国社会民主工党第二次代表大会上是《火星报》编辑部有发言权的代表,属火星派少数派,会后成为孟什维克领袖之一,参加孟什维克的《火星报》编辑部。1905年回国。斯托雷平反动时期和新的革命高涨年代是取消派分子。第一次世界大战期间是社会沙文主义者。1917年是孟什维克统一派分子。对十月革命持否定态度。——97、124、167、217、239。

察廖夫——见洛克尔曼,亚历山大·萨莫伊洛维奇。

F

佛敏——见克罗赫马尔,维克多·尼古拉耶维奇。

福尔马尔,格奥尔格·亨利希(Vollmar,Georg Heinrich 1850—1922)——德国社会民主党机会主义派领袖之一,新闻工作者。早年是激进的民主主义者。1876年加入社会民主党,1879—1880年任党的中央机关报《社会民主党人报》编辑。1881年起多次当选帝国国会议员和巴伐利亚邦议会议员。反社会党人非常法废除后,很快转为右倾,提出一系列改良主义主张,建议把党的活动局限在争取改良的斗争上,主张同资产阶级合作,同政府妥协,反对阶级斗争尖锐化,鼓吹"国家社会主义"的优越性,号召社会民主党同自由派联合;在制定党的土地纲领时,维护小土地占有者的利益。第一次世界大战期间是社会沙文主义者。晚年不再从事政治活动。——92、162、219、220。

G

戈尔德布拉特——见麦迭姆,弗拉基米尔·达维多维奇。

哥尔斯基——见绍特曼,亚历山大·瓦西里耶维奇。

哥林(**加尔金**),弗拉基米尔·菲力波维奇(Горин(Галкин),Владимир Филиппович 1863—1925)——19世纪80年代前半期参加俄国民意党小

组,90年代中期成为社会民主党人。曾参与组织西伯利亚社会民主党人联合会。1902年在萨拉托夫社会民主党组织中工作,代表该组织出席俄国社会民主工党第二次代表大会。会上属火星派多数派,代表布尔什维克参加大会记录整理委员会。会后积极参加反对孟什维克的斗争。长期侨居国外,住在日内瓦。1910年以尼·格拉博夫斯基的笔名出版《打倒唯物主义!(对经验批判主义批判的批判)》一书,反对用马赫主义修正马克思主义。1917年二月革命后回国,在彼得格勒军事革命委员会工作,参加十月武装起义的准备工作。1918—1920年在红军中做政治工作。1920年起在普遍军训部任职,后从事科研和教学工作。——26、232、236、240。

格雷,保尔(Göhre,Paul 1864—1928)——德国政治活动家和政论家。1888—1890年任《基督教世界》副编辑。为了解工人的贫困状况,在开姆尼茨一家工厂劳动了三个月,根据亲身体验撰写了《三个月的工人和帮工生活》一书(1891)。1891—1894年任福音社会大会总书记,1894—1897年当牧师。1896年参与创建民族社会联盟,1899年退出联盟。1901年参加社会民主党,追随党内修正主义右翼。1903—1918年为国会议员(有间断)。第一次世界大战期间是沙文主义者。1918年11月任普鲁士陆军部副部长,1919—1923年任普鲁士政府国务部长,兼管宗教事务。——213。

格列博夫——见诺斯科夫,弗拉基米尔·亚历山德罗维奇。

古谢夫,谢尔盖·伊万诺维奇(**德拉布金,雅柯夫·达维多维奇**)(Гусев,Сергей Иванович(Драбкин,Яков Давидович)1874—1933)——1896年在俄国彼得堡工人阶级解放斗争协会开始革命活动。1899年起住在顿河畔罗斯托夫,积极参加俄国社会民主工党顿河区委员会的工作,是1902年罗斯托夫罢工和1903年三月示威游行的领导人之一。1903年在俄国社会民主工党第二次代表大会上是顿河区委员会的代表,属火星派多数派。会后到俄国南方一些城市传达大会情况。1904年8月参加在日内瓦举行的22个布尔什维克的会议。1904年12月—1905年5月任多数派委员会常务局书记和党的彼得堡委员会书记,后为敖德萨布尔什维克组织的领导人之一。1906年起任党的莫斯科委员会委员,是党的第四次(统一)代表大会莫斯科组织的代表。当年被捕,流放托博尔斯克,1909年从流放地逃走。斯托雷平反动时期反对取消派和召回派。屡遭沙皇政府迫害。十月革命

期间领导彼得格勒军事革命委员会秘书处。1918—1920 年在红军中做政治工作,历任第 5 和第 2 集团军革命军事委员会委员,东方面军、东南方面军、高加索方面军和南方面军革命军事委员会委员,共和国革命军事委员会野战司令部政委等职。1921—1923 年任工农红军政治部主任、共和国革命军事委员会委员。1923 年起任党中央监察委员会书记和苏联工农检查人民委员部部务委员。1925—1926 年任党中央报刊部部长。1929—1933 年任共产国际执行委员会主席团委员。写有《统一的经济计划和统一的经济机构》(1920)、《经济建设的当前问题(关于俄共中央的提纲)》(1920)等小册子以及一些关于党史、军事、社会主义建设和国际工人运动方面的著作。——25、26、41、90、101、232、233、240。

H

哈尔图林,斯捷潘·尼古拉耶维奇(Халтурин,Степан Николаевич 1857—1882)——俄国最早的工人革命家之一;细木工。19 世纪 70 年代中期参加工人运动,加入民粹派的友人协会,但与民粹派不同,认为政治斗争是革命运动的主要任务,并且把新兴的无产阶级视为革命运动的决定性力量。1878 年组织俄国北方工人协会,并筹备出版独立的工人报纸。1879 年秋加入民意党。1880 年 2 月谋刺沙皇未成。不顾警方追捕,在俄国南方继续坚持革命工作。1881 年起为民意党执行委员会委员。1882 年 3 月因参与刺杀敖德萨军事检察官当场被捕,被战地法庭判处死刑。——67。

海德门,亨利·迈尔斯(Hyndman,Henry Mayers 1842—1921)——英国社会党人。1881 年创建民主联盟(1884 年改组为社会民主联盟),担任领导职务,直至 1892 年。曾同法国可能派一起夺取 1889 年巴黎国际工人代表大会的领导权,但未能得逞。1900—1910 年是社会党国际局成员。1911 年参与创建英国社会党,领导该党机会主义派。第一次世界大战期间是社会沙文主义者。1916 年英国社会党代表大会谴责他的社会沙文主义立场后,退出社会党。敌视俄国十月革命,赞成武装干涉苏维埃俄国。——184。

海涅,沃尔弗冈(Heine,Wolfgang 1861—1944)——德国政治活动家,右派社会民主党人;职业是律师。1898 年被选入帝国国会,但不久因拒绝参加社会民主党人组织的政治游行而被撤销当选证书。曾为《社会主义月刊》撰稿。他的修正主义观点受到倍倍尔、梅林等人的严厉批判。第一次世界大

战期间是社会沙文主义者。1918 年十一月革命后任普鲁士政府司法部长，1919—1920 年任内务部长。1920 年起脱离政治活动，从事律师工作。——213、214、215、219。

赫尔茨——见乌里扬诺夫，德米特里·伊里奇。

黑格尔，乔治·威廉·弗里德里希（Hegel，Georg Wilhelm Friedrich 1770—1831）——德国哲学家，客观唯心主义者，德国古典哲学的主要代表。1801—1807 年任耶拿大学哲学讲师和教授。1808—1816 年任纽伦堡中学校长。1816—1817 年任海德堡大学哲学教授。1818 年起任柏林大学哲学教授。黑格尔哲学是 18 世纪末至 19 世纪初德国唯心主义哲学的最高发展。他根据唯心主义的思维与存在同一的基本原则，建立了客观唯心主义的哲学体系，并创立了唯心主义辩证法的理论。认为在自然界和人类出现以前存在着绝对精神，客观世界是绝对精神、绝对观念的产物；绝对精神在其发展中经历了逻辑阶段、自然阶段和精神阶段，最终回复到了它自身；整个自然的、历史的和精神的世界都处于不断的运动、变化和发展中，矛盾是运动、变化的核心。黑格尔哲学的特点是辩证方法同形而上学体系之间的深刻矛盾。他的唯心主义辩证法是马克思主义哲学的理论来源之一。在社会政治观点上是保守的，是立宪君主制的维护者。主要著作有《精神现象学》（1807）、《逻辑学》（1812—1816）、《哲学全书》（1817）、《法哲学原理》（1821）、《哲学史讲演录》（1833—1836）、《历史哲学讲演录》（1837）、《美学讲演录》（1836—1838）等。——228。

J

加尔佩林，列夫·叶菲莫维奇（伊格列克）（Гальперин，Лев Ефимович（Игрек）1872—1951）——俄国社会民主党人。1898 年参加革命运动。1901 年春作为《火星报》代办员被派往巴库，从事创建俄国社会民主工党巴库委员会和地下印刷所以及从国外运进和在国内散发秘密书刊的工作。1902 年初在基辅参加游行示威时被捕，同年 8 月越狱逃往国外，继续进行向国内运送党的书刊的组织工作。俄国社会民主工党第二次代表大会后是布尔什维克，曾代表中央机关报编辑部参加党总委员会，后被增补进中央委员会。对孟什维克采取调和主义态度，反对召开党的第三次代表大会。1905 年 2 月再次被捕。1906 年起不再积极参加政治活动。1917 年二

月革命后加入孟什维克国际主义派,参加了国务会议。1918 年起从事经济工作。——190、191。

杰多夫——见克尼波维奇,莉迪娅·米哈伊洛夫娜。

捷姆利亚奇卡(扎尔金德),罗莎丽亚·萨莫伊洛夫娜(奥西波夫)(Землячка(Залкинд),Розалия Самойловна(Осипов)1876—1947)——1893 年参加俄国革命运动,1896 年在基辅的社会民主主义组织中工作,后进入俄国社会民主工党基辅委员会。1901 年起为《火星报》代办员,在敖德萨和叶卡捷琳诺斯拉夫开展工作。在俄国社会民主工党第二次代表大会上是敖德萨委员会的代表,属火星派多数派。会后代表布尔什维克被增补进党中央委员会,积极参加同孟什维克的斗争。1904 年 8 月参加了在日内瓦举行的 22 个布尔什维克的会议,被选入多数派委员会常务局。曾任彼得堡党组织书记,代表该组织出席党的第三次代表大会。1905—1907 年革命期间任党的莫斯科委员会书记。屡遭沙皇政府迫害。1909 年任巴库布尔什维克组织书记,后侨居国外。1915 年起在莫斯科做党的领导工作,积极参加莫斯科十月武装起义。1918—1921 年在几个集团军担任政治部主任,后从事党政领导工作。1924 年起为党中央监察委员会委员。1926—1933 年是工农检查人民委员部和交通人民委员部领导人之一。1934 年起为苏维埃监察委员会委员,后任苏维埃监察委员会副主席和主席。1939 年起为党中央委员。1939—1943 年任苏联人民委员会副主席。晚年任联共(布)中央党的监察委员会副主席。1937 年起为苏联最高苏维埃代表。——140、234。

捷依奇,列夫·格里戈里耶维奇(Дейч,Лев Григорьевич 1855—1941)——俄国社会民主主义运动活动家,孟什维克领袖之一。早年参加土地和自由社、土地平分社。1880 年出国,1883 年参与创建劳动解放社,从事出版和向国内运送马克思主义书刊的工作。曾参加《火星报》和《曙光》杂志的出版工作。1884 年被判处服苦役。1901 年从流放地逃走,来到慕尼黑,参加俄国革命社会民主党人国外同盟的工作。1903 年在俄国社会民主工党第二次代表大会上是劳动解放社的代表,属火星派少数派,会后成为孟什维克。斯托雷平反动时期是取消派分子。第一次世界大战期间是社会沙文主义者。1917 年二月革命后与普列汉诺夫一起编辑孟什维克护国派的《统一报》。十月革命后脱离政治活动,从事普列汉诺夫遗著的出版工作,写有

一些俄国解放运动史方面的论文。——25、26、36、90、107、125、126、173、178、232、236、237、238、239、240。

K

卡尔斯基——见托普里泽，季奥米德·亚历山德罗维奇。

卡拉法季，德米特里·巴甫洛维奇（马霍夫）（Калафати，Дмитрий Павлович（Махов）1871—1940）——俄国社会民主党人。1891年起先后在莫斯科和尼古拉耶夫参加社会民主主义小组的工作。1897年参加南俄工人协会的活动，1901年进入俄国社会民主工党尼古拉耶夫委员会。1902年被捕，后流放沃洛格达省，不久逃往国外。在俄国社会民主工党第二次代表大会上是尼古拉耶夫委员会的代表，持中派立场，会后成为孟什维克。1905年负责孟什维克《火星报》出版社的技术财务工作。1906年回国，主持社会民主党的新世界出版社的工作。1913年起脱离政治活动。十月革命后做会计和经济工作。——16、17、20、23、26、27、31、36、37、38、39、40—44、137、150、152、157、161、172、229、234。

考茨基，卡尔（Kautsky，Karl 1854—1938）——德国社会民主党和第二国际的领袖和主要理论家之一。1875年加入奥地利社会民主党，1877年加入德国社会民主党。1881年与马克思和恩格斯相识后，在他们的影响下逐渐转向马克思主义。从19世纪80年代到20世纪初写过一些宣传和解释马克思主义的著作：《卡尔·马克思的经济学说》（1887）、《土地问题》（1899）等。但在这个时期已表现出向机会主义方面摇摆，在批判伯恩施坦时作了很多让步。1883—1917年任德国社会民主党理论刊物《新时代》杂志主编。曾参与起草1891年德国社会民主党纲领（爱尔福特纲领）。1910年以后逐渐转到机会主义立场，成为中派领袖。第一次世界大战前夕提出超帝国主义论，大战期间打着中派旗号支持帝国主义战争。1917年参与建立德国独立社会民主党，1922年拥护该党右翼与德国社会民主党合并。1918年后发表《无产阶级专政》等书，攻击俄国十月革命，反对无产阶级专政。——93、134、136、166、215、216、217、219。

柯尔佐夫，德·（**金兹堡，波里斯·阿布拉莫维奇**）（Кольцов，Д.（Гинзбург，Борис Абрамович）1863—1920）——俄国社会民主党人，孟什维克。19世

纪80年代前半期参加民意党人运动,80年代末转向社会民主主义。1893年初侨居瑞士,接近劳动解放社。1895—1898年任国外俄国社会民主党人联合会书记。1900年联合会分裂后,退出该组织。曾参加第二国际伦敦代表大会(1896)和巴黎代表大会(1900)的工作。作为有发言权的代表出席了俄国社会民主工党第二次代表大会,属火星派少数派;会后成为孟什维克骨干分子,为孟什维克报刊《社会民主党人报》、《开端报》等撰稿。1905—1907年革命期间在彼得堡参加工会运动,1908年起在巴库工作。斯托雷平反动时期和新的革命高涨年代持取消派立场。第一次世界大战期间是社会沙文主义者。1917年二月革命后任彼得格勒工兵代表苏维埃劳动委员。敌视十月革命。1918—1919年在合作社组织中工作。——21、23、121、167。

科斯季奇——见兹博罗夫斯基,米哈伊尔·索洛蒙诺维奇。

科斯特罗夫——见饶尔丹尼亚,诺伊·尼古拉耶维奇。

克尔日扎诺夫斯基,格列勃·马克西米利安诺维奇(特拉温斯基)(Кржижановский,Глеб Максимилианович(Травинский)1872—1959)——1893年参加俄国革命运动,协助列宁组织彼得堡工人阶级解放斗争协会。1895年12月被捕,1897年流放西伯利亚(米努辛斯克专区捷辛斯克村),为期三年。1901年流放期满后住在萨马拉,领导当地的火星派中心。1902年秋参加筹备召开俄国社会民主工党第二次代表大会的组织委员会。1903年在俄国社会民主工党第二次代表大会上缺席当选为中央委员。积极参加1905—1907年革命。在布尔什维克的出版机关做了大量工作。1917年二月革命后任莫斯科苏维埃委员,参加布尔什维克党团。十月革命后致力于恢复和发展莫斯科的动力事业。1919年底起任最高国民经济委员会电机工业总管理局局长。1920年被任命为俄罗斯国家电气化委员会主席。1921—1930年任国家计划委员会主席。1930—1936年历任最高国民经济委员会动力总管理局局长、苏联中央执行委员会高等技术教育委员会主席和俄罗斯联邦副教育人民委员。在党的第十三至第十七次代表大会上当选为中央委员。1929年当选为苏联科学院院士,1929—1939年任苏联科学院副院长。1930年创建苏联科学院动力研究所,担任所长直至逝世。写有许多动力学方面的著作。——93、131、174、190、226、233、235。

克拉西科夫,彼得·阿纳尼耶维奇(巴甫洛维奇)(Красиков,Петр Ананьевич (Павлович)1870—1939)——1892年在俄国彼得堡开始革命活动。1893年被捕,次年流放西伯利亚,在流放地结识了列宁。1900年到普斯科夫,成为《火星报》代办员。1902年被选入筹备召开俄国社会民主工党第二次代表大会的组织委员会。在代表大会上是基辅委员会的代表,属火星派多数派,同列宁、普列汉诺夫一起进入大会常务委员会。会后积极参加同孟什维克的斗争。1904年8月参加了在日内瓦举行的22个布尔什维克的会议;是布尔什维克出席第二国际阿姆斯特丹代表大会的代表。1905—1907年革命期间任彼得堡工人代表苏维埃执行委员会委员。屡遭沙皇政府迫害。1917年二月革命后任彼得格勒工兵代表苏维埃执行委员会委员。十月革命后任彼得格勒军事革命委员会所属肃反侦查委员会主席、司法人民委员部部务委员。1921年起任小人民委员会委员、副司法人民委员。1924年起任苏联最高法院检察长。1933—1938年任苏联最高法院副院长。多次当选全俄中央执行委员会和苏联中央执行委员会委员。——18、19、20、23、26、79、80、93、99、100、104、106、115、119、121、232、234。

克里切夫斯基,波里斯·尼古拉耶维奇(Кричевский,Борис Николаевич 1866—1919)——俄国社会民主党人,政论家,经济派领袖之一。19世纪80年代末参加社会民主主义小组的工作。90年代初侨居国外,加入劳动解放社,参加该社的出版工作。90年代末是国外俄国社会民主党人联合会的领导人之一。1899年任该会机关刊物《工人事业》杂志的编辑,在杂志上宣扬伯恩施坦主义观点。1903年俄国社会民主工党第二次代表大会后不久脱离政治活动。——201、219。

克鲁普斯卡娅,娜捷施达·康斯坦丁诺夫娜(萨布林娜)(Крупская,Надежда Константиновна(Саблина)1869—1939)——列宁的妻子和战友。1890年在彼得堡大学生马克思主义小组中开始革命活动。1895年参与组织彼得堡工人阶级解放斗争协会。1896年8月被捕,后被判处流放三年,先后在舒申斯克和乌法服刑。1901年流放期满后侨居国外,任《火星报》编辑部秘书。曾参加俄国社会民主工党第二次代表大会的筹备工作,作为有发言权的代表出席了大会。1904年起先后任布尔什维克的《前进报》和《无产者报》编辑部秘书。曾参加党的第三次代表大会的筹备工作。1905—1907年革命期间在国内担任党中央委员会秘书。斯托雷平反动时期积极参加

反对取消派和召回派的斗争。1911 年在隆瑞莫党校(法国)工作。1912 年党的布拉格代表会议后协助列宁同国内党组织、《真理报》和第四届国家杜马布尔什维克党团保持联系。第一次世界大战期间参加国际妇女运动和布尔什维克国外支部的活动,担任国外组织委员会秘书并研究国民教育问题。1917 年二月革命后和列宁一起回国,在党中央书记处工作,参加了十月武装起义。十月革命后任教育人民委员部部务委员,领导政治教育总委员会;1929 年起任俄罗斯联邦副教育人民委员。1924 年起为党中央监察委员会委员,1927 年起为党中央委员。历届全俄中央执行委员会和苏联中央执行委员会委员,苏联第一届最高苏维埃代表和主席团委员。——88、239。

克罗赫马尔,维克多·尼古拉耶维奇(佛敏)(Крохмаль,Виктор Николаевич(Фомин)1873—1933)——俄国社会民主党人,孟什维克。19 世纪 90 年代中期参加基辅社会民主主义小组,1898 年被逐往乌法,在当地社会民主主义小组中起了积极作用。1901 年起是《火星报》代办员,在基辅工作。1902 年被捕,同年 8 月越狱逃往国外,加入俄国革命社会民主党人国外同盟。在俄国社会民主工党第二次代表大会上是乌法委员会的代表,属火星派少数派。1904 年底代表孟什维克被增补进党中央委员会,在党的第四次(统一)代表大会上代表孟什维克被选入中央委员会。1917 年二月革命后编辑孟什维克的《工人报》。十月革命后在列宁格勒的一些机关中工作。——111、153、173、226、232、233、235。

克尼波维奇,莉迪娅·米哈伊洛夫娜(杰多夫)(Книпович,Лидия Михайловна(Дедов)1856—1920)——俄国社会民主党人,布尔什维克。19 世纪 70 年代末参加赫尔辛福斯民意党小组的革命活动,90 年代成为社会民主党人。在《火星报》同俄国各地方组织建立联系方面起过重要作用。在俄国社会民主工党第二次代表大会上是北方协会的代表,属火星派多数派。1905 年任党的敖德萨委员会书记;是党的第四次(统一)代表大会代表。1905—1907 年革命后继续做党的工作。1911 年被逐往波尔塔瓦省。晚年身患重病,长期在克里木休养。——234、237。

克努尼扬茨,波格丹·米尔扎江诺维奇(鲁索夫)(Кнунянц,Богдан Мирзаджанович(Русов)1878—1911)——俄国社会民主党人,布尔什维

克。1897年参加彼得堡工人阶级解放斗争协会。1901年被逐往巴库,不久成为俄国社会民主工党巴库委员会和高加索联合会委员会委员。1902年参与创建亚美尼亚社会民主党人联合会及其秘密机关报《无产阶级报》。在俄国社会民主工党第二次代表大会上是巴库委员会的代表,属火星派多数派,会后作为中央代办员在高加索和莫斯科工作。在彼得堡参加1905—1907年革命。1905年9月被增补进党的彼得堡委员会并代表布尔什维克参加彼得堡第一届工人代表苏维埃执行委员会。1905年12月被捕,被判处终身流放西伯利亚。1907年从流放地逃往国外,参加了第二国际斯图加特代表大会和在赫尔辛福斯举行的俄国社会民主工党第四次代表会议(第三次全俄代表会议)的工作。1907年底起在巴库工作。1910年9月被捕,死于巴库监狱。——25、26、27、81、85、91、96、114、120、123、124、234、237。

L

朗格——见斯托帕尼,亚历山大·米特罗范诺维奇。

李伯尔(**戈尔德曼**),米哈伊尔·伊萨科维奇(Либер(Гольдман),Михаил Исаакович 1880—1937)——崩得和孟什维克领袖之一。1898年起为社会民主党人,1902年起为崩得中央委员。1903年率领崩得代表团出席俄国社会民主工党第二次代表大会,在会上采取极右的反火星派立场,会后成为孟什维克。1907年在党的第五次(伦敦)代表大会上代表崩得被选入中央委员会,是崩得驻中央委员会国外局的代表。斯托雷平反动时期是取消派分子,1912年是"八月联盟"的骨干分子,第一次世界大战期间是社会沙文主义者。1917年二月革命后任彼得格勒工兵代表苏维埃执行委员会委员和第一届中央执行委员会主席团委员,采取孟什维克立场,支持资产阶级联合内阁,敌视十月革命。后脱离政治活动,从事经济工作。——34、35、37—39、41、43、44、55、56—58、73、79、80、95、104、105、106、114、133、152、153。

李卜克内西,威廉(Liebknecht,Wilhelm 1826—1900)——德国工人运动和国际工人运动活动家,德国社会民主党的创建人和领袖之一,马克思和恩格斯的朋友和战友。积极参加德国1848年革命,革命失败后流亡国外,在国外结识马克思和恩格斯,接受了科学共产主义思想。1850年加入共产主义者同盟。1862年回国。第一国际成立后,成为国际的革命思想的热心宣传

者和国际的德国支部的组织者之一。1868 年起任《民主周报》编辑。1869 年与倍倍尔共同创建了德国社会民主工党(爱森纳赫派),任党的中央机关报《人民国家报》编辑。1875 年积极促成爱森纳赫派和拉萨尔派的合并。在反社会党人非常法施行期间与倍倍尔一起领导党的地下工作和斗争。1890 年起任党的中央机关报《前进报》主编,直至逝世。1867—1870 年为北德意志联邦国会议员,1874 年起多次被选为德意志帝国国会议员,利用议会讲坛揭露普鲁士容克反动的内外政策。因革命活动屡遭监禁。是第二国际的组织者之一。——91、92、93。

李沃夫——见莫申斯基,约瑟夫·尼古拉耶维奇。

利亚多夫(**曼德尔施塔姆**),马尔丁·尼古拉耶维奇(Лядов(Мандельштам),Мартын Николаевич 1872 — 1947)—— 1891 年参加俄国民粹派小组。1893 年参与创建莫斯科工人协会。1895 年被捕,1897 年流放上扬斯克,为期五年。从流放地返回后在萨拉托夫工作。在俄国社会民主工党第二次代表大会上是萨拉托夫委员会的代表,属火星派多数派;会后是党中央代办员。1904 年 8 月参加了在日内瓦举行的 22 个布尔什维克的会议,被选入多数派委员会常务局。是布尔什维克出席第二国际阿姆斯特丹代表大会的代表和俄国社会民主工党第三次代表大会有发言权的代表。积极参加 1905—1907 年革命,为党的莫斯科委员会委员。斯托雷平反动时期是召回派分子,卡普里党校(意大利)的讲课人,加入前进集团(1911 年退出)。1917 年二月革命后任巴库工兵代表苏维埃副主席,持孟什维克立场。1920 年重新加入俄共(布),在最高国民经济委员会工作。1923 年起先后任斯维尔德洛夫共产主义大学校长,科学机构、博物馆及艺术科学部门总管理局局长,十月革命档案馆馆长,列宁研究院和党史委员会学术委员会委员等职。写有党史方面的著作。——26、232、236、240。

连斯基——见维连斯基,列昂尼德·谢苗诺维奇。

梁赞诺夫(**戈尔登达赫**),达维德·波里索维奇(Рязанов(Гольдендах),Давид Борисович 1870—1938)——1889 年参加俄国革命运动。曾在敖德萨和基什尼奥夫开展工作。1900 年出国,是著作家团体斗争社的组织者之一;该社反对《火星报》制定的党纲和列宁的建党组织原则。俄国社会民主工党

第二次代表大会反对斗争社参加大会的工作,并否决了邀请梁赞诺夫作为该社代表出席大会的建议。代表大会后是孟什维克。1905—1907年在国家杜马社会民主党党团和工会工作。后再次出国,为《新时代》杂志撰稿。1909年在"前进"集团的卡普里党校(意大利)担任讲课人,1911年在隆瑞莫党校(法国)讲授工会运动课。曾受德国社会民主党委托从事出版《马克思恩格斯全集》和第一国际史的工作。第一次世界大战期间是中派分子,为孟什维克的《呼声报》和《我们的言论报》撰稿。1917年二月革命后参加区联派,在俄国社会民主工党(布)第六次代表大会上随区联派集体加入布尔什维克党。十月革命后从事工会工作。1918年初因反对签订布列斯特和约一度退党。1920—1921年工会问题争论期间持错误立场,被解除工会职务。1921年参与创建马克思恩格斯研究院,担任院长直到1931年。1931年2月因同孟什维克国外总部有联系被开除出党。——19、21、129、185。

列宁,弗拉基米尔·伊里奇(**乌里扬诺夫,弗拉基米尔·伊里奇**;列宁,尼·;伊林)(Ленин, Вл. Ил.(Ульянов, Владимир Ильич, Ленин, Н., Ильин)1870—1924)——3—6、48、50、61—62、67、69、72、74、76、77—79、80、82、83—87、88、90、97—98、101、102、108—112、128、131、144、161—170、172、173、177、185、190—193、221、223、224、234、239。

列文,叶弗列姆·雅柯夫列维奇(叶戈罗夫)(Левин, Ефрем Яковлевич (Егоров)生于1873年)——俄国社会民主党人,南方工人社领导人之一。19世纪90年代参加哈尔科夫社会民主主义小组,1900年10月因俄国社会民主工党哈尔科夫委员会案被捕,次年被逐往波尔塔瓦。曾参加《南方工人报》编辑部,是筹备召开俄国社会民主工党第二次代表大会的组织委员会委员。在代表大会上是南方工人社的代表,持中派立场,会后成为孟什维克。1903年9月再次被捕,后脱离政治活动。——18、19、20、21、23、26、27、30、31、34、35、36—38、40、41、42、44、57、61、82、97、101、102、103、107、108、114、116、137、138、145、152、157、161、172、197、213、232、235、236、238。

列文娜,叶夫多基娅·谢苗诺夫娜(伊万诺夫)(Левина, Евдокия Семеновна (Иванов)1874—1905)——俄国社会民主党人。19世纪90年代参加哈尔科夫社会民主主义小组,1898年因在哈尔科夫印刷工人中进行宣传案被

捕,次年被逐往波尔塔瓦。曾为《南方工人报》撰稿。积极参加南方工人社的活动,反对南方工人社和《火星报》组织的联合。在俄国社会民主工党第二次代表大会上是哈尔科夫委员会的代表,持中派立场,会后成为孟什维克。不久脱离政治活动。——36。

林格尼克,弗里德里希·威廉莫维奇(瓦西里耶夫)(Ленгник, Фридрих Вильгельмович(Васильев)1873—1936)——1893年参加俄国社会民主主义运动,1896年因彼得堡工人阶级解放斗争协会案被捕,1898年流放东西伯利亚,为期三年。流放归来后加入《火星报》组织,是筹备召开俄国社会民主工党第二次代表大会的组织委员会委员,在代表大会上被缺席选入党中央委员会和党总委员会。1903—1904年在国外积极参加反对孟什维克的斗争。1903年10月出席俄国革命社会民主党人国外同盟第二次代表大会,当孟什维克拒绝通过党中央提出的同盟章程时,他代表中央委员会宣布,此后的会议都是非法的,并同其他布尔什维克一起退出会场。1904年2月回国,是党中央委员会北方局成员,不久因北方局案被捕。1905—1907年革命后在俄国南方、莫斯科和彼得堡做党的工作。在彼得格勒参加十月革命。十月革命后在教育人民委员部、最高国民经济委员会、对外贸易人民委员部、工农检查人民委员部工作。1926—1930年为党中央监察委员会主席团委员。晚年从事科研和教学工作。全苏老布尔什维克协会副主席。——93、190、191、226、233。

鲁索夫——见克努尼扬茨,波格丹·米尔扎江诺维奇。

罗森诺,埃米尔(Rosenow, Emil 1871—1904)——德国社会民主党人,新闻工作者。曾为社会民主党的许多报纸撰稿,任《开姆尼茨观察家报》和《莱茵—威斯特伐利亚工人报》编辑。1898—1903年为帝国国会议员。——213。

罗扎诺夫,弗拉基米尔·尼古拉耶维奇(波波夫)(Розанов, Владимир Николаевич(Попов)1876—1939)——俄国社会民主党人,孟什维克。19世纪90年代中期在莫斯科参加社会民主主义运动,1899年被逐往斯摩棱斯克。1900年加入南方工人社。是筹备召开俄国社会民主工党第二次代表大会的组织委员会委员,并代表南方工人社出席了代表大会。会上持中派立

场，会后成为孟什维克骨干分子。1904年底被增补进调和主义的党中央委员会，1905年2月被捕。1905年5月在孟什维克代表会议上被选入孟什维克领导中心——组织委员会，在党的第四次（统一）代表大会上代表孟什维克被选入中央委员会。1908年侨居国外。第一次世界大战期间持国际主义立场。1917年二月革命后是彼得格勒工兵代表苏维埃孟什维克党团成员，护国派分子。敌视十月革命，积极参加反革命组织的活动，因“战术中心”案被判刑。大赦后脱离政治活动，在卫生部门工作。——21、27、32、36、46、50、57、67、74、88、93、98、99、100、101、102、103、121、125、131、139、161、173、232、233、235、236。

洛克尔曼，亚历山大·萨莫伊洛维奇（察廖夫）（Локерман，Александр Самойлович（Царев）1880—1937）——俄国社会民主党人，孟什维克。1898年参加社会民主主义运动，在顿河畔罗斯托夫工作，曾参加俄国社会民主工党顿河区委员会。在党的第二次代表大会上是顿河区委员会的代表，持中派立场，会后成为孟什维克。1917年二月革命后代表孟什维克参加中央执行委员会。十月革命后竭力反对苏维埃政权。1917—1920年为孟什维克顿河区委员会委员。因进行反革命活动被判刑。——36、82、95、123。

M

马尔丁诺夫，亚历山大（**皮凯尔，亚历山大·萨莫伊洛维奇**）（Мартынов，Александр（Пиккер，Александр Самойлович）1865—1935）——俄国经济派领袖之一，孟什维克著名活动家，后为共产党员。19世纪80年代初参加民意党人小组，1886年被捕，流放东西伯利亚十年；流放期间成为社会民主党人。1900年侨居国外，参加经济派的《工人事业》杂志编辑部，反对列宁的《火星报》。在俄国社会民主工党第二次代表大会上是国外俄国社会民主党人联合会的代表，反火星派分子，会后成为孟什维克。1907年作为叶卡捷琳诺斯拉夫组织的代表参加了党的第五次（伦敦）代表大会的工作，在代表大会上当选为中央委员。斯托雷平反动时期和新的革命高涨年代是取消派分子，参加取消派的机关报《社会民主党人呼声报》编辑部。第一次世界大战期间持中派立场。1917年二月革命后为孟什维克国际主义者。十月革命后脱离孟什维克。1918—1922年在乌克兰当教员。1923年加入

俄共(布),在马克思恩格斯研究院工作。1924 年起任《共产国际》杂志编委。——12、16、18、20、30、31、38、40、41、43、44、67、72、73、74、113、115、116、121、139、144、150、152、154、157、159、161、185、196、219。

马尔托夫,尔·(**策杰尔包姆,尤利·奥西波维奇**)(Мартов, Л.(Цедербаум, Юлий Осипович)1873—1923)——俄国孟什维克领袖之一。1895 年参与组织彼得堡工人阶级解放斗争协会。1896 年被捕并流放图鲁汉斯克三年。1900 年参与创办《火星报》,为该报编辑部成员。在俄国社会民主工党第二次代表大会上是《火星报》组织的代表,领导机会主义少数派,反对列宁的建党原则;从那时起成为孟什维克中央机关的领导成员和孟什维克报刊的编辑。曾参加党的第五次(伦敦)代表大会的工作。斯托雷平反动时期和新的革命高涨年代是取消派分子,编辑《社会民主党人呼声报》,参与组织"八月联盟"。第一次世界大战期间是中派分子,参加齐美尔瓦尔德代表会议和昆塔尔代表会议。曾参加孟什维克组织委员会国外书记处,为书记处编辑机关刊物。1917 年二月革命后领导孟什维克国际主义派。十月革命后反对镇压反革命和解散立宪会议。1919 年当选为全俄中央执行委员会委员,1919—1920 年为莫斯科苏维埃代表。1920 年 9 月侨居德国。参与组织第二半国际,在柏林创办和编辑孟什维克杂志《社会主义通报》。——4、11—15、18、20—22、24、29—34、39、41、43、45—52、54、55—58、60、63、65、66、67—82、83—87、89、90、92、96—106、109、110—113、115、116、120、125、127、129—134、136、137、139、140、143—145、151—157、159、161—165、167—174、177—181、184—186、190—192、199、200、207、211、214、219、220—224、226、228、232—234、238—240。

马赫林,拉扎尔·达维多维奇(奥尔洛夫)(Махлин, Лазарь Давидович (Орлов)1880—1925)——1900 年参加俄国社会民主主义运动,在国外加入《火星报》组织。1902 年为《火星报》代办员,在国内工作。1903 年在叶卡捷琳诺斯拉夫进行宣传工作,参加俄国社会民主工党叶卡捷琳诺斯拉夫委员会,代表该委员会出席了俄国社会民主工党第二次代表大会。在会上属火星派多数派,会后成为孟什维克,在维尔诺、德文斯克和彼得堡工作。1905—1907 年革命后侨居国外。1919 年回国,1920 年加入俄共(布),在列宁格勒做工会工作和经济工作。——26、27、126、140。

马赫诺韦茨,莉迪娅·彼得罗夫娜(布鲁凯尔)(Махновец,Лидия Петровна(Брукэр)1876—1965)——19世纪90年代末参加俄国社会民主主义运动,经济派代表人物。曾在俄国社会民主工党沃罗涅日委员会里起领导作用,该委员会在俄国社会民主工党第二次代表大会筹备期间反对《火星报》的立场。在代表大会上是彼得堡工人组织的代表,反火星派分子。1905年在沃罗涅日社会民主党组织中工作,后脱离政治活动。——12、13、16、18、29、71、72、75、80、81、82、113、137、138、150、152、153、157、172、185、234。

马霍夫——见卡拉法季,德米特里·巴甫洛维奇。

马卡久布,马尔克·绍洛维奇(帕宁;实际工作者)(Макадзюб,Марк Саулович(Панин,Практик)生于1876年)——俄国社会民主党人,孟什维克。1901—1903年在俄国南部社会民主党组织中工作。在俄国社会民主工党第二次代表大会上是克里木联合会的代表,属火星派少数派。1905年5月参加了在日内瓦召开的孟什维克代表会议,被选入孟什维克领导中心——组织委员会。支持阿克雪里罗得关于召开广泛的工人代表大会的取消主义观点。斯托雷平反动时期和新的革命高涨年代是取消派分子,为孟什维克取消派的《我们的曙光》杂志撰稿。1917年二月革命后任彼得格勒工兵代表苏维埃执行委员会委员。十月革命后脱离政治活动。1921年起在苏联驻国外的木材出口机关工作。1931年起侨居国外。——7、95、96、101、204。

马克思,卡尔(Marx,Karl 1818—1883)——科学共产主义的创始人,世界无产阶级的领袖和导师。——41。

麦迭姆(**格林贝格**),弗拉基米尔·达维多维奇(戈尔德布拉特)(Медем(Гринберг),Владимир Давидович(Гольдблат)1879—1923)——崩得领袖之一。1899年参加俄国社会民主主义运动,1900年加入明斯克崩得组织。曾流放西伯利亚,1901年从流放地逃往国外。1903年起为崩得国外委员会委员,代表该委员会出席俄国社会民主工党第二次代表大会,会上是反火星派分子。1906年当选为崩得中央委员。曾参加俄国社会民主工党第五次(伦敦)代表大会工作,支持孟什维克。十月革命后领导在波兰的崩得组织。1921年到美国,在犹太右翼社会党人的《前进报》上撰文诽谤苏维

埃俄国。——31、56、95、138、197。

曼德尔贝格,维克多·叶夫谢耶维奇(波萨多夫斯基)(Мандельберг, Виктор Евсеевич(Посадовский)生于1870年)——俄国社会民主党人。1894—1896年在彼得堡当医生,因在工人中进行社会民主主义宣传而被捕,监禁三年后又被流放东西伯利亚四年。在俄国社会民主工党第二次代表大会上是西伯利亚联合会的代表,属火星派少数派,会后成为孟什维克。第二届国家杜马代表,因社会民主党党团案被起诉,后流亡国外。——30、31、36、67、121、122、123、128、197。

梅德维捷夫——见尼古拉耶夫,列昂尼德·弗拉基米罗维奇。

梅什金,伊波利特·尼基季奇(Мышкин, Ипполит Никитич 1848—1885)——俄国民粹派革命家;职业是地形测绘员。1873年在莫斯科开办一家印刷所,秘密刊印禁书。1875年春到西伯利亚,试图把车尔尼雪夫斯基从流放地营救出来,未遂;同年7月在维柳伊斯克被捕,关进彼得保罗要塞。是"一百九十三人案件"的主要被告之一,1877年11月15日在法庭上发表了热情洋溢的演说。1878年被判处十年苦役。1885年因反抗监狱制度被枪决。——67。

米勒兰,亚历山大·埃蒂耶纳(Millerand, Alexandre Étienne 1859—1943)——法国政治家和国务活动家,法国社会党和第二国际的机会主义代表人物。1885年起多次当选议员。原属资产阶级激进派,90年代初参加法国社会主义运动,领导运动中的机会主义派。1898年同让·饶勒斯等人组成法国独立社会党人联盟。1899年参加瓦尔德克-卢梭内阁,任工商业部长,是有史以来社会党人第一次参加资产阶级政府,列宁把这个行动斥之为"实践的伯恩施坦主义"。1904年被开除出法国社会党,此后同阿·白里安、勒·维维安尼等前社会党人一起组成独立社会党人集团(1911年取名为"共和社会党")。1909—1915年先后任公共工程部长和陆军部长,竭力主张把帝国主义战争进行到底。俄国十月革命后是武装干涉苏维埃俄国的策划者之一。1920年1—9月任总理兼外交部长,1920年9月—1924年6月任法兰西共和国总统。资产阶级左翼政党在大选中获胜后,被迫辞职。1925年和1927年当选为参议员。——219。

米舍涅夫,格拉西姆·米哈伊洛维奇(穆拉维约夫)(Мишенев, Герасим Михайлович(Муравьев)死于1906年)——俄国社会民主党人,俄国社会民主工党乌法委员会委员,代表该委员会出席了党的第二次代表大会。在会上属火星派多数派,会后成为布尔什维克;一贯反对孟什维克。1905年起在萨拉托夫社会民主党组织中工作。——26、107、108、121、122、125。

莫申斯基,约瑟夫·尼古拉耶维奇(李沃夫)(Мошинский, Иосиф Николаевич(Львов)1875—1954)——俄国社会民主党人。1892—1893年是基辅马克思主义工人小组组织者之一,1894—1895年是波兰王国和立陶宛社会民主党地下组织成员,1897年在基辅工人阶级解放斗争协会工作。1898年流放维亚特卡省三年。1901年起在罗斯托夫工作,加入俄国社会民主工党顿河区委员会,参与组织当地的《火星报》小组和秘密矿区联合会。代表该联合会出席党的第二次代表大会,会上持中派立场,会后成为孟什维克,在顿河畔罗斯托夫、彼得堡和华沙工作。1917年二月革命后是孟什维克国际主义者。十月革命后脱离政治活动。1925年起在莫斯科司法部门工作。——36。

穆拉维约夫——见米舍涅夫,格拉西姆·米哈伊洛维奇。

N

纳杰日丁,尔·(Надеждин, Л.(Зеленский, Евгений Осипович)1877—1905)——早年是俄国民粹派分子,1898年加入萨拉托夫社会民主主义组织。1899年被捕并被逐往沃洛格达省,1900年流亡瑞士,在日内瓦组织了"革命社会主义的"自由社(1901—1903)。在《自由》杂志上以及在他写的《革命前夜》(1901)、《俄国革命主义的复活》(1901)等小册子中支持经济派,同时宣扬恐怖活动是"唤起群众"的有效手段;反对列宁的《火星报》。俄国社会民主工党第二次代表大会后为孟什维克报刊撰稿。——65。

尼古拉耶夫,列昂尼德·弗拉基米罗维奇(Николаев, Леонид Владимирович 生于1866年)——俄国社会民主党人。19世纪90年代中期加入哈尔科夫社会民主主义小组,1898年因在哈尔科夫印刷工人中进行宣传案被捕,流放维亚特卡省三年。流放期满后在哈尔科夫工作。1902年12月同《火星报》编辑部取得联系。1903年在俄国社会民主工党第二次代表大会上是哈

P

离政治活动。——184。

帕宁——见马卡久布,马尔克·绍洛维奇。

普列汉诺夫,格奥尔吉·瓦连廷诺维奇(Плеханов,Георгий Валентинович 1856—1918)——俄国早期的马克思主义理论家,后来成为孟什维克和第二国际机会主义领袖之一。19世纪70年代参加民粹主义运动,是土地和自由社成员及土地平分社领导人之一。1880年侨居瑞士,逐步同民粹主义决裂。1883年在日内瓦创建俄国第一个马克思主义团体——劳动解放社。翻译和介绍了马克思和恩格斯的许多著作,对马克思主义在俄国的传播起了重要作用;写过不少优秀的马克思主义著作,批判民粹主义、合法马克思主义、经济主义、伯恩施坦主义、马赫主义。20世纪初是《火星报》和《曙光》杂志编辑部成员。曾参与制定俄国社会民主工党纲领草案和参加党的第二次代表大会的筹备工作。在代表大会上是劳动解放社的代表,属火星派多数派,参加了大会常务委员会,会后逐渐转向孟什维克。1905—1907年革命时期反对列宁的民主革命的策略,后来在孟什维克和布尔什维克之间摇摆。在俄国社会民主工党第四次(统一)代表大会上作了关于土地问题的报告,维护马斯洛夫的孟什维克方案;在国家杜马问题上坚持极右立场,呼吁支持立宪民主党人的杜马。斯托雷平反动时期和新的革命高涨年代反对取消主义,领导孟什维克护党派。第一次世界大战期间持社会沙文主义立场。1917年二月革命后支持资产阶级临时政府。对十月革命持否定态度,但拒绝支持反革命。最重要的理论著作有《社会主义和政治斗争》(1883)、《我们的意见分歧》(1885)、《论一元论历史观之发展》(1895)、《唯物主义史论丛》(1896)、《论个人在历史上的作用》(1898)、《没有地址的信》(1899—1900),等等。——12、15、19、30、31、32、41、43、44、62、72、81、91、125、128、140、141、143—145、157、158、161—163、165—169、171、172、175—178、182—189、190—192、221、223、226、239。

R

饶尔丹尼亚,诺伊·尼古拉耶维奇(科斯特罗夫)(Жордания,Ной Николаевич(Костров)1869—1953)——俄国社会民主党人。19世纪90年代开始政治活动,加入格鲁吉亚第一个社会民主主义团体"麦撒墨达西社",领导该社的机会主义派。1903年在俄国社会民主工党第二次代表大会上是有发言权的代表,属火星派少数派,会后为高加索孟什维克的领袖。1905 年编辑孟什维克的《社会民主党人报》(格鲁吉亚文),反对布尔什维克在资产阶级民主革命中的策略。第一届国家杜马代表,社会民主党党团领袖。1907—1912 年为俄国社会民主工党中央委员(代表孟什维克)。斯托雷平反动时期和新的革命高涨年代形式上参加孟什维克护党派,实际上支持取消派。1914 年为托洛茨基的《斗争》杂志撰稿。第一次世界大战期间是社会沙文主义者。1917 年二月革命后任梯弗利斯工人代表苏维埃主席。1918—1921 年是格鲁吉亚孟什维克政府主席。1921 年格鲁吉亚建立苏维埃政权后成为白俄流亡分子。——41、145。

饶勒斯,让(Jaurès,Jean 1859—1914)——法国社会主义运动和国际社会主义运动活动家,法国社会党领袖,历史学家和哲学家。1885 年起多次当选议员。原属资产阶级共和派,19 世纪 90 年代初开始转向社会主义。1898 年同亚·米勒兰等人组成法国独立社会党人联盟。1899 年竭力为米勒兰参加资产阶级政府的行为辩护。1901 年起为社会党国际局成员。1902 年与可能派、阿列曼派等组成改良主义的法国社会党。1903 年当选为议会副议长。1904 年创办《人道报》,主编该报直到逝世。1905 年法国社会党同盖得领导的法兰西社会党合并后,成为统一的法国社会党的主要领导人。在理论和实践问题上往往持改良主义立场,但始终不渝地捍卫民主主义,反对殖民主义和军国主义。由于呼吁反对临近的帝国主义战争,于 1914 年 7 月 31 日被法国沙文主义者刺杀。写有法国大革命史等方面的著作。——61、216、219。

热里雅鲍夫,安德列·伊万诺维奇(Желябов,Андрей Иванович 1851—1881)——俄国革命家,民意党的组织者和领袖。是民粹派中最早认识到必须同沙皇专制制度进行政治斗争的人之一。在他的倡议下,创办了俄国第一家工人报纸《工人报》。不理解工人阶级的历史作用,不懂得科学社会主义,把个人恐怖看做是推翻沙皇专制制度的主要手段,多次组织谋刺亚历山大二世的活动。1881 年 3 月 1 日亚历山大二世遇刺前两天被捕,在法庭上拒绝辩护,并发表演说进行革命鼓动。同年 4 月 3 日(15 日)在彼得堡被处以绞刑。——67。

S

萨布林娜——见克鲁普斯卡娅,娜捷施达·康斯坦丁诺夫娜。

绍特曼,亚历山大·瓦西里耶维奇(哥尔斯基)(Шотман,Александр Васильевич (Горский)1880—1937)——1899年加入俄国社会民主工党,布尔什维克;旋工。1899—1902年是彼得堡工人阶级解放斗争协会会员,参加了1901年"奥布霍夫防卫战",任维堡区党的组织员。在俄国社会民主工党第二次代表大会上是彼得堡委员会的代表,属火星派多数派;会后在科斯特罗马和伊万诺沃-沃兹涅先斯克工作,任党的北方委员会委员。在彼得堡和敖德萨参加1905—1907年革命。1911—1912年任芬兰社会民主党赫尔辛福斯委员会委员。在1913年有党的工作者参加的俄国社会民主工党中央委员会波罗宁会议上被增补为中央委员和中央委员会俄国局成员,同年11月被捕并流放西伯利亚。在托木斯克参加1917年二月革命。1917年6月起任党的彼得堡郊区委员会委员;7月起是党中央委员会和列宁之间的联络员,8月受党中央委托,安排列宁从拉兹利夫转移到芬兰。积极参加十月革命,十月革命后历任最高国民经济委员会主席团委员、西伯利亚国民经济委员会主席、卡累利阿苏维埃社会主义自治共和国中央执行委员会主席等职。1926—1937年在最高国民经济委员会和全俄中央执行委员会主席团工作。1924—1934年为党中央监察委员会委员。——36。

施泰因——见亚历山德罗娃,叶卡捷琳娜·米哈伊洛夫娜。

施韦泽,约翰·巴蒂斯特(Schweitzer,Johann Baptist 1833—1875)——德国工人运动活动家,拉萨尔派代表人物之一;职业是律师。政治活动初期是自由主义者,在拉萨尔的影响下参加工人运动。1864—1871年任全德工人联合会机关报《社会民主党人报》编辑,1867年起任联合会主席。执行拉萨尔主义的机会主义路线,支持俾斯麦所奉行的在普鲁士领导下"自上而下"统一德国的政策。在联合会内实行个人独裁,引起会员不满,1871年被迫辞去主席职务。1872年因同普鲁士当局的勾结被揭露而被开除出全德工人联合会。——193。

实际工作者——见马卡久布,马尔克·绍洛维奇。

司徒卢威,彼得·伯恩哈多维奇(Струве,Петр Бернгардович 1870—1944)——俄国经济学家,哲学家,政论家,合法马克思主义主要代表人物,立宪民主党领袖之一。19世纪90年代编辑合法马克思主义者的《新言论》杂志和《开

端》杂志。1896年参加第二国际第四次代表大会。1898年参加起草《俄国社会民主工党宣言》。在1894年发表的第一部著作《俄国经济发展问题的评述》中，在批判民粹主义的同时，对马克思的经济学说和哲学学说提出“补充”和“批评”。20世纪初同马克思主义和社会民主主义彻底决裂，转到自由派营垒。1902年起编辑自由派资产阶级刊物《解放》杂志，1903年起是解放社的领袖之一。1905年起是立宪民主党中央委员，领导该党右翼。1907年当选为第二届国家杜马代表。第一次世界大战爆发后鼓吹俄国的帝国主义侵略扩张政策。十月革命后敌视苏维埃政权，是邓尼金和弗兰格尔反革命政府成员，后逃往国外。——144、145、188。

斯捷潘诺夫——见尼基京，伊万·康斯坦丁诺维奇。

斯捷潘诺夫，谢尔盖·伊万诺维奇（布劳恩）（Степанов，Сергей Иванович（Браун）1876—1935）——1895年参加俄国社会民主主义运动，当时在图拉枪械制造厂当车工。1902—1905年为俄国社会民主工党图拉委员会委员，代表该委员会出席党的第二次代表大会，属火星派多数派。曾在图拉、彼得堡、莫斯科等地做党的工作，多次被捕和流放。1917年在图拉参加十月革命。十月革命后领导图拉工厂的国有化工作，1919年被任命为图拉弹药厂厂长。1925年起任图拉省执行委员会主席。1930年起在莫斯科任州执行委员会副主席、州监察委员会党组书记。1933—1935年任莫斯科州法院院长。1924—1925年为党中央监察委员会委员，1925—1934年为党中央检查委员会委员。全俄中央执行委员会和苏联中央执行委员会委员。——140。

斯塔罗韦尔——见波特列索夫，亚历山大·尼古拉耶维奇。

斯特拉霍夫——见塔赫塔廖夫，康斯坦丁·米哈伊洛维奇。

斯托帕尼，亚历山大·米特罗范诺维奇（朗格）（Стопани，Александр Митрофанович（Ланге）1871—1932）——1892年在俄国喀山开始革命活动，1893年组织马克思主义小组。1899年起在普斯科夫工作，1900年结识列宁。曾参加筹备出版《火星报》的工作，是俄国社会民主工党北方协会的组织者之一。1902年11月被选入筹备召开俄国社会民主工党第二次代表大会的组织委员会。在代表大会上是北方协会的代表，属火星派多数派。

1903—1904 年参加党的北方委员会和巴库委员会的组建工作。参加了1905—1907 年革命,任党的科斯特罗马委员会书记。多次被捕。1917 年二月革命后任巴库粮食委员会主席。十月革命后担任党和苏维埃的领导工作。1922 年起为俄罗斯联邦最高法院成员,1924—1929 年任俄罗斯联邦劳动事务检察长,1930—1932 年任全苏老布尔什维克协会副主席。——18、26、42、123、126。

索罗金——见鲍曼,尼古拉·埃内斯托维奇。

T

塔赫塔廖夫,康斯坦丁·米哈伊洛维奇(斯特拉霍夫)(Тахтарев,Константин Михайлович(Страхов)1871—1925)——1893 年参加俄国社会民主主义运动,曾加入彼得堡工人阶级解放斗争协会。1896 年被捕,后流亡国外。1900 年编辑经济派的《工人思想报》,彼得堡工人组织出席第二国际 1900 年巴黎代表大会的代表。曾协助筹备俄国社会民主工党第二次代表大会,在会上是有发言权的代表,会后同情孟什维克,不久脱党。后来从事科研和教学活动,写有一些社会学和俄国革命运动史方面的著作。1924 年起在马克思恩格斯研究院工作。——77。

特拉温斯基——见克尔日扎诺夫斯基,格列勃·马克西米利安诺维奇。

托洛茨基(**勃朗施坦**),列夫·达维多维奇(Троцкий(Бронштейн),Лев Давидович 1879—1940)——1897 年参加俄国社会民主主义运动。在俄国社会民主工党第二次代表大会上是西伯利亚联合会的代表,属火星派少数派。1905 年同亚·帕尔乌斯一起提出和鼓吹"不断革命论"。斯托雷平反动时期和新的革命高涨年代,打着"非派别性"的幌子,实际上采取取消派立场。1912 年组织"八月联盟"。第一次世界大战期间持中派立场。1917 年二月革命后参加区联派,在党的第六次代表大会上随区联派集体加入布尔什维克党,当选为中央委员。1917 年 10 月 10 日被选入中央政治局。参加十月武装起义的领导工作。十月革命后任外交人民委员,1918 年初反对签订布列斯特和约,同年 3 月改任共和国革命军事委员会主席、陆海军人民委员等职。参与组建红军。1919 年起为党中央政治局委员。1920 年起历任共产国际执行委员会候补委员、委员。1920—1921 年挑起关于工会问

题的争论。1923年起进行派别活动。1925年初被解除革命军事委员会主席和陆海军人民委员职务。1926年与季诺维也夫结成“托季联盟”。1927年被开除出党，1929年被驱逐出境，1932年被取消苏联国籍。在国外组织第四国际。死于墨西哥。——15、18、41、42、44、57、78、88、91、104、115、116、121、123、131、155、167、173、226、232、233、235。

托普里泽，季奥米德·亚历山德罗维奇（卡尔斯基）（Топуридзе，Диомид Александрович（Карский）1871—1942）——俄国社会民主党人，孟什维克。曾参加格鲁吉亚第一个社会民主主义团体“麦撒墨达西社”。在俄国社会民主工党第二次代表大会上是梯弗利斯委员会的代表，属火星派多数派，但表现动摇，大会结束时又赞同火星派少数派。会后成为孟什维克，反对代表大会选出的党的中央机关，因此于1903年10月初被党的高加索联合会委员会解除党内职务。1918—1921年在孟什维克统治格鲁吉亚时期任立宪会议财政预算委员会主席、库塔伊西市市长。1921年格鲁吉亚建立苏维埃政权后，在财政委员部工作，从事学术评论活动。——41、81、115。

W

瓦·沃·——见沃龙佐夫，瓦西里·巴甫洛维奇。

瓦连廷——见加尔佩林，列夫·叶菲莫维奇。

瓦连廷诺夫——见普列汉诺夫，格奥尔吉·瓦连廷诺维奇。

瓦西里耶夫——见林格尼克，弗里德里希·威廉莫维奇。

维连斯基，列昂尼德·谢苗诺维奇（连斯基）（Виленский，Леонид Семенович（Ленский）1880—1950）——1899年加入俄国社会民主工党基辅委员会宣传员小组。1902年起在叶卡捷琳诺斯拉夫从事筹办秘密印刷所和散发社会民主党书刊的工作。在俄国社会民主工党第二次代表大会上是叶卡捷琳诺斯拉夫委员会的代表，属火星派多数派，会后成为布尔什维克。1905年退出俄国社会民主工党，加入无政府共产主义者组织，是无政府主义的《反抗者》杂志编辑。1907年被捕并流放图鲁汉斯克边疆区，为期四年，流放归来后脱离政治活动。十月革命后参与建立敖德萨的苏维埃政权，在工农检查院机关工作，后来在莫斯科工商银行和国家计划委员会工作。——

36、82、239。

魏斯曼——见策伊特林,列夫·索洛蒙诺维奇。

乌里扬诺夫,德米特里·伊里奇(赫尔茨)(Ульянов,Дмитрий Ильич(Герц)1874—1943)——列宁的弟弟,医生。1894年参加莫斯科大学生马克思主义小组。1900年起为《火星报》代办员。1903年在俄国社会民主工党第二次代表大会上是图拉委员会的代表,属火星派多数派,会后任中央代办员。屡遭逮捕和监禁。1905—1907年任布尔什维克辛比尔斯克委员会委员,后在谢尔普霍夫和费奥多西亚当医生,同布尔什维克的一些中央组织保持经常联系。1914年被征入伍,在士兵中进行革命工作。十月革命后任克里木人民委员会副主席和党的克里木州委员会委员等职。1921年起在卫生人民委员部工作。1925—1930年在斯维尔德洛夫共产主义大学工作。1933年起在克里姆林宫医疗卫生处工作。积极参加中央列宁博物馆的工作。——96。

Y

亚历山德罗夫(Александров)——《组织问题(给编辑部的信)》一文(载于1904年1月1日《火星报》第56号附刊)的作者。——201、203、208。

亚历山德罗娃,叶卡捷琳娜·米哈伊洛夫娜(施泰因)(Александрова,Екатерина Михайловна(Штейн)1864—1943)——19世纪80年代末加入俄国民意党组织,1890年起在彼得堡工人小组中进行宣传活动,加入民意社。1894年被捕,流放沃洛格达省五年;流放期间成为社会民主党人。1902年在国外加入《火星报》组织,后作为该组织代办员在俄国工作。1903年2月被选入筹备召开俄国社会民主工党第二次代表大会的组织委员会。在代表大会上是组织委员会有发言权的代表,属火星派少数派,会后成为孟什维克骨干分子。1904年代表孟什维克被增补进中央委员会。1905年10月起任孟什维克组织委员会秘书。1910—1912年在莫斯科和彼得堡工作,加入托洛茨基的维也纳《真理报》。1913—1914年是托洛茨基主办的《斗争》杂志编辑部秘书和成员。十月革命后在文教机关工作。——85、86、232、235、237、240。

叶菲莫夫——见诺斯科夫,弗拉基米尔·亚历山德罗维奇。

叶戈罗夫——见列文,叶弗列姆·雅柯夫列维奇。

伊格列克——见加尔佩林,列夫·叶菲莫维奇。

伊格纳特——见克拉西科夫,彼得·阿纳尼耶维奇。

伊林——见列宁,弗拉基米尔·伊里奇。

伊万诺夫——见列文娜,叶夫多基娅·谢苗诺夫娜。

尤金——见艾森施塔特,伊赛·李沃维奇。

尤里耶夫——见列文,叶弗列姆·雅柯夫列维奇。

Z

正统派——见阿克雪里罗得,柳博芙·伊萨科夫娜。

兹博罗夫斯基,米哈伊尔·索洛蒙诺维奇(科斯季奇)(Зборовский,Михаил Соломонович(Костич)1879—1935)——俄国社会民主党人,孟什维克。1898年在敖德萨开始政治活动。1903年在俄国社会民主工党第二次代表大会上是敖德萨委员会的代表,属火星派少数派。俄国第一次革命期间支持召开广泛的工人代表大会的取消主义思想。1905年是彼得堡工人代表苏维埃执行委员会委员,与苏维埃其他领导人一起被捕和流放,1906年从流放地逃往瑞士。斯托雷平反动时期是取消派分子,1908年参与创办孟什维克取消派的国外机关报《社会民主党人呼声报》。1917年二月革命后回国,在敖德萨工作。敌视十月革命。1919年底侨居国外,继续在孟什维克组织中活动。——36、73、42。

《马列主义经典作家文库》

著作单行本和专题选编本编审委员会

本书编审人员　顾锦屏　彭晓宇

责任编辑：曹　歌
装帧设计：汪　莹
版式设计：王欢欢
责任校对：白　玥

图书在版编目(CIP)数据

进一步,退两步/列宁著;中共中央马克思恩格斯列宁斯大林著作编译局编译. —北京:人民出版社,2018.12
(马列主义经典作家文库)
ISBN 978-7-01-018215-5
Ⅰ.①进…　Ⅱ.①列…　②中…　Ⅲ.①马列著作-马克思主义　Ⅳ.①A221.2
中国版本图书馆 CIP 数据核字(2017)第 220121 号

书　　名　进一步,退两步
　　　　　JINYIBU TUILIANGBU
编 译 者　中共中央马克思恩格斯列宁斯大林著作编译局
出版发行　人民出版社
　　　　　(北京市东城区隆福寺街 99 号　邮编 100706)
邮购电话　(010)65250042　65289539
经　　销　新华书店
印　　刷　北京中科印刷有限公司
版　　次　2018 年 12 月第 1 版　2018 年 12 月北京第 1 次印刷
开　　本　635 毫米×927 毫米 1/16
印　　张　19
插　　页　2
字　　数　200 千字
印　　数　00,001-10,000 册
书　　号　ISBN 978-7-01-018215-5
定　　价　39.00 元